Christoph Koch
**sternhagelglücklich**

## Buch

Von 100 Menschen werden 99 auf die Frage nach dem aktuellen Befinden antworten: »Es könnte besser sein.« Und auf die Frage, was ihnen zum Glück fehle, sofort Antworten parat haben. Doch macht mehr Geld, eine Weltreise oder Heiraten wirklich zufrieden und froh?
Wir alle wünschen uns ein glückliches Leben, wissen jedoch nicht immer, was dafür nötig ist. Wir jagen Glücksversprechen hinterher und treten am Ende doch auf der Stelle. Denn glücklicher als unsere Eltern und Großeltern sind wir nicht – Wohlstand hin, Wellness her.
Ist Glück am Ende eine Frage des Schicksals – oder kann man es tatsächlich beeinflussen? Erzeugen? Erlernen?
SPIEGEL-Bestsellerautor Christoph Koch hat sich auf die Suche nach dem Glück begeben. Bei Psychologen und Hirnforschern. Beim Sport und (gleich zwei Mal) vor dem Traualtar. Statt zum Supermarkt zu gehen, ist er gehüpft. Er hat Psychopharmaka geschluckt und für sein Experiment sogar im Lotto gewonnen. Was Glück außerdem mit Gießkannen, mit Schaukeln und mit dem Oktoberfest zu tun hat: Davon berichtet er in seinem zweiten Selbstversuch.

## Autor

Christoph Koch, geboren 1974, arbeitete nach seinem Studium der Kommunikationswissenschaft bei jetzt.de, dem Jugendmagazin der *Süddeutschen Zeitung*. Inzwischen ist er festes Mitglied der *NEON-Redaktion* und schreibt als freier Autor für *Die Zeit, brand eins, GQ, Monocle* und den *Tagesspiegel*. Schreiben macht ihn nach eigenen Angaben glücklich, »aber erst, wenn der Punkt hinter den letzten Satz gesetzt ist.«

Christoph Koch

# sternhagelglücklich

**Wie ich versuchte,
der zufriedenste Mensch
der Welt zu werden**

blanvalet

Verlagsgruppe Random House FSC® N001967
Das FSC®-zertifizierte Papier *Holmen Book Cream*
für dieses Buch liefert Holmen Paper, Hallstavik, Schweden.


1. Auflage
Taschenbuchausgabe November 2013 bei Blanvalet,
einem Unternehmen der Verlagsgruppe
Random House GmbH, München
Copyright © 2012 Christoph Koch/Blanvalet Verlag
Dieses Werk wurde vermittelt durch
die Literarische Agentur Michael Gaeb.
Umschlaggestaltung: www.buerosued.de
lf · Herstellung: sam
Satz: Uhl + Massopust, Aalen
Druck und Einband: GGP Media GmbH, Pößneck
Printed in Germany
ISBN: 978-3-442-38260-6

www.blanvalet.de

# Inhaltsverzeichnis

# November

Wie man mit einer einzigen Frage glücklicher wird

Warum wir immer reicher werden – aber nicht zufriedener

Was Sie in diesem Buch erwartet

*»Niemand in dieser Stadt ist glücklich –*
*außer den Verlierern. Schau mich an:*
*Mir geht es miserabel. Das ist der Grund,*
*warum ich reich bin!«*

Hollywood-Agent Ari Gold in der TV-Serie »Entourage«

»Oh, fuck!« Jessica fällt die Gabel aus der Hand.

Die anderen Gäste, die ihre Pfannkuchen und Omelettes verspeisen, schauen neugierig zu unserem Tisch herüber. Crazy Germans!

»Ich meine natürlich… Ja! Ja! Tausendmal ja!« Jessica fällt mir um den Hals. Mein Puls normalisiert sich wieder. Sie hat Ja gesagt. Und den Heiratsantrag angenommen, den ich ihr gerade entgegengestammelt habe. Hier in der Wüste von Las Vegas, im »Peppermill«, der wahrscheinlich kitschigsten Frühstückslounge in den gesamten USA. Türkis, Pink und Lila sind die vorherrschenden Farbtöne, man sitzt unter künstlichen Kirschblüten, und im Hinterzimmer leuchten lodernde Kaminflammen mit LCD-Flachbildschirmen um die Wette. Der Zucker im riesigen Streuer ist knallbunt, die Bedienungen tragen zu viel Make-up, und aus dem Eingangsbereich hört man die Spielautomaten piepsen und klingeln. Trotz – oder vielleicht gerade wegen – dieses Bombardements der Geschmacklosigkeiten ist dieser Ort seit unserer ersten gemeinsamen Reise vor drei Jahren für uns ein besonderer. Denn auf jener Reise haben wir damals – spätestens genau hier! – nicht nur erkannt, dass wir gut zusammenpassen, sondern auch, dass wir uns oft für dieselben merkwürdigen Dinge begeistern können. Dass wir zum Glücklichsein kein Sternerestaurant brauchen und keine gedämpften Klassikklänge. Sondern nur einander – und eine gut gelaunte Bedienung, die unaufgefordert Kaffee nachschenkt und alle Gäste »Honey« nennt.

# Glücklich bleiben!

Das mit dem Hochzeitsantrag hatte ich anders geplant. Nur leider waren die letzten vierundzwanzig Stunden offen gestanden die Hölle gewesen, und ich hatte ein paar kleinere Planänderungen vornehmen müssen. Die Schwierigkeiten hatten begonnen, als ich auf dem Flug nach Las Vegas bemerkte, dass ich meinen Führerschein zu Hause vergessen hatte. Nach ein paar hektischen Telefonaten hatte ich unseren Nachbarn so weit, dass er uns eine Kopie des Führerscheins in die Mietwagenzentrale faxte. Doch dort zeigte man sich unnachgiebig. »Kein Originaldokument, kein Auto«, sagte die Frau am Schalter und wandte sich wieder dem Studium ihrer strassbeklebten Fingernägel zu. Jessica, die damals noch ledige Frau an meiner Seite, hatte ihren Führerschein glücklicherweise dabei, aber eine unüberwindbare Abneigung gegen Autos mit Automatikschaltung. »Ich hab mal zehn Minuten in einem gesessen und beinahe einen Fußgänger umgefahren«, erklärte sie mir, als ich vorsichtig nach dem Grund forschte.

»Noch Fragen?« Die Dame am Mietwagenschalter sah kurz von ihren Nägeln auf. »Keine Autos mit Gangschaltung auf dem ganzen Parkplatz, nur Automatik.«

Eine Stunde und viele tiefe Atemzüge später rollten wir dennoch den Las Vegas Strip hinunter, vorbei an den leuchtenden Kasinofassaden – und mein Plan, nach dem Check-in im Hotel ein romantisches Restaurant aufzusuchen, Champagner zu bestellen und die Frage zu stellen, die ich schon die ganze Zeit unruhig in meinem Herzen getragen hatte, nahm wieder Form an. Allerdings nur so lange, bis der Reifen des Mietwagens platzte und wir mit einem immer langsamer werdenden »Katschunk-katschunk-katschunk« an den Straßenrand eierten.

Als uns ein mexikanischer Mechaniker später ein kleines Notrad montiert hatte, mit dem wir zumindest vorsichtig bis zum Hotel rollen konnten, waren wir mittlerweile seit rund sechsunddreißig Stunden auf den Beinen – genervt, verschwitzt und müde. Denkbar schlechte Voraussetzungen, um auf die Knie zu fallen und sich um eine gemeinsame Zukunft zu bemühen.

Doch nun ist die Frage heraus, Jessica strahlt mich an, und ich bin so glücklich, wie es ein Mann nur sein kann, der gerade alles in die Waagschale geworfen – und gewonnen hat. Der Rest des Tages vergeht wie im Flug: Ringe kaufen, Kleid aussuchen – und auf dem Standesamt von Las Vegas die sogenannte *Wedding License* erwerben: die Lizenz zum Heiraten. Sechzig Dollar, zahlbar in Cash, hier ist Ihr Stempel, der Nächste bitte!

Als wir das Standesamt verlassen, kommt sofort ein Mann angelaufen, der uns in die nächstgelegene Hochzeitskapelle lotsen will. Er bekommt Provision für jedes geangelte Paar, wie wir später erfahren. Wir bedanken uns, sagen ihm freundlich, dass wir schon versorgt sind, und gehen weiter, da ruft er uns hinterher: »Stay happy – and keep loving each other!« Bleibt glücklich – und hört nicht auf, euch zu lieben!

Bleibt glücklich! Ist das eher ein frommer Wunsch – oder ein gut gemeinter Ratschlag? Gar eine Aufforderung, die wir gefälligst zu befolgen haben? Kann man glücklich werden – und wenn man es ist: glücklich *bleiben*? So wie man an Gewicht zu- und abnehmen kann? Krank werden kann oder gesund? Oder ist Glück eher ein Zustand, der einen unverhofft ereilt wie ein Schnupfen oder ein Lottogewinn? Den man nicht beeinflussen kann, sondern nur akzeptieren, als Schicksal oder Zufall?

Die Meinungen über diese Frage sind vielfältig: Während die einen sagen, manche Menschen seien ihr Leben lang glücklicher als andere, ganz einfach weil es bestimmte Gene gebe, die sie mit dieser Eigenschaft ausstatten, sind andere der Meinung, jeder Einzelne könne durchaus beeinflussen, wie glücklich er ist.

Ich selbst bin in dieser Frage noch unentschieden. Tendenziell glaube ich eher an die These des Volksmunds, dass jeder seines eigenen Glückes Schmied ist. Dass wir also sehr wohl beeinflussen können, ob wir gut gelaunt oder mit hängenden Mundwinkeln durchs Leben gehen. Das ist aber auch eher ein diffuses Gefühl, vielleicht sogar Wunschdenken. Belegen kann ich es nicht.

Andererseits kenne ich auch Menschen, die immer schon und anscheinend von Geburt an glücklich waren – und ich habe von Studien gehört, die besagen, dass selbst Menschen, die im Lotto gewinnen oder durch einen Unfall querschnittsgelähmt sind, nach ungefähr einem Jahr wieder genauso glücklich sind, wie sie es vorher waren.

Um herauszufinden, ob ein Streben nach Glück überhaupt möglich ist, ob es Wege, Tricks und Geheimnisse gibt, die uns ein froheres, zufriedenes Leben schenken können, habe ich mich für dieses Buch auf eine »Probefahrt ins Glück« begeben: ein Jahr lang Rezepte ausprobiert, Ratschläge befolgt und mit Menschen gesprochen, die behaupten, Wege zum Glück zu kennen.

## Wir werden nicht glücklicher

Es heißt, dass die Menschen früher glücklicher gewesen seien. Damals, als das Leben noch weniger hektisch war, man seine Nachbarn noch kannte und einem egal sein konnte, was am anderen Ende der Welt passierte. Diese Behauptung von der »guten alten Zeit« ist sicherlich nicht immer richtig und oft stärker aus Nostalgie gespeist als aus nachvollziehbaren Vergleichen. Aber die Zahl der Unglücklichen, die zum Beispiel an Depressionen leiden, nimmt unbestreitbar zu. Mehrere Studien haben gezeigt, dass es sich hierbei nicht nur um eine reine Zunahme von Diagnosen handelt. Depressionen werden nicht verstärkt festgestellt, weil es etwa »modern« geworden ist, schon wegen der kleinsten Sorge zum Seelenklempner zu rennen – sondern weil tatsächlich immer mehr Menschen an den entsprechenden Symptomen leiden.

Gleichzeitig wurde »nach oben«, also in der Zahl sehr glücklicher Menschen, in den letzten fünfzig Jahren keinerlei Zuwachs verzeichnet.[1] Wir sind also nicht glücklicher als unsere Eltern oder Großeltern, auch wenn unser Lebensstandard, unser Durchschnittseinkommen und unsere Lebensumstände im Vergleich deutlich besser sind. Die Menschen (zumindest auf der Nordhalbkugel) erreichen nachgewiesenermaßen ein immer höheres Lebensalter, die durchschnittliche Körpergröße steigt langsam, aber stetig an, und die Ergebnisse unserer Intelligenztests fallen jedes Jahr ein klein wenig höher aus. Wir werden immer größer, reicher, älter und klüger – aber ausgerechnet in Sachen Glück treten wir auf der Stelle? Man kann es sich kaum vorstellen, aber es ist so.

Dabei ist der Wunsch, glücklich zu sein – oder zumindest ein kleines bisschen glücklicher zu leben als gerade in diesem Augenblick –, für die meisten von uns wohl der zentrale Antrieb für unser Tun.[2] Wir wollen Geld verdienen, um damit

---

[1] Zu diesem Ergebnis kommen sowohl Langzeitstudien der amerikanischen »General Social Survey«, des Gallup-Instituts, des Eurobarometers (ab 1975) sowie vergleichbare Studien in Japan. Fast überall stagniert in der Bevölkerung entwickelter Staaten die Zahl der Befragten, die sich selbst als sehr glücklich bezeichnen, seit Jahrzehnten bei etwa dreißig Prozent.

[2] Nach der bekannten Bedürfnispyramide des US-Psychologen Abraham Maslow müssen zuerst die Grundbedürfnisse wie Nahrung und Schlaf sowie Sicherheitsbedürfnisse wie Unterkunft und Schutz vor Gefahren gestillt sein. Danach folgen aber schon die drei Stufen, die allesamt mit dem Streben nach Glück zu tun haben: soziale Bedürfnisse (Familie, Freunde, Partnerschaft), danach Individualbedürfnisse (Status, Respekt, Anerkennung) und am Ende Selbstverwirklichung (Individualität und Talententfaltung).

Dinge zu kaufen, die uns glücklich machen sollen. Wir legen Wert auf unser Äußeres, um damit anziehend auf andere Menschen zu wirken, in deren Gesellschaft (oder in deren Bett) wir uns glücklicher wähnen. Wir glauben der Werbung, die uns in TV-Spots oder auf Plakatwänden verheißt, dass wir nur das richtige Waschmittel, Bier oder Auto kaufen müssen, um so glücklich leben zu können wie die Protagonisten der Reklamewelt. Wir fahren in den Urlaub, gehen ins Kino oder in ein Museum, um ein paar angenehme Stunden oder Tage zu verbringen, Schönheit zu genießen und am Ende ein wenig glücklicher in unseren Alltag zurückzukehren. Wir ziehen um, weil wir hoffen, dass uns die neue Wohnung oder gar die neue Stadt ein angenehmeres Leben beschert. Und: Wir heiraten, in dem Wunsch und Glauben, dass wir die richtige Person gefunden haben, die uns glücklich macht und mit der wir unser Glück teilen wollen.

Wissenschaftlich verbrieft ist, dass dieser Wunsch zumindest in Sachen Ehe erfüllt wird. Denn es besteht tatsächlich ein Zusammenhang zwischen der Frage, wie glücklich man ist, und ob man einen Ehering trägt. Denn egal welche der zahlreichen Studien zu diesem Thema man analysiert: Die Gruppe der Verheirateten hat stets die höchsten Werte auf der Glücksskala. Mit einigem Abstand folgen die unverheirateten Paare, dann die Singles, schließlich die getrennt Lebenden und die Geschiedenen.[3] Oft wird deshalb behauptet, dass Heiraten der sicherste Weg zum Glück sei. Man kann es aber auch genau andersherum sehen und wie der Psychologe und Anthropologe Daniel Nettle fragen: »Könnte es nicht auch sein, dass Glück-

---

[3] Bei den Witwen und Witwern ist es etwas komplizierter bzw. je nach Einzelfall unterschiedlich: Manche von ihnen sind glücklicher als Singles, andere wiederum unglücklicher als die Geschiedenen. Ich persönlich vermute, dabei spielt eine Rolle, wie lange die betreffende Person schon verwitwet ist und wie glücklich ihre Ehe war – aber auch, wie viel Vermögen der bzw. die Verstorbene hinterlassen hat.

lichsein der sicherste Weg zur Ehe ist?« Eine Langzeitstudie aus Deutschland gibt ihm recht: Vierundzwanzigtausend Teilnehmer wurden dort über einen Zeitraum von fünfzehn Jahren beobachtet: Diejenigen, die im Lauf dieser Zeit heirateten, waren vorher schon glücklicher gewesen als die anderen.

Natürlich war dies nicht der Grund für mich, um Jessicas Hand anzuhalten[4], aber unsere Blitzhochzeit in Las Vegas ist die erste Glückshypothese, die ich am eigenen Leib überprüfen kann. Macht Heiraten wirklich glücklich? Der erste Eindruck: ein ganz klares Ja. Vom Adrenalinrausch des Antrags über die wilde Shoppingtour durch Juwelier- und Modeläden bis zu den Anrufen bei Verwandten und engen Freunden wirkten die Vorbereitungen wie die fröhliche, aufgekratzte Variante des Glücklichseins. Die Hochzeitszeremonie selbst bringt dann eher ein feierlicheres, ernsthafteres Glücksgefühl.

Den Elvis-Imitator, den man in jeder Vegas-Kapelle dazubuchen kann, damit er die Braut zum Altar führt und anschließend drei Wunschlieder spielt, haben wir vorsorglich weggelassen. Statt »Love Me Tender« oder »Blue Suede Shoes« erklingt der feierliche Hochzeitsmarsch, als wir gemeinsam mit zitternden Knien auf den gut gelaunt schmunzelnden Reverend zugehen. Ich bin bis in die Haarspitzen voll mit einem Glück, das sich aus vielen einzelnen Empfindungen zusammensetzt: aus dem Gefühl der Sicherheit zum Beispiel, die große Liebe gefunden zu haben. Aus der Freude darüber, dass wir den Mut haben, uns aneinander zu binden. Aus der Vorfreude auf die gemeinsame Zukunft. Aber auch aus meiner Freude über Jessicas Freude. Über ihren überraschten Blick, als sie unsere zwei Trauzeugen sieht. Zwei Freunde, die heimlich nach Las Vegas

---

[4] Ebenso wenig sollten übrigens Steuervorteile der Grund für eine Eheschließung sein. Zumindest für Freiberufler heißt Heiraten ohnehin eher Steuernachteil – denn alles wird viel komplizierter. Aber dazu mehr in meinem nächsten Buch: »Ich bin dann mal beim Steuerberater – Wie ich ein Jahr lang versuchte, die Briefe des Finanzamts zu verstehen«.

gekommen waren und bereits unbemerkt in der ersten Bank-reihe der Kapelle Platz genommen hatten, während der Reverend uns in seinem kleinen, vollgestopften Büro die letzten Instruktionen gab. »Wollen Sie die Trauung mit Gott oder ohne?«, hatte er beispielsweise gefragt und uns mehrfach ermuntert, nicht nervös zu sein, sondern den Moment einfach zu genießen.

Letztlich tragen zum gesamten Glücks-Hoch einer Hochzeit aber auch so banale Dinge bei wie die Freude, dass die Organisation geklappt hat. Dass vom Führerschein-Horror bis zum Papierkram alles überstanden ist, dass die Limousine, die uns abholen soll, pünktlich kommt und die Überraschungsgäste da sind. In meinem Glücksrausch nestle ich zum falschen Zeitpunkt den Ring an Jessicas Finger und lehne mich viel zu früh vor, um sie zu küssen. »Noch nicht! Noch nicht!«, bremst mich der Reverend streng. Dann muss er selbst lachen.

Nach der Zeremonie werden draußen in der Sonne von Nevada noch schnell ein paar Fotos geschossen, dann werden wir auch schon wieder vom Gelände der Hochzeitskapelle komplimentiert. Das nächste Brautpaar wartet schließlich schon. Ebenso wie die nächste Erkenntnis: dass das Glück nämlich noch wächst, wenn man es teilen kann. Denn wären unsere Freunde Silke und Flori nicht als Trauzeugen angereist, würden Jessica und ich jetzt alleine auf der Straße stehen – zwischen einem Burger King und einem Billigmotel, das auf einer großen Tafel mit der Anzahl seiner Sexfilmkanäle wirbt. Nicht unbedingt romantisch. Aber so ist es nun mal: Egal wie sehr einen die Hochzeit berührt – für den Rest der Welt ist es nur ein ganz normaler Dienstag. Autos hupen – aber nicht unseretwegen, sondern weil der Idiot vor ihnen nicht losfährt. Für die Menschen um uns herum ist alles wie immer. Umso schöner, dass wir noch jemanden dabeihaben, mit dem wir diesen besonderen Tag feiern können. Es ist fast ein wenig so, als spiegelte sich das Glück in den Menschen, mit denen man es teilt, und strahlte sogar noch verstärkt wieder auf einen selbst zurück.

Als ich mich später etwas intensiver mit dem Thema Glück beschäftige, stelle ich fest, dass diese Erkenntnis alles ist, nur nicht neu. Schon Aristoteles ging davon aus, dass für ein glückliches Leben (das er »eudaimonia« nannte) das Glück anderer Menschen und ein »Leben in der Verflochtenheit« nötig seien. Geteiltes Glück sei die geistige Voraussetzung für das Erreichen gemeinsamer Ziele und gleichzeitig die Voraussetzung, um andere zu verstehen oder sich mit ihnen identifizieren zu können. Von den vielen Denkern, die in den nachfolgenden Jahrhunderten darauf aufbauten, formulierte es wohl niemand so prägnant wie Albert Schweitzer, der schrieb: »Das Glück ist das Einzige, das sich verdoppelt, wenn man es teilt.«

## Die vielen Wege zum Glück

Doch welche anderen Rezepte gibt es für ein glückliches Leben – abgesehen davon, die richtige Person zu heiraten und allein schon dieses Glück mit anderen zu teilen? Die Reihen der Ratschläge, der Studien, der Ratgeberbücher und Fernsehsendungen, die sich dem Thema widmen, sind endlos. Es gibt die Theorie von der »Bestellung beim Universum« und den Büroseufzer: »Ich brauch dringend Schokolade – die macht ja glücklich!« ProSieben sendet den »Glücksreport«, und die neugegründete Zeitschrift »happinez«, die sich selbst als »Mindstyle Magazine« bezeichnet, rät unter anderem: »Flüstern Sie sich heute mehrmals zu: Ich liebe das Leben, und das Leben liebt mich.« Und sie empfiehlt als Glücksrezept, sich mit den Fingern auf die »13 Entspannungspunkte Ihres Körpers« zu klopfen, bis ein »Pop-up« erscheint – ein Gefühl, das angeblich so plötzlich auftaucht wie ein Werbefenster im Internet.

Jeder scheint andere Tipps aus dem Hut zu zaubern, wenn es darum geht, wie ein zufriedenes Leben am besten zu erreichen

17

sei. Selbst die antiken Philosophen hatten mehr als eine Meinung dazu: Während Aristoteles oder Stoiker wie Seneca davon ausgingen, dass man Glück durch geistig-philosophische Tätigkeit, durch Tugendhaftigkeit und Verantwortungsbewusstsein erreiche, setzten hedonistische Glücksphilosophen wie Epikur eher auf individuelle und körperlich-sinnliche Lust.

Doch wer Epikur nur als genusssüchtigen Hedonisten darstellt, dem es ausschließlich um körperliche Freuden und schnelle Befriedigung der Bedürfnisse ging, tut ihm unrecht. So schrieb er in einem Brief an seinen Freund Menoikeus: »Es ist unmöglich, ein lustvolles Leben zu führen, ohne dabei auch vernünftig, edel und gerecht zu leben. Und es ist ebenso unmöglich, vernünftig, edel und gerecht zu leben, ohne dabei lustvoll zu sein.« Es gibt also mindestens ebenso viele Glücksrezepte wie unterschiedliche Kekssorten in einem der gigantischen Supermärkte von Las Vegas.

Natürlich kann niemand jeden Glücksratschlag ausprobieren – schon allein, weil es scheint, als kämen täglich fünf neue dazu. Ich habe mir für dieses Buch aber vorgenommen, zumindest von den Glücksrezepten, die mir sinnvoll erscheinen, so viele wie möglich auszuprobieren. Und damit es am Ende keine Tränen gibt: Nein, die »Bestellung beim Universum« ist nicht darunter. Meine Leidensbereitschaft und meine Toleranz für Quatsch haben Grenzen.

Trotzdem soll das Spektrum der Dinge, die ich dem Realitätstest unterziehe, möglichst breit sein: alte Weisheiten und moderne Theorien, fernöstliche Ideen und modern-pragmatische, Langzeitversuche und einmalige Experimente, Abstraktes wie Meditation und Handfestes wie Psychopharmaka. Ein Jahr lang will ich versuchen, an verschiedenen Schrauben zu drehen, um herauszufinden, wie ich mein Leben glücklicher und zufriedener leben kann – wenn es irgendwie geht, am Ende sogar »sternhagelglücklich«. Denn das ist es doch, was sich jeder von uns wünscht.

Wenn ich Menschen von meinem Unterfangen erzähle, möglichst viele Glücksstrategien und -tipps ausprobieren zu wollen, um so glücklich wie möglich zu werden, sagen viele: Was für ein Unsinn! Du machst doch schon einen extrem zufriedenen Eindruck! Was zwei Dinge beweist: dass sie mich nicht so gut kennen, wie sie glauben. Und dass ich ein ganz passabler Trickser und Schauspieler bin. In Wirklichkeit bin ich nämlich ein muffliger Miesepeter, dessen Inneres man sich am besten so vorstellt wie den kleinen, rundlichen alten Mann in dem Animationsfilm »Up!«, der einfach seine Ruhe und mit niemandem etwas zu tun haben möchte. Wenn die internationale Jugend in der Sprachschule nebenan auf Spanisch und in siebzehn anderen Sprachen an der Tischtennisplatte und aus dem Fenster heraus ihrer Lebensfreude laut Ausdruck verleiht, würden sich sicherlich viele mit ihnen freuen. Andere würden statt der Lebensfreude immerhin die optischen Reize der Südländerinnen zu schätzen wissen. Bei mir kommt nur eins an: Lärm.

Wenn das Telefon klingelt, freue ich mich nicht wie andere Menschen, dass jemand mit mir sprechen will. Ich denke: Wer will denn *jetzt* schon wieder was?! Wenn etwas gut läuft, wenn etwas geklappt hat, wenn ich ein Lob bekomme, freue ich mich etwa vier Sekunden lang darüber. Dann denke ich darüber nach, was ich als Nächstes tun muss.

Ich bin lieber drinnen als draußen, meckere lieber, statt zu loben, und bin leider viel zu oft neidisch auf die Erfolge meiner Mitmenschen. Aber zu diesen schönen Eigenschaften und ihren Auswirkungen auf das Lebensglück später mehr.

# Das Happy-o-Meter

Für fast alles, was uns umgibt, existieren objektive Einheiten und geeichte Messgeräte. Wie kalt es in einem Raum ist, können wir an einem Thermometer ablesen (es sei denn, wir sind in den USA, wo uns die verrückten Amerikaner erst noch Rechenaufgaben abverlangen, bevor wir erfahren, wie viel Grad Celsius sechsundneunzig Grad Fahrenheit sind). Wenn wir wissen wollen, ob der Rasenmäher hinter unserem Haus oder das Düsenflugzeug am Himmel lauter ist, können unsere Smartphones dies mittlerweile aufs letzte Dezibel genau messen.

Schwieriger wird es mit dem Glück. Hier gibt es weder eine überprüfbare Einheit noch präzise Messinstrumente. Nicht dass zahlreiche Wissenschaftler nicht alles versucht hätten, um selbige zu entwickeln. Sie analysierten Gehirnströme, um herauszufinden, in welchen Regionen bei positiven Emotionen mehr Aktivität zu beobachten war. (Im linken präfrontalen Kortex.) Sie zählten, wie oft Menschen blinzeln. (Wenn wir glücklich sind, seltener, als wenn wir unglücklich sind.) Sie maßen die elektrischen Signale, die die Muskeln in unserem Gesicht erzeugten. (Wenn wir lächeln, wird der Zygomaticus major in unseren Wangen aktiviert, bei Sorgen oder Ärger der Corrugator supercilia auf unserer Stirn.) Meines Wissens gibt es noch keine Studie, die versucht hat, das Glücksniveau in einem Unternehmen mit der Anzahl der verkauften Schokoriegel in der Firmenkantine zu korrelieren – aber sollte jemand für so etwas einen Forschungsetat übrig haben, kann er sich jederzeit gerne an mich wenden.

Ganz gleich welche Maßnahmen die Forscher anwendeten, um das Glück der Versuchspersonen zu messen: Am Ende kamen sie fast immer zu dem Ergebnis, dass das genaueste Messgerät ein sehr einfaches, wenn nicht gar banales war. Statt sie zu verkabeln, ihren Hautwiderstand oder die Tätigkeit ihrer Schweißdrüsen zu messen, erwies es sich als am hilfreichsten, die betreffende Person möglichst zeitnah zu fragen, wie glücklich sie war – zum Beispiel auf einer Skala von eins bis zehn.

Ich habe mir an dieser Erkenntnis ein Beispiel genommen: Wenn ich also in diesem Buch feststelle, dass mich Tätigkeit X glücklich macht, Tätigkeit Y jedoch nicht, dann basiert dies auf meinem zutiefst subjektiven Eindruck in jenem Moment. Und nicht auf einem Labortest, der nachweist, dass in meinem Blut dieses oder jenes Hormon nach Tätigkeit X höher konzentriert war als nach Tätigkeit Y.[5]

## Der Knopf ohne Wirkung

Noch viel spannender als die Frage, wie man Glück messen kann, ist jedoch eine andere: Können wir beeinflussen, wie glücklich wir sind?

Jeder von uns kennt Menschen, die auch dann noch gute Laune haben, wenn eine Sturmböe gerade ihren Regenschirm zu einer Schultüte am Stiel umgedreht hat und der Regen ihnen waagerecht ins Gesicht klatscht. Die glücklich und ausgeglichen sind, selbst wenn es in ihrem Leben gerade drunter und drüber geht. Die eine Kündigung abschütteln wie ein Hund das Wasser in seinem Fell und noch in der verkorkstesten Urlaubsreise etwas finden, worüber sie aus vollem Herzen lachen können.

Gleichzeitig gibt es Menschen, bei denen auch eine extrem gute Nachricht sofort von Selbstzweifeln, Unzufriedenheit oder Antriebslosigkeit geschluckt wird wie eine Bowlingkugel von

---

[5] Darüber hinaus bin ich der festen Überzeugung, dass sich andauernd in den Arm piksen und sich Blut für solcherlei Untersuchungen abnehmen zu lassen definitiv nicht glücklich macht und somit das Ergebnis eher verfälschen als validieren würde.

Treibsand. Bei vielen dieser Menschen hat man den Eindruck: Sie können tun, was sie wollen, und es kann ihnen passieren, was mag – sie bleiben stets latent unglücklich.

Heißt das also, dass wir viel weniger Einfluss darauf haben, wie zufrieden wir mit unserem Leben sind, als uns all die Regalmeter um Regalmeter Ratgeberliteratur glauben machen wollen?

Vor Jahren habe ich erfahren, dass der Knopf, den man drückt, damit sich in einem Fahrstuhl die Türen schneller schließen, bei vielen Aufzügen überhaupt nicht verkabelt ist – um Unfälle zu vermeiden, so die offizielle Begründung. Ich selbst habe unzählige Fahrstühle erlebt, in denen das Drücken auf diesen Knopf keinerlei Wirkung zeigte. Trotzdem drücke ich diesen Knopf – wie vermutlich die meisten Menschen – immer wieder, wenn mir die Türen zu lange offen stehen bleiben. Genauso sinnlos ist es, immer fester und länger auf die Tasten der Fernbedienung zu drücken, wenn deren Batterien zur Neige gehen. Trotzdem tue ich es, und ich wette, Sie tun es auch.

Doch was, wenn all unsere Bestrebungen, ein glücklicheres Leben zu führen, so unsinnig und wirkungslos wären wie das Einhämmern auf den Tür-schließen-Knopf im Fahrstuhl und das ausdauernde Herumpressen auf der Fernbedienung? Wenn wir – um eine etwas seriösere Metapher zu wählen – an Deck eines Schiffes stünden, das einen reißenden Strom hinuntertreibt, und hochkonzentriert am Steuerrad drehten – gar nicht gewahr, dass es in Wahrheit die Strömung und die Kurven des Flusses wären, die unseren Kurs bestimmen?

# Glückliche Zwillinge

Lange Zeit glaubte man – unter anderem basierend auf den Theorien Sigmunds Freuds –, dass unser geistiges und seelisches Wohlergehen fast ausschließlich von den Erlebnissen in unserer Kindheit abhinge, letztlich also von äußeren Umständen. Erst in den letzten drei Jahrzehnten veränderte sich dieses Bild nachhaltig.[6] Zahlreiche Studien analysierten das Leben von eineiigen Zwillingen, die zwar das gleiche genetische Material aufwiesen, aber in unterschiedlichen Familien aufwuchsen, also unter jeweils anderen äußeren Bedingungen. Fast immer waren sich die eineiigen Zwillinge (die hundert Prozent identische Gene hatten) in ihrem Verhalten und Wesen ähnlicher, selbst wenn sie getrennt voneinander aufwuchsen, als zweieiige Zwillinge oder »normale« Geschwister, die durchschnittlich nur die Hälfte ihres Genmaterials gemeinsam hatten.[7] Der US-Psychologe Jonathan Haidt beschreibt es sehr treffend: »Egal ob es um Eigenschaften wie Intelligenz, Extrovertiertheit, Ängstlichkeit oder Religiosität geht oder um die Vorliebe für Jazz und die Abneigung gegen scharfes Essen – eineiige Zwillinge sind sich ähnlicher als zweieiige, und dabei macht es so gut wie keinen Unterschied, ob sie gemeinsam aufgewachsen sind oder nicht. Gene sind keine Blaupause für die Persönlich-

---

[6] Was keineswegs bedeutet, dass Erlebnisse während der Kindheit – zum Beispiel das Gefühl von Geborgenheit, Sicherheit und Vertrauen – unwichtig und ohne Einfluss wären.

[7] Bei dieser Zwillingsforschung waren vor allem David T. Lykken und Auke Tellegen von der University of Minnesota wegweisend, die beinahe fünfzehnhundert eineiige und zweieiige Zwillingspaare analysierten. Ende der Achtzigerjahre entdeckte außerdem der Neuropsychologe Richard Davidson von der University of Wisconsin, wie sich identisches Genmaterial auf ein identisches Glückserleben auswirken könnte: Er bemerkte, dass Menschen, die stärkere Aktivitäten im linken präfrontalen Kortex aufwiesen, glücklicher, weniger ängstlich und seltener depressiv waren als Menschen mit höherer Aktivität im rechten präfrontalen Kortex.

keit eines Menschen; man stellt sie sich besser als *Rezepte* vor, aus denen sich über Jahre hinweg ein Mensch entwickelt.« Da eineiige Zwillinge aus dem exakt selben Rezept hervorgehen, entwickeln sie sich oft so extrem ähnlich, während bei zweieiigen Zwillingen die Rezepte unterschiedlich sind und nur in Teilen auf denselben Zutaten basieren.

Ergibt es also überhaupt irgendeinen Sinn, sich um sein Glück zu kümmern? Wenn doch ohnehin alles schon vor unserer Geburt in der großen genetischen Lotterie entschieden wurde?

Ich denke schon. Denn so, wie man aus demselben Kochrezept ein köstliches, aber auch ein fades Gericht zubereiten kann, kann sich auch das genetische Rezept, das in uns angelegt ist, ganz unterschiedlich entwickeln. »Etwa zur Hälfte«, lautet die herrlich unpräzise Einschätzung der Forscher hinsichtlich der Frage, inwieweit unsere Persönlichkeit und unser grundsätzliches Glücksniveau durch unsere Gene bestimmt sind. Das bedeutet im Umkehrschluss, dass etwa die Hälfte durch äußere Umstände und durch uns selbst beeinflusst wird. Um noch einmal auf die Schiffsmetapher zurückzukommen: Wenn wir davon ausgehen, dass wir am Steuer eines Schiffes stehen, dessen Ruder aufgrund eines Defekts nur die Hälfte der Zeit funktioniert und die andere Hälfte nicht – sollten wir also auf der Brücke bleiben und versuchen, unseren Kurs zumindest so gut es geht zu beeinflussen? Oder sollten wir unter Deck gehen, uns in die Hängematte legen und schicksalsergeben darauf warten, dass wir auf Grund laufen?

Ich bin dafür, an Deck zu bleiben und auszuprobieren, womit sich das Ruder bewegen lässt. Womit wir also unser Glück beeinflussen können – auch wenn wir womöglich erkennen müssen, dass wir gegen die Natur gelegentlich machtlos sind.

# Zehn kleine Glücksmomente

- Am Sonntag eigentlich bis Mittag schlafen wollen – dann aber doch früh aufwachen und merken, dass man ausgeschlafen ist

- Am Winteranfang die dicke Jacke aus dem Keller holen – und in der Tasche einen krumpeligen Geldschein finden

- Eine Lücke in der eigentlich schon vollen Spülmaschine finden, in die die plötzlich aufgetauchte Müslischale doch noch genau reinpasst

- Von einem Fremden nach dem Weg gefragt werden – und sogar eine Abkürzung kennen

- Von einem Freund ins Vertrauen gezogen werden

- Wenn es am zweiten Tag des Campingurlaubs aufhört zu regnen und der Himmel aufreißt

- Wenn die Computerfestplatte genau einen Tag, *nachdem* man die Diplomarbeit abgegeben hat, den Geist aufgibt

- Nach einer durchfeierten Nacht im Morgengrauen an einer Bäckerei vorbeikommen, die gerade frische Croissants macht

- Taxifahrer, die von selbst die Musik lauter machen, wenn ein gutes Lied kommt, und bei nervtötender Werbung den Sender wechseln

- Am Geldautomaten das rettende Rattern hören, das einem signalisiert, dass die Auszahlung klappt, obwohl man eigentlich pleite ist

# Dezember

Warum heiraten auch unglücklich machen kann

Wie ein Glücksbote arbeitet

Wieso unsere Fernseher immer größer werden –
und gleichzeitig immer kleiner

*»Verliebt sein – während ich meinen
Kleiderschrank aufräume.«*

US-Komiker Bill Maher im Magazin Vanity Fair
auf die Frage, was für ihn perfektes Glück bedeute

Dass Heiraten nicht nur glücklich, sondern – zumindest kurzfristig – auch extrem unglücklich machen kann, lerne ich, kurz nachdem wir von unserer Hochzeitsreise im sonnigen Kalifornien in den verschneiten Berliner Winter zurückkehren. Mein Ehering ist verschwunden. Nach nicht einmal drei Wochen Ehe!

Ich sitze gerade im Auto, als ich bemerke, dass mein rechter Ringfinger sich seltsam unbekleidet anfühlt. Beim Verlassen der Wohnung hatte ich ihn noch. Wo kann er sein? Dann fällt es mir ein: Um die zugefrorenen Scheiben freizukratzen, habe ich mir Handschuhe angezogen – bestimmt ist der Ring beim Ausziehen im Finger des Handschuhs stecken geblieben. Ich fahre also rechts ran und durchsuche zuversichtlich den Handschuh, den ich in meiner Eile vorhin auf den Rücksitz geworfen habe.

Nichts.

Auch auf dem Rücksitz selbst ist der Ring nicht zu finden. Ich merke, wie mir der Angstschweiß ausbricht. Denk nach! Als ich die Handschuhe auszog, stand ich neben dem Auto. Es ist also gut möglich, dass der Ring vor der Autotür in den Schnee gefallen ist. Ich wende. So schnell, wie ich gern würde, kann ich auf den verschneiten Straßen leider nicht fahren. An der Stelle, an der ich geparkt hatte, steht natürlich schon wieder ein anderes Auto. Zu allem Überfluss schneit es nicht nur immer weiter, sondern es wird auch langsam dunkel. Ich halte in zweiter Reihe, steige aus und umkreise fluchend den alten Parkplatz. Durchwühle den Schnee. Der ist natürlich nicht sauber, weiß und pulvrig, sondern, wie es sich für eine Großstadt gehört, grau, matschig und an manchen Stellen gruselgelb.

## Der schneesiebende Kinderfresser

Der neue Schnee fällt schneller, als ich den alten durchsuchen kann. Ich renne nach oben in die Wohnung und bestelle im Internet eines dieser Metallsuchgeräte, mit denen wir in Kalifornien Rentner am Strand nach verlorenen Münzen suchen sahen. Neunundachtzig Euro, achtundvierzig Stunden Lieferzeit. Mir ist alles recht. Dann schnappe ich mir das große Plastiksieb, mit dem ich sonst die Nudeln abgieße, und laufe wieder nach unten. Die Löcher sind groß genug, um den Schnee durchzulassen, aber klein genug, um den Ring aufzufangen. Die Freude über meinen brillanten Einfall weicht jedoch schnell der Ernüchterung. Erfolglos siebe ich eine halbe Stunde lang Schnee. Menschen gehen vorbei und sehen mich an – jedoch nicht mitleidig, sondern mit einer eigentümlichen Mischung aus Neugier und Abscheu. Kinder zeigen mit dem Finger auf mich und fragen ihre Mütter, was »der komische Mann da« macht, bevor ihre Mütter sie ängstlich weiterziehen, so als wäre ich ein gefährlicher Irrer, der – wenn er erst mal mit dem Schneesieben fertig ist – ihren kleinen Moritz-Tjorven oder ihre niedliche Sophie-Lara mit Haut und Haar verspeisen würde.

Irgendwann steht ein Mann mittleren Alters vor mir. Ist etwa endlich jemand bereit, mir in meiner Notlage zu helfen?

»Was machen Sie da an meinem Auto?«, herrscht er mich stattdessen an.

Während ich ihm meine Situation erkläre, werfe ich weiter wie besessen Schnee durch das Küchensieb. Er merkt scheinbar, wie ernst es mir ist, und hat ein Einsehen. Er fährt sogar netterweise seinen Wagen ein wenig zur Seite und macht mir mit seinen Scheinwerfern Licht, damit ich besser suchen kann.

»Ehering, was?«, sagt er, während er sich eine Zigarette anzündet und sich an seinen Wagen lehnt. Beim Suchen helfen will er mir offensichtlich nicht, was ich in Anbetracht der Schneeverfärbungen auch gut verstehen kann. »Na, das gibt sicher Ärger ...«

Ich überlege, ob ich ihm für diese präzise wie überflüssige Einschätzung danken soll, habe dann aber zu viel Angst, dass er sein Auto wegfährt und ich wieder im Halbdunkel herumkriechen muss. Natürlich gibt das Ärger. Wie soll man denn glaubhaft erklären, dass es einem ernst ist mit Ehe und Treue und ewiger Liebe, man aber nicht einmal in der Lage ist, länger als drei Wochen auf so einen vermaledeiten Ring aufzupassen?

Mein Vater hat seinen Ehering beim Schwimmen im Badesee verloren, es liegt also ein wenig in der Familie. Aber er hatte immerhin den Anstand, sich diesen Fauxpas erst nach etwa zwanzig Jahren Ehe zu erlauben und nicht bereits nach zwanzig Tagen.

Nach einer weiteren halben Stunde habe ich wirklich jede einzelne Schneeflocke, die im Umkreis von zehn Metern gefallen ist, durch das Sieb geschickt. Meine Hände sind trotz der Handschuhe steif gefroren, und mir bleibt nichts anderes übrig, als aufzugeben. Innerlich habe ich mich bereits darauf eingestellt, nach Hause zu gehen, den Verlust zu beichten und auf der Webseite von Tiffany's zähneknirschend einen neuen Ring zu bestellen. Vorher jedoch schaue ich ein letztes Mal auf der Rückbank des Autos nach. Natürlich habe ich dort schon dreimal alles abgesucht, aber die Hoffnung stirbt bekanntlich zuletzt.

Ich finde vieles in den Ritzen zwischen den Sitzen (das Auto ist immerhin schon fast zwanzig Jahre alt), aber keinen Ring. Erst als ich unter dem Fahrersitz nach dem Eiskratzer taste, mit dem das ganze Unglück begann, macht mein Herz plötzlich einen Sprung. Wie Bilbo Beutlin – nur mit ein wenig kleineren Füßen – starre ich ungläubig auf den Ring in meiner Hand.

Die Erleichterung ist unbeschreiblich; gleichzeitig komme ich mir aber auch albern vor. Nicht so sehr wegen der Schneewühlerei mit dem Nudelsieb. Eher wegen der dabei empfundenen Verzweiflung. Gibt es nicht schlimmere Dinge auf der Welt als einen verlorenen Ring? Tsunamis und Hungersnöte in der Ferne, Obdach- und Chancenlose vor meiner eigenen Haustür?

Aber der Ring in meiner Hand ist in diesem Moment konkret, das Leid der Welt leider nicht. Obwohl ich weiß, dass die großen Probleme der Welt samt und sonders weiter bestehen, dass Menschen immer noch hungern und Kriege führen, gehe ich an diesem Abend beschwingt und federnden Schrittes nach Hause, denn das eine kleine Problem, das heute meines war, hat sich innerhalb einer einzigen Sekunde in Luft aufgelöst.

Manchmal ist das größte Glück einfach nur, wenn ein schon sicher geglaubtes Unglück nicht eintritt. Wenn man noch einmal mit dem Schrecken davonkommt. Oder ganz einfach, wenn man ein in tiefster Verzweiflung bestelltes Metallsuchgerät mit einem Anruf bei der Hotline stornieren kann und sich die Frau dort über die Geschichte mit dem Hochzeitsring kaputtlacht. Ich lache mit und bestelle stattdessen gleich ein neues Nudelsieb.

»Was ist denn damit passiert?«, fragt Jessica, als sie das alte verdreckt im Mülleimer entdeckt.

»Ach, nicht so wichtig«, sage ich müde. »Das erzähle ich dir ein anderes Mal.«


## Ein Zentner Truthahn

Wie viele Menschen tendiere ich normalerweise dazu, solche Missgeschicke abzutun, sobald sie überstanden sind. »War doch klar, dass der Ring wieder auftaucht…«, oder: »Ist ja noch mal gut gegangen …« Diesmal will ich jedoch nicht so einfach zur Tagesordnung übergehen. Ich versuche mich zu erinnern, ob ich während meiner fieberhaften Suche leichtsinnigerweise irgendeinem Gott irgendwelche Dinge versprochen habe für den Fall, dass ich den Ring wiederfinde. Kirchen zu bauen, Opfertiere zu schlachten oder irgendetwas in der Art. Aber nein, da war nichts. Dafür bin ich wohl nicht religiös genug – oder in verfahrenen Situationen einfach nur zu trotzig, um göttliche Hilfe zu erbitten?

Vielleicht wäre es dennoch eine gute Idee, mich in den kommenden Wochen etwas freigiebiger zu zeigen. Gar nicht im Sinne eines Tauschgeschäfts oder Ablasshandels, sondern weil ich gelernt habe, wie glücklich es machen kann, Fremden etwas zu schenken.

Es ist noch gar nicht so lange her. Es war der letzte Abend unserer Hochzeitsreise in Kalifornien, der zufällig auf Thanksgiving fiel: jener Feiertag, an dem die Amerikaner ihrer siedelnden Vorfahren gedenken, Gott für die gute Ernte danken und wahnsinnig viele Truthähne verspeisen. Als Tourist ist man an einem solchen Tag, an dem sich das ganze Land in Bewegung und in Flugzeuge setzt, um daheim bei der Familie die immer gleichen alten Streitthemen auszugraben, ein wenig fehl am Platz. Das Restaurant in Los Angeles, in dem wir uns für ein traditionelles Thanksgiving-Dinner angemeldet hatten, war deshalb auch nahezu menschenleer. Umso voller waren die Teller und Schüsseln, die an unseren Tisch gebracht wurden. Nach den Vorspeisen waren wir bereits satt. Der Truthahn-Hauptgang wäre auch für vier Personen ein reichlicher gewesen, die Nachspeisen hätten für acht gereicht. Zwar gibt es in den USA die praktische Tradition des *Doggy Bag*, in dem man die Essensreste nach Hause tragen kann – aber dass wir am nächsten Morgen diverse Truthahnkeulen, große Mengen Bratensoße und ein Dutzend Cupcakes und Muffins mit auf die Heimreise nehmen würden, schien uns unwahrscheinlich.

Es war schließlich Jessica, die die rettende Idee hatte: »Komm mit«, sagte sie, griff sich die schwere Papiertüte und zog mich an der Hand hinter sich her.

Es dauerte keine zwei Minuten, da sahen wir den ersten Obdachlosen, von denen in Los Angeles Tausende ihre Einkaufswagen durch die Straßen schieben. Großartige Idee! Doch natürlich kamen sofort Zweifel. Würde es nicht gönnerhaft und gutsherrenartig wirken, dem armen Mann auf der Straße die Reste hinzuwerfen, die man sich selbst beim besten Willen nicht mehr in den eigenen maßlosen Bauch stopfen mochte?

Zum Glück war Jessica pragmatischer: »Happy Thanksgiving! Es klingt vielleicht blöd«, sagte sie, »aber möchten Sie vielleicht etwas von unserem Essen?«

Der Mann mit dem Einkaufswagen, der ein wenig aussah wie ein zahnloser James Brown an einem nicht sonderlich guten Tag, nahm die Tüte freudestrahlend an sich. »Klingt überhaupt nicht blöd, ich freu mich«, sagte er und lachte. »Nur her damit – und euch auch ein frohes Thanksgiving!«

Den ganzen Weg zurück ins Hotel sagten wir kein Wort, aber unsere Bäuche, die vorher einfach nur wehgetan hatten von viel zu viel Truthahn, waren auf einmal wohlig warm und prickelten vor Glück.


## Runter mit den Spendierhosen!

Wenn aber Geben offensichtlich derart glücklich machen kann – warum schaue ich dann so oft weg, wenn mich jemand vor dem Supermarkt um Geld bittet oder mir in der U-Bahn eine Obdachlosenzeitung verkaufen will? Wenn es um meine Bequemlichkeit geht, sind mir zehn Euro für ein Taxi selten zu schade – aber einen oder zwei habe ich nicht übrig, wenn mich ein Mensch in einer Notlage darum bittet?

»Es sind einfach zu viele«, beginnt normalerweise mein innerer Entschuldigungsmonolog. »Wenn ich jedem, der mich fragt, etwas gebe, stehe ich nächsten Monat selber an der Treppe zum U-Bahn-Schacht und muss so tun, als könnte ich Akkordeon spielen.«

Ich ahne natürlich, dass diese Behauptung Quatsch ist und reiner Selbstbetrug. Deshalb fasse ich den Beschluss, den ganzen nächsten Monat jedem einzelnen Menschen Geld zu geben, der mich darum bittet.

Gleich am nächsten Tag wird mein Vorsatz auf eine harte Probe gestellt: schnorrende Punks mit Hunden vor der Sparkasse. Ein gebrechlicher Mann mit traurigen Augen am Eingang zum Supermarkt. Am Bahnsteig ein Mann, dem ein Bein fehlt – in der einen Hand eine Krücke, in der anderen einen Pappbecher für Kleingeld. In der U-Bahn eine Frau, die ein Obdachlosenmagazin verkauft. Beim Aussteigen der obligatorische Akkordeonmann. Später zwei Jungs mit Gitarre und Schlagzeug, die eher so aussehen, als würden sie sich auf einer Europarundreise mit ihrer Musik über Wasser halten, als ernsthaft Not zu leiden. Trotzdem: Alle bekommen etwas. Ein oder zwei Euro, je nach Kleingeldlage in meiner Hosentasche. Der Akkordeonspieler hat Pech und bekommt nur einen Schwung 5-, 10- und 20-Cent-Münzen. Zehn bis fünfzehn Euro sind so am Ende des Tages locker weg, denke ich zuerst mit Schrecken – dann erinnere ich mich daran, wie ich, ohne zu zögern, auf »Bestellen« geklickt hatte, als vor einiger Zeit das iPad von Apple erschienen war. In wenigen Sekunden hatte ich mich von dem x-fachen Betrag getrennt, und zwar ohne jede Form von Gewissensbissen oder Bedenken. Jetzt also nicht beim Glück anfangen zu knausern!

Das Tolle an der Spendierhosen-Politik: Sie macht tatsächlich glücklich. Jeder einzelne dieser Menschen musste sich schließlich überwinden, um überhaupt um Hilfe zu bitten. Und jedem einzelnen sieht man an, wie groß die Freude ist, dass ausnahmsweise mal jemand nicht durch ihn hindurch-sieht.

Der zweite Grund ist eher eigennütziger Natur: Die ewi-gen inneren Dialoge, in denen Ausflüchte gesucht werden und Argumente fürs Nichtsgeben, verstummen endlich. »Der kauft sich doch eh nur Schnaps!« – »Na und? Würdest du doch auch, wenn du bei dieser Kälte draußen rumsitzen müsstest.« – »Muss ich aber nicht, weil ich hart für mein Geld arbeite.« – »Na komm, so hart doch auch wieder nicht. Milla Jovovich in-terviewen und ein paar launige Geschichten über das Internet aufschreiben. Hast halt Glück gehabt.« – »Okay, ist ja richtig, ich geb ihm was … Oh, jetzt ist er schon weg.«

All diese Überlegungen, das Abwägen und Beurteilen, fal-len weg. »Simplify Your Life« lautet ein häufiger Ratschlag der Glücksliteratur: das Leben vereinfachen. Wenn es um das Thema Spenden geht, ist der Entschluss, allen etwas zu geben, auf jeden Fall die größtmögliche Vereinfachung – wenn auch nicht unbedingt die billigste.

Wie wir mit Geld umgehen, also beispielsweise ob es uns eher leicht von der Hand geht oder ob wir vielmehr sparsam sind, ist ein grundlegendes Persönlichkeitsmerkmal und lässt sich kaum von heute auf morgen ändern. »Unsere Einstellung zum Thema Geld entspringt zu einem Großteil unserer Erzie-hung«, erklärt mir die amerikanische Soziologin Jan Yager am Telefon, die sich mit dem Thema schon lange intensiv beschäf-tigt. »Deshalb ist die Art, wie wir mit Geld umgehen, auch nur schwer zu verändern.« Das bedeutet nicht automatisch, dass wir exakt die gleichen finanziellen Angewohnheiten haben wie unsere Eltern. Manchmal sorgt auch der Wunsch nach Abgren-zung dafür, dass wir uns genau konträr verhalten. So wie man gegen Hippieeltern am besten mit BWL-Studium und Barbour-Jacke rebelliert, kann man verschwenderische Kreuzfahrteltern natürlich am besten mit lässig gelebter Askese in einer Achter-WG ohne Fernseher vor den Kopf stoßen.

Wir können uns also nicht unbedingt aussuchen, wie großzügig wir mit Geld sind. Trotzdem sollten wir nicht unbedingt anstreben, wie Dagobert Duck zu leben, der paranoid in seinem Geldspeicher sitzt und Taler zählt. Denn Freigiebigkeit macht tendenziell eher glücklich als Geiz. So kam zum Beispiel eine Studie der University of British Columbia zu dem Ergebnis, dass Menschen, die Geld für andere Menschen oder eine wohltätige Organisation ausgegeben hatten, ein überdurchschnittlich gestiegenes Glücksgefühl verzeichneten – unabhängig von ihrem Einkommen. In einer anderen Studie bekamen die Probanden zwanzig Dollar geschenkt. Die Hälfte der Probanden erhielt den Auftrag, bis zum Abend etwas für sich selbst zu kaufen. Die andere Hälfte sollte das Geld für andere ausgeben. Das Ergebnis: Diejenigen, die ihre Freunde zum Essen einluden oder ihnen etwas schenkten, waren am Abend – nach eigenen Auskünften, aber das sind, wie schon festgestellt, meist die verlässlichsten – glücklicher als jene, die sich selbst etwas gekauft hatten; vielleicht weil die gezwungenen Spender gemerkt hatten, dass es gar nicht darum geht, wer die Rechnung bezahlt. Oder ob man viel Geld ausgibt oder wenig. Sondern dass man einfach nur so viel Zeit wie irgend möglich mit den Menschen verbringen sollte, die einem am Herzen liegen.

Großzügigkeit funktioniert also sogar noch, wenn sie gewissermaßen erzwungen wird. Das haben die beiden Hirnforscher Jorge Moll und Jordan Grafman 2006 in einer Untersuchung nachgewiesen, in der sie Studenten in einen Kernspintomografen legten und deren Hirnaktivitäten überwachten. Als den Probanden mitgeteilt wurde, sie würden hundert Dollar erhalten, zeigten sich erwartungsgemäß Aktivitäten im sogenannten mesolimbischen System. Dieses auch Belohnungszentrum genannte Areal ist für positive Empfindungen verantwortlich – von »Hmm, Schokolade!« bis »Yeah, beim Maumau gewonnen!«

Überraschender war jedoch der zweite Teil des Experiments: Als den Studenten mitgeteilt wurde, dass sie den Geldbetrag nicht behalten dürften, sondern ihn für einen wohltätigen Zweck spenden müssten, konnten die Wissenschaftler erneut eine Aktivität im Belohnungssystem erkennen. Zusätzlich dazu leuchtete auf den Monitoren auch das Areal des präfrontalen Kortex auf, in dem Regungen wie Aufmerksamkeit und Zuneigung beheimatet sind. Kurz gesagt: Spenden macht glücklich, selbst wenn es nicht unserem tiefsten inneren Wunsch entspricht, sondern gewissermaßen verordnet wird. Sei es durch eine Studie wie die beschriebene oder durch einen Selbstversuch wie den meinen.

## Der schrumpfende Fernseher

Am folgenden Tag nehme ich mir extra einen ausreichend großen Kleingeldvorrat aus der alten Kaffeedose mit, in die ich normalerweise meine Münzen schmeiße, wenn ich nach Hause komme. Diese Gewohnheit verhindert ein kugelförmig ausgebeultes Portemonnaie, und außerdem, so rede ich mir ein, ist es eine gute Art, auf etwas zu sparen. Auf was ich mit der Kleingelddose spare, weiß ich allerdings selbst nicht so genau.

Wie die meisten Menschen meiner Generation bin ich nicht gut darin, mir Wünsche zu verwehren. Statt Sparbüchern haben wir Kreditkarten, statt Sparstrümpfe zu füllen, stottern wir Ratenzahlungen ab – Hauptsache, wir bekommen sofort, was wir wollen. Dabei machen uns materielle Anschaffungen stets viel weniger und vor allem viel kürzer glücklich, als wir es vorher vermuten. Wir gewöhnen uns so schnell an die neuen Schuhe, den neuen Flachbildfernseher, das neue Auto, dass wir eigentlich gut beraten wären, die Vorfreude darauf so lange wie möglich auszukosten. Anders gesagt: Der Moment, in dem wir den ersehnten Gegenstand kaufen, ist in der Regel der Gipfel des Glücksgefühls – zumindest auf diesen Gegenstand bezogen. Danach geht es rapide bergab oder, wie es ein Freund beschrieb, der sich einen neuen Flachbildfernseher gekauft hatte: »Das verdammte Ding wird jeden Tag ein Stück kleiner.«

Dieser Gewöhnungseffekt stellt sich – zumindest bei materiellen Dingen – zwangsläufig ein. Das heißt nicht, dass wir uns nichts mehr kaufen sollten. Es ist ja zum Beispiel auch ein zutiefst angenehmes und befriedigendes Gefühl, ein Kleidungsstück gefunden zu haben, das einem gefällt, wie angegossen passt und am besten noch reduziert ist. Man sollte nur nicht den Fehler machen zu glauben, dass dieses Glücksgefühl von Dauer ist.

Ein Trick kann jedoch sein, eine Anschaffung aufzuschieben und somit die Vorfreude auszudehnen und auszukosten. Mein spontaner iPad-Kauf war folglich eher schlecht angelegtes Geld, da meine Freude im Moment des Kaufes zwar gewaltig war, danach aber rapide abnahm. Klar, ein tolles Gerät – aber nachdem man es eine Weile benutzt hat, irgendwie auch schon wieder beinahe normal.[8] Hätte ich mir selbst versprochen, mit dem Kauf noch vier Wochen zu warten, beispielsweise bis nach dem Abschluss eines schwierigen Auftrags oder bis zu meinem Geburtstag, hätte ich zu dem Gerät noch vier Wochen Vorfreude und gute Laune extra bekommen. Und zwar ohne jeden Aufpreis.

Das Phänomen der Gewöhnung greift bei fast allem, am

---

[8] Es ist kein Zufall, dass Apple und zahlreiche andere Hightechfirmen etwa im Jahresrhythmus neue Modelle ihrer Computer und Smartphones herausbringen. Experten nennen dieses Phänomen »geplante Obsoleszenz«. Damit sollen Konsumenten dazu gebracht werden, früher ein neues Modell zu kaufen als eigentlich nötig. Denn im Vergleich zu dem neuen glänzenden Gerät wirkt unser altes plötzlich rückständig. Obwohl es noch tadellos funktioniert, verströmt es längst nicht mehr den Glanz, der uns damals zum Kauf verleitet hat. Dennoch glauben wir wieder fest daran, dass uns das neue, »bessere« Produkt diesmal ganz bestimmt glücklich machen wird. Und greifen zu – obwohl das alte Telefon oder Notebook noch eine Weile wunderbar seinen Dienst getan hätte.

stärksten jedoch vermutlich beim Einkommen. Das ist der Grund, warum wir in der westlichen Welt in den letzten fünfzig Jahren zwar eine immense Steigerung von Wohlstand und Pro-Kopf-Einkommen (auch inflationsbereinigt) erlebt haben – aber keinerlei signifikanten Zuwachs an Glück und Zufriedenheit verspüren.

Was für die große Masse gilt, gilt in diesem Falle auch für mich: Ich habe inzwischen schätzungsweise jeden Monat zehnmal mehr Geld zur Verfügung als zu Studentenzeiten. Trotzdem bin ich nicht zehnmal so glücklich. Ausgenommen die zwei oder drei Tage, an denen ich so pleite war, dass ich mir ein Frühstück aus den Krumen anrichten musste, die rund um die Brotschneidemaschine herumlagen. Ach, selbst diese Tage waren nicht so schlimm. Denn zum Mittagessen gab es schon wieder Züricher Geschnetzeltes, das mir ein Freund, der in der Küche einer Studentenkneipe jobbte, hinter dem Rücken seines Chefs kostenlos zuschob.

Fakt ist: Wir gewöhnen uns an nichts so schnell wie daran, mehr Geld zu haben. Eine Gehaltserhöhung macht uns froh – auch weil sie eine Anerkennung und Wertschätzung für unsere geleistete Arbeit darstellt. Der Effekt, den das zusätzliche Geld auf unser Wohlbefinden hat, schmilzt jedoch so schnell dahin wie ein Stück Butter in der Pfanne.

Der britische Wirtschaftswissenschaftler Richard Layard beschreibt in seinem Buch »Happiness – Lessons From a New Science«, wie mit steigendem Einkommen auch sofort unsere Ansprüche steigen. Genauer gesagt steigt der Betrag, den wir auf die Frage nennen, wie viel man zum Leben braucht, um »über die Runden zu kommen«. Zeichnet man das reale Einkommen und das angeblich »benötigte« Einkommen über Jahrzehnte hinweg auf und bildet sie in einem Diagramm ab, verlaufen beide Kurven nahezu parallel nach oben. Oder wie Layard schreibt: »Ein Dollar mehr, den wir real verdienen, führt zu mindestes 40 Cent mehr ›benötigtem‹ Einkommen.

Wenn ich also dieses Jahr einen Dollar mehr verdiene, macht er mich glücklicher, aber nächstes Jahr werde ich an mein Einkommen automatisch eine höhere Messlatte anlegen. Und mindestens 40 Prozent vom Zuwachs dieses Jahres zählen nächstes Jahr schon nichts mehr.«

Selbst auf ganz großer Ebene gewöhnen wir uns wahnsinnig schnell an neue Reichtümer: Mehrere Studien haben gezeigt, dass Lottogewinner nur wenige Monate nach ihrem plötzlichen Reichtum wieder etwa das gleiche Glückslevel erreicht haben, auf dem sie sich vor dem Gewinn befunden hatten. Und damit sind nicht die tragischen Einzelfälle aus den Boulevardblättern gemeint, die es schaffen, die Lottomillionen in kürzester Zeit durchzubringen. Es betrifft fast alle. Selbst diejenigen, die das Geld vernünftig anlegen, ihr Haus abbezahlen und sich maßvoll Wünsche erfüllen, werden nicht dauerhaft glücklicher.

Der Glücksforscher Martin Seligman beschreibt in seinem Buch »Der Glücks-Faktor« eine Studie aus den Siebzigerjahren. Diese »ergab, dass sie mit der Zeit alle auf ihr Normalmaß an Glück zurückgependelt sind und letztlich nicht mehr Glück empfunden haben als die zweiundzwanzig Personen in der Kontrollgruppe«. Ein Grund dafür könnte sein, dass manche der Lotteriegewinner angaben, über den plötzlichen Reichtum Freunde verloren zu haben und sich weniger als zuvor über eigene Leistungen freuen zu können.

Es scheint also einen Mechanismus zu geben, der dafür sorgt, dass wir nach einer bestimmten Zeit zu unserem Ausgangsniveau in Sachen Lebenszufriedenheit zurückkehren, egal was uns widerfährt. »Wenn Menschen nach einem Unfall querschnittsgelähmt sind, werden sie, das ist nicht überraschend, extrem depressiv«, schreibt Seligman nur wenige Absätze später. »Aber sie passen sich erstaunlich schnell ihrer schweren Behinderung an und berichten schon nach acht Wochen über mehr positive als negative Emotionen. Nach wenigen Jahren erreichen sie im Durchschnitt ein Glücksniveau, das nur knapp unterhalb demjenigen nicht-paralysierter Menschen liegt.« So sehr, wie das Glück eines Lottogewinns mit der Zeit verpuffen kann, können also auch die Folgen eines Unfalls erfreulicherweise nach und nach an Schrecken verlieren. Selbst großes Leid macht ein glückliches Leben also nicht zwangsläufig unmöglich.[9]

## Mutti, der Mann mit dem Geld ist da

Ein Mann, der sich auskennt mit dem plötzlichen Glück, ist Bernd Willers. Der neunundfünfzigjährige Diplombetriebswirt ist Glücksbote bei der Westdeutschen Klassenlotterie (Westlotto) in Münster. Wenn man ihn interviewen will, wie ich es ursprünglich für einen Zeitschriftenartikel getan habe, ist er sehr vorsichtig: keine Fotos, keine persönlichen Details über ihn. Er möchte unbekannt bleiben. Es geht dabei um seinen eigenen Schutz. Zum anderen will er nicht, dass jeder weiß, wer da bei den Nachbarn an der Tür klingelt. Diskretion ist sein oberstes Gebot. Trotzdem ist es hochinteressant, mit ihm über seinen Beruf und über das Glück zu sprechen: »Offiziell nennt man meinen Beruf ja ›Gewinnerberater‹. ›Glücksbote‹ klingt so ein bisschen träumerisch bis märchenhaft«, sagt Willers. »Dabei geht es ja um ganz reales Geld – und darum, wie es das Leben von Menschen urplötzlich verändern kann.«

Er hat fast sein ganzes Berufsleben bei der Lottogesellschaft verbracht. Seit 1984 arbeitet er als Gewinnerberater. »In dieser Phase sah die Tätigkeit noch etwas anders aus«, erinnert sich

---

[9] Es gibt jedoch auch Schicksalsschläge, bei denen so gut wie keine Gewöhnung einsetzt. Darunter zählt zum Beispiel der Tod des eigenen Kindes bei einem Verkehrsunfall. Eltern, denen dies widerfahren war, zeigten vier bis sieben Jahre später immer noch deutlich häufiger Depressionssymptome und waren weniger glücklich als Vergleichspersonen.

der Westfale. »Damals füllten die Spieler ihre Scheine noch mit der kompletten Adresse aus – viele gewannen dann, und manche prüften ihren Spielschein nicht sofort, weil jeder wusste, dass er – falls er seinen Gewinn übersieht – früher oder später ohnehin benachrichtigt würde.« Damals war Willers also oft wirklich der »Glücksbote«, der aus heiterem Himmel bei den Leuten vor der Tür stand und ihnen verkündete, dass sie im Lotto gewonnen hatten. »Viele sind da natürlich völlig aus dem Häuschen geraten«, sagt Willers. »Heute spielen die meisten Menschen anonym, das heißt, wir erfahren häufig erst, wer der Gewinner ist, wenn er sich bei uns meldet. Dann vereinbare ich einen ersten Gesprächstermin und komme zu den Menschen nach Hause – sie hatten dann schon ein paar Nächte Zeit, um darüber zu schlafen, und sind in der Regel gefasster.«

Trotzdem ist Bernd Willers oft derjenige, der den Glücklichen die genaue Gewinnsumme mitteilt. Die schwankt zwischen mehreren Hunderttausend und mehreren Millionen Euro – je nachdem, wie viele Gewinner sich den Jackpot miteinander teilen müssen. »Ich erlebe es oft, dass Menschen Tage später noch Tränen vergießen. Weil sie es erst dann wirklich glauben können, wenn ich vor der Tür stehe«, sagt er.

Einer der wichtigsten Grundsätze, die Willers den Gewinnern nahelegt: dass es extrem wichtig für sie und ihr Umfeld ist, dass niemand von ihrem Gewinn erfährt. »Ich versuche, ihnen zu erklären, dass sie trotzdem ganz normale Menschen bleiben sollten«, so Willers. »Ich sage: Bleiben Sie unauffällig! Leben Sie am besten so weiter wie bisher. Jemandem das klarzumachen, ist manchmal schwierig. In den meisten Fällen aber geht es ganz leicht. Die tragische Geschichte von ›Lotto-Lothar‹, dem Gewinner, der alle Welt von seinem Gewinn wissen ließ, das Geld durchbrachte und am Ende früh und ohne Geld starb, ist ein ideales Negativbeispiel.«

Neid auf das Glück der Menschen, denen er so oft frohe Kunde überbringt, sei ihm dabei vollkommen fremd, sagt Willers. »Ich freue mich vielmehr mit jedem Gewinner über das Glück, das er hatte«, versichert er glaubhaft. »Es macht mich glücklich, wenn mein Rat dabei hilft, dass jemand das Geld ohne Probleme genießen kann.« Über die Theorie, dass Lottogewinner nach ein paar Jahren wieder genauso glücklich oder unglücklich seien wie zuvor – ganz unabhängig davon, wie sich ihre Finanzen entwickelt haben –, kann er aus eigener Erfahrung nur wenig berichten: »Der Kontakt bricht nach zwei oder drei Beratungsgesprächen, wenn die Abwicklung vorbei ist, in der Regel wieder ab«, sagt er. »Und das ist ja auch gut und richtig so.«

Manchmal bieten Gewinner im Überschwang des ersten Glücksrausches an, ihm etwas von ihrem Gewinn abzugeben, ihr Glück mit ihm zu teilen. Willers lehnt so etwas rigoros ab. Er empfiehlt stattdessen lieber eine Bedenkzeit. Hält der Wunsch, das Glück zu teilen, längere Zeit an, empfiehlt er eine gemeinnützige Spende. Im Jahr 2004 stiftete ein Glücklicher seinen gesamten Gewinn von über neun Millionen Euro für einen guten Zweck. Gewinnbetreuer Willers erinnert sich an lange Gespräche über die Veränderungen, die eine solche Summe für einen Einzelnen mit sich bringt. Der Gewinner wollte eine solche Veränderung aber gar nicht. Er war mit seinem derzeitigen Job, mit seinem Leben derart zufrieden, dass er nichts von dem Gewinn für sich behalten wollte. Hätte er sich natürlich auch vor dem Ausfüllen der Lottoscheine überlegen können, denkt man sich. Aber wer rechnet schon wirklich damit, den Jackpot zu knacken? Wohl jeder träumt ab und zu von den Lottomillionen – darüber, was so ein Gewinn wirklich bedeutet, machen wir uns so gut wie nie Gedanken.

Wenn man mit Willers über seinen Beruf und über das Glück spricht, das er in die Häuser und Wohnungen der Hoffenden trägt, die Woche für Woche ihre Kreuzchen machen, hat man das Gefühl, dass ein wenig von diesem Glück auf ihn selbst abgefärbt hat. Er macht einen sehr zufriedenen Eindruck. »Ich habe ja auch eine wirklich tolle Aufgabe, die mir großen Spaß macht«, sagt er. »Ich stehe nie vor verschlossenen Türen wie vielleicht jemand, der Kühlschränke oder Zeitschriften verkaufen muss. Stattdessen sitze ich mit den Leuten auf ihrem Sofa, bekomme auch mal einen Kaffee angeboten und schaue in erwartungsvolle und leuchtende Augen.«

## Haste mal 'ne Stunde?

Darauf zu spekulieren, dass mir irgendwann ein Lottogewinn zum lang ersehnten Glück verhilft, wenn ich nur genug Tippscheine abgebe, scheint mir eine Spur zu optimistisch. Schließlich habe ich einmal gelesen, wie klein die Chance auf den großen Millionenjackpot wirklich ist. Um diese Winzigkeit der Wahrscheinlichkeit zu begreifen, muss man sich eine Autofahrt von München nach Berlin vorstellen, bei der man mit verbundenen Augen auf dem Beifahrersitz Platz nimmt. Irgendwo auf der Strecke hat jemand einen Holzpfosten aufgestellt, und im Lauf der Fahrt darf man einen Stein aus dem offenen Fenster werfen. Die Wahrscheinlichkeit, mit dem blind geworfenen Stein den zufällig platzierten Pfosten zu treffen, ist vergleichbar mit einem Sechser mit Zusatzzahl, den man für den Millionenjackpot benötigt.

Ich brauche ganz eindeutig höhere Glückschancen. Meine neue Politik des »Gib jedem frohen Mutes einen Euro, der dich bittet« funktioniert zwar gut und macht mich tatsächlich glücklich – da muss aber noch mehr drin sein, denke ich mir. Das Prinzip des uneigennützigen Gebens klappt, so viel steht fest. Und die einzelnen Eurostücke, die ich in Hüte werfe, in Hände drücke oder in rasselnde Spardosen schmeiße, summieren sich zwar langsam – dennoch ist das Opfer, das ich bringe, unterm Strich relativ gering. Ich hänge zu wenig am Geld, und irgendwie ist immer gerade genug davon da. Es tut mir also nicht wirklich weh. Aber was wäre, wenn ich etwas verschenken würde, das mir viel wichtiger ist als Geld? Was, wenn ich meine Zeit hergäbe?

Meine ersten Versuche, mich als ehrenamtlicher Helfer zu betätigen, schlagen allesamt fehl. Eine Suppenküche für Obdachlose, in der ich gerne helfen würde, arbeitet zum Beispiel nur mit festen und ausgebildeten Helfern zusammen. Andere Einrichtungen melden sich auf meine Anfrage gar nicht erst zurück. Wiederum andere sind voll besetzt, weil vorletzte Woche irgendetwas über sie in der Zeitung stand und seither die Telefone Sturm klingeln. Eigentlich ein gutes Zeichen, wenn man von den dreiundzwanzig Millionen Menschen, die sich in Deutschland angeblich ehrenamtlich betätigen, auch im realen Leben etwas merkt. Aber es wäre schön, wenn diese dreiundzwanzig Millionen mal aufhören könnten, mir meinen Weg zum Glück zu verbauen, und mir auch noch einen Job übrig lassen würden!

Die Lösung ist schließlich die sogenannte Freiwilligenberatung, die es in Berlin für jeden Bezirk gibt. Eine Frau mit kurzen roten Haaren sitzt im ersten Stock eines Gebäudes, das vom Seniorencafé bis zur Asylberatung selbst schon voller gemeinnütziger Einrichtungen steckt. In ihrem Computer hat sie noch Hunderte anderer Möglichkeiten, sich ehrenamtlich zu betätigen. Ich bin begeistert davon, wie hier zwischen Institutionen, die Helfer suchen, und Freiwilligen, die ihre Hilfe anbieten, vermittelt wird. Es gibt sie noch, die guten Ideen! Aber zuerst muss ich einen mehrseitigen Fragebogen ausfüllen. Abgefragt wird sowohl, welche Qualifikationen ich mitbringe (Fremdsprachen, Führerschein, medizinische Kenntnisse), aber auch, in welchen Bereichen ich tätig sein möchte. Ich fühle mich ein bisschen schäbig, als ich ankreuzen soll, welche Randgruppen mir genehm sind und mit welchen ich lieber nichts zu tun haben möchte. Obdachlose gerne, AIDS-Kranke aber bitte nicht? Armen Behinderten helfen wollen, aber bitte bloß nicht dementen Alten? Die Frau mit den roten Haaren beruhigt mich ganz pragmatisch: »Allen helfen können Sie eh nicht – suchen Sie sich doch ruhig etwas aus, das Ihnen gefällt.«

## Ehrenamt als Ausgleichssport?

Doch kaum sind die entsprechenden Kreuzchen gemacht, wartet schon die nächste Klippe: Als die Beraterin erfährt, dass ich normalerweise als Journalist arbeite, erzählt sie mir sofort von diversen Organisationen, die ehrenamtliche Unterstützung in der Öffentlichkeitsarbeit suchen. Aber in meiner Zeit, die ich ehrenamtlich zur Verfügung stelle, wieder am Computer sitzen und nach Worten ringen, Texte schreiben, am Telefon hängen? Meine Mundwinkel sacken in ungekannte Tiefen, und die Frau von der Freiwilligenagentur merkt schnell, dass es mir eher um »Ausgleichssport« geht als darum, meine beruflichen Qualifikationen möglichst gut einzusetzen.

Wir einigen uns auf ein Seniorenheim in der Nähe, das ehrenamtliche Helfer sucht, die Zeit mit den Bewohnern verbringen. Vorlesen, spazieren gehen, Karten spielen. Hervorragend! Sicherheitshalber nehme ich noch die Unterlagen einer Umweltinitiative mit, die sich um die Erhaltung eines kleinen Flusses mit dem fabelhaften Namen Panke kümmert, aber nur als Notlösung. Falls mich die Senioren nicht haben wollen.

Auf dem Weg nach Hause erwarte ich ehrlich gesagt, dass sich ein wohliges Glücksgefühl in mir ausbreitet – der Segen der guten Tat, die zwar erst noch getan werden muss, aber immerhin schon vorbereitet wurde. Doch nichts passiert. Was ist da los? Statt wohliger Gedanken schwirren mir Sorgen und Bedenken durch den Kopf. Habe ich für eine ehrenamtliche Tätigkeit denn wirklich Zeit? Ist mein Terminkalender nicht ohnehin schon voll und mein Leben überreich an »Müsste mal wieder« und »Hoffentlich komme ich nächste Woche dazu«? Habe ich überhaupt genug Geduld und Einfühlungsvermögen, um mich mit alten Leuten zu beschäftigen, die nicht meine eigenen Großeltern sind? Werde ich Glück haben und an gutmütige Supersenioren geraten – oder an verbitterte Hexen und mürrische Exlandser, die jeden verachten, der nicht mindestens ein Körperteil vor Stalingrad verloren hat?

Ich werde es wohl drauf ankommen lassen müssen.

## Macht helfen glücklich?

Es gibt einen Zusammenhang zwischen Hilfsbereitschaft und Glücksgefühlen, das ist schon seit einer Weile bekannt. Lange Zeit war jedoch unklar, welche Art der Kausalität zwischen den beiden besteht, also was wovon bedingt wird. So stellte beispielsweise eine Studie in den Siebzigerjahren fest, dass glückliche Menschen hilfsbereiter sind. So halfen Menschen, die gerade in einer Telefonzelle »zufällig« eine (natürlich dort deponierte) Münze gefunden hatten – und dadurch einen kurzfristigen Glücksschub erhielten –, im Durchschnitt wesentlich häufiger einem Menschen vor der Telefonzelle, dem gerade (natürlich ebenfalls inszeniert) ein Stapel Papiere zu Boden gefallen war.

Macht Hilfsbereitschaft also gar nicht glücklicher, sondern Menschen, die ohnehin glücklich sind, helfen einfach öfter?

Nein, sagt die Psychologin Sonja Lyubomirsky, es gelte auch die umgekehrte Korrelation. Sie bat Probanden, über einen längeren Zeitraum mindestens fünf gute Taten pro Woche zu vollbringen, und fragte parallel das Glücksempfinden ab. Das Interessante: Bei den Menschen, die ihre Akte der Hilfsbereitschaft auf einen Tag der Woche konzentrierten, stieg der Glückspegel deutlich stärker an als bei denjenigen, die jeden Tag eine gute Tat vollbrachten.

Auch die Autoren Elliot Aronson, Timothy Wilson und Robin Akert schreiben in ihrem Fachbuch »Sozialpsychologie«, dass eine Korrelation in beide Richtungen bestehe: »Hilfsbereitschaft gegenüber anderen Menschen kann einen selbst auf verschiedene Weise glücklich machen«, heißt es dort. »Erstens ist es ein Weg, sich mit anderen Menschen zu verbinden und soziale Beziehungen zu fördern, die – wie wir bereits gesehen haben – eine wichtige Quelle für persönliches Glück sind. Zweitens sehen sich Menschen, die anderen helfen, wahrscheinlich selbst in einem besseren Licht, nämlich als die Art Mensch, die altruistisch gesinnt ist und sich um ihre Mitmenschen kümmert.«

Diese Theorie bestärkt mich in meinem Tun. In der Praxis wirkt sich mein ehrenamtliches Engagement jedoch erst mal statt in einem glücklichen Buddhalächeln in Sorgenfalten aus. Worauf habe ich mich da nur eingelassen?

## Zehn kleine Glücksmomente

- Einem träumenden Hund zusehen, der im Schlaf mit den Pfoten zuckt

- Einen Schneemann bauen, obwohl man schon erwachsen ist

- Der Geruch von selbst gebackenem Kuchen

- Post vom Finanzamt bekommen und feststellen, dass es nur ein Formbrief wegen der neuen Steuernummer ist

- Der bayrische Brauch, dass man in den Biergarten seine eigene Brotzeit mitbringen darf

- Aufgeräumt haben

- Auf dem eigenen Handy anrufen, das man verloren hat – und ein ehrlicher Finder geht ran, der es einem zurückgibt

- Ein Abendessen mit Freunden, das bis in die Morgenstunden dauert, weil keiner aufbrechen will

- Merken, dass die Milch sauer ist, *bevor* man sie in den Kaffee geschüttet hat

- Am Neujahrsmorgen trotz schwerem Kopf früher aufstehen als alle anderen und durch den frisch gefallenen Schnee in einer scheinbar verlassenen Welt spazieren

# Januar

Wieso Sport glücklich macht –
auch wenn wir uns das nie merken können

Wie wichtig es ist, wie eine Sache endet

Warum wir auch im Alter glücklicher sind,
als wir vorher vermuten

*Glück ist ganz einfach gute Gesundheit und
ein schlechtes Gedächtnis.*

Albert Schweitzer

Einen eindrucksvollen Beweis, wie glücklich schon winzige Akte der Hilfsbereitschaft machen können, erhalte ich schon eine Woche nach meinem Besuch bei der Ehrenamtsvermittlung. Mein guter Freund Tobi hat Besuch von der Familie seiner brasilianischen Freundin. Mit dabei: ihre beiden kleinen Neffen, die beide noch nie in ihrem Leben Schnee gesehen haben und sich gleichzeitig im schlimmsten Rackeralter befinden. »Kannst du uns deinen Schlitten ausleihen?«, fragt Tobi per SMS.

Eine Stunde später steht er vor meiner Tür, den Besuch im Schlepptau. Die beiden Jungs haben sich bereits mit der seltsamen Masse angefreundet, die in Berlin überall auf dem Boden liegt. »*Guerra de neve!*«, brüllen beide auf Portugiesisch und kicken mit ihren kleinen Stiefeln so in den Boden, dass vor ihnen riesige Schneefontänen hochschießen. »*Guerra de neve* heißt Schneekrieg«, übersetzt Tobi, während er sich den grauen Straßenschnee von der Jacke klopft. Ich denke an die zahlreichen Studien, die besagen, dass Heiraten zwar glücklich macht, Kinderkriegen jedoch nicht. In diesem Moment, unter dem ständigen Schneebeschuss der kleinen, nimmermüden Stiefel, kann ich das absolut nachvollziehen. Als mir Tobi ein paar Tage später den Schlitten zurückbringt und mir auf seinem Telefon die Fotos von dem Nachmittag am Schlittenberg und von den strahlenden Augen der beiden Jungs zeigt, bin ich mir schon nicht mehr ganz so sicher.

Doch während für brasilianische Kinder der Berliner Winter ein eisiges Wunderland ist, schlägt er mir wie den meisten anderen Einheimischen eher aufs Gemüt. Die Bürgersteige sind vereist, und die Menschen hasten mit hochgeschlagenen Mantelkragen wortlos aneinander vorbei. Jeder ist in Eile, will möglichst schnell wieder ins Warme kommen. Dazu kommt die Dunkelheit, die sich nur für wenige Stunden pro Tag lichtet, einen aber zusätzlich müde und schwermütig macht – keine einfache Zeit für einen selbsternannten Glücksforscher! Es ist, als würde der Gegenwind auf dem Weg zur Zufriedenheit momentan eher stärker als schwächer.

Eine weitere Glückshypothese, die ich deshalb testen möchte, hat mit dem alten Ausspruch vom gesunden Geist in einem gesunden Körper zu tun. Mit der Theorie vom *Runner's High*, das Läufer ab einem gewissen Zeitpunkt in eine zufriedene Trance versetzen soll. Aber auch mit der Werbung, in der uns dünne, sportiv gekleidete Menschen von Tennisplätzen, Rudergeräten und Yogamatten anstrahlen – so als sei ihr Leben ohne jeden Zweifel das beste, das es gibt. Kurz: Ich möchte wissen, ob Sport wirklich glücklich machen kann. Kann diese Schinderei, bei der man sich die Gelenke ruiniert und bei der es immer jemanden gibt, der besser ist als man selbst, tatsächlich einen frohen Menschen aus mir machen? Ich bin skeptisch.

Im Sommer schaffe ich es noch ab und zu, joggen zu gehen. Im Winter beschränkt sich meine sportliche Aktivität jedoch darauf, mir vorzunehmen, zwei Mal pro Woche das Rückentraining einer bekannten spartanischen Fitnesskette zu absolvieren – und dann ein Mal pro Monat wirklich hinzugehen. Ich fühle mich danach jedes Mal gut und zufrieden – oder wie der Journalist Alexander Gorkow es einmal in der Süddeutschen Zeitung in einem Interview mit Werner Kieser, dem Gründer der Fitnesskette, formulierte: »Man kann recht melancholisch zum Kieser-Training gehen, und nach 45 Minuten kommt man geduscht und aufgeräumt wieder heraus.« Trotzdem hält diese Erkenntnis, die ich nach dem Duschen voll und ganz unterschreiben kann, nie länger als einen Tag an.

# Gut trainiert – im Erfinden von Ausreden

Wissenschaftler bestätigen auf Nachfrage gern die positive Wirkung von Sport auf unsere Psyche. Für eine vergleichende Studie ließen beispielsweise Psychologen der Oxford Brookes University Freiwillige im Alter von achtzehn bis zweiundachtzig Jahren Sport treiben, Musik machen, in die Kirche gehen oder Fernsehserien ansehen. Kurzfristig haben alle vier Aktivitäten für gute Laune bei den Teilnehmern gesorgt, so die Forscher Peter Hills und Michael Argyle. Ein dauerhafter Zuwachs an Zufriedenheit sei jedoch nur bei der Gruppe messbar gewesen, die sich für den Forschungszeitraum dem Sport verschrieben hatte.[10]

Eine Erklärung, warum Sport uns glücklich macht, könnte das Flow-Prinzip sein, das der Psychologe Mihaly Csikszentmihalyi vor einigen Jahren beschrieben hat. Csikszentmihalyi – dessen Namen man seiner eigenen Empfehlung zufolge wie *»chicks sent me high«* aussprechen sollte – stammt aus Ungarn, lebt aber inzwischen in den USA. Mit dem Begriff Flow bezeichnet der Professor den tranceartig entspannten Zustand, in den man gerät, wenn man in einer Tätigkeit aufgeht, die man wirklich gerne ausführt.

Jeder kennt das Gefühl, wenn die »Zeit verfliegt«, wenn einem etwas »leicht von der Hand geht«. Welche Tätigkeiten dieses Gefühl auslösen, so Csikszentmihalyi, sei individuell sehr verschieden. Sport eigne sich jedoch aufgrund seiner Körperlichkeit ausgesprochen gut dafür, Flow-Erlebnisse zu produzieren. So schreibt der Psychologe: »Flow-Erfahrungen aufgrund

---

[10] Kirchgänger seien übrigens ein Sonderfall, schreiben die Autoren der Studie »Positive Moods Derived From Leisure and Their Relationship to Happiness and Personality«. Einerseits leiden sie im Durchschnitt seltener an psychotischen Störungen, seien also schon mal dadurch tendenziell seltener unglücklich. Andererseits lügen sie aufgrund sozialer Erwünschtheit bei Befragungen häufiger.

körperlicher Fähigkeiten werden nicht nur bei hervorragenden athletischen Leistungen erlebt. Olympia-Kämpfer sind nicht die einzigen Begnadeten, die Freude daran finden, über die Grenzen ihrer Leistungsfähigkeit hinauszugehen. Jeder Mensch, wie fit oder untrainiert er auch sein mag, kann ein wenig höher steigen, ein wenig schneller gehen, ein bisschen stärker werden. Die Freude daran, die Grenzen des Körpers zu überschreiten, steht allen zur Verfügung.«

Csikszentmihalyi hat sogar ein eigenes Buch über Flow-Erlebnisse im und beim Sport verfasst. Darin schreibt er: »Sport bietet vielfältige Gelegenheiten für Flow-Erlebnisse. Trotzdem bleibt dieser Zustand für die meisten Sportler mysteriös und für viele Trainer unerreichbar. Tatsächlich ist es für viele Sportler nach wie vor Glückssache, ob und wann sie sich im Flow fühlen.« Wenn es jedoch passiere, so berichten zahlreiche Profi- und Hobbysportler in dem Buch, fühle man sich plötzlich nicht mehr erschöpft oder ausgelaugt, sondern »konzentriert«, »unschlagbar«, »eins mit sich selbst« oder »absolut lebendig«.

Wenn uns Sport also glücklich macht – warum tun sich dann fast alle Menschen in meinem Bekanntenkreis, mit denen ich darüber spreche, so schwer damit, regelmäßig welchen zu treiben? »Ich würde gerne öfter, aber irgendwie klappt es nicht«, lautet die mit Abstand häufigste Antwort, die ich selbst nur allzu gut kenne. Das größte Hindernis für den Sportmuffel mit hohen Zielen ist in der Regel der sogenannte innere Schweinehund. Ich habe keine genaue Vorstellung davon, wie er aussehen könnte – ich weiß nur, dass mein Exemplar wahnsinnig gut darin ist, Ausreden zu erfinden. Während mir beim besten Willen kein Grund einfallen will, ein Stück Kuchen stehen oder die neue Folge meiner Lieblingsserie ausfallen zu lassen, kommen mir sofort Dutzende stichhaltiger Argumente in den Sinn, nicht zum Sport zu gehen. Das Wetter ist am Nachmittag sicher besser – ich laufe dann einfach später. Ich habe einen wichtigen beruflichen Abgabetermin – erst wenn der erfüllt ist, kümmere ich mich um meinen Körper. Ich habe die Erkältung von letzter Woche noch nicht ganz auskuriert – es wäre im Grunde vollkommen unverantwortlich, den Körper jetzt noch weiter zu schwächen. Und so beschämend geht es immer weiter.

Das Unlogische ist: Jedes Mal wenn ich mich doch aufgerafft habe, bin ich danach für den Rest des Tages tatsächlich ein ganzes Stück glücklicher – oder zumindest »aufgeräumter« –, weniger müde und sogar ein bisschen stolz. Jedes Mal schwöre ich mir aufs Neue, dass ich mir bis zum nächsten Mal nicht so viel Zeit und nicht so viele Ausreden einfallen lassen werde. Dann vergehen trotzdem wieder zwei Wochen.

Doch damit ist nun Schluss. Zumindest jeden Werktag will ich diesen Monat Sport treiben – in der Hoffnung, dass es nicht nur mein Herz leichter macht – sondern auch meinen sich neuerdings immer deutlicher wölbenden Bauch.[11]

Einer der größten Fehler, wenn es darum geht, sich zum Sport zu motivieren, so habe ich in einem Artikel im *TIME Magazine* gelesen, sei, sich danach für ebenjenen Sport zu belohnen. Zum einen überschätze man regelmäßig die Menge der verbrannten Kalorien. Ein einziger Belohnungsmuffin könne demnach oft schon wieder alles zunichtemachen – und den Bauch dicker als vor dem Sport und dem Muffin. Zum anderen – und das scheint mir viel wichtiger – lädt man durch eine anschließende Belohnung das Sporttreiben an sich negativ auf. Es wird zu einer Qual, für die man sich danach entschädigen

---

[11] Denn leider macht die Ehe nicht nur glücklich, sondern auch dick. Die Forscherinnen Argys, Averett und Sikora untersuchten 2008 rund zwölftausend Frauen und Männer zwischen achtzehn und fünfundvierzig. Ihr Ergebnis: Nach der Heirat legen Männer im Schnitt 1,5 Punkte und Frauen 2,0 Punkte im Body-Mass-Index (BMI) zu – zusätzlich zu der normalen Gewichtszunahme durch das höhere Alter. Eine andere Studie der University of North Carolina ergab, dass Verheiratete etwa dreimal so oft übergewichtig sind wie Singles. Bei Menschen, die ohne Trauschein zusammenleben, waren es immer noch doppelt so viele.

muss. Dabei sollte doch vielmehr der Sport selbst die Belohnung sein.

## Das Eiswasser-Paradox

Vor der Frage nach der Belohnung steht jedoch erst einmal eine ganz andere: Wie überwinde ich denn nun meinen inneren Schweinehund?

Mir fällt eine interessante Studie von Nobelpreisträger Daniel Kahneman ein: Testpersonen sollten dabei ihre Hand in kaltes Wasser halten. Das eine Mal dauerte der Versuch sechzig Sekunden, das Wasser war vierzehn Grad kalt. Ein anderes Mal musste die Hand sechzig Sekunden lang in vierzehn Grad kaltes Wasser gehalten werden, dann wurde das Wasser minimal auf fünfzehn Grad erwärmt, und die Probanden mussten weitere dreißig Sekunden aushalten. Das Verblüffende: Die Probanden gaben an, der Versuch, bei dem sie ihre Hände *insgesamt länger* ins kalte Wasser gehalten hatten, sei angenehmer gewesen – nur weil am Ende ein Abschnitt lag, der nicht ganz so schlimm war wie die Phase zuvor. Sogar auf die Frage, welchen der Versuche sie lieber wiederholen würden, entschied sich die Mehrheit für die insgesamt längere Prozedur. Man kann es sich in etwa so vorstellen, als hätte man die Wahl zwischen zehn harten Stockhieben und zehn harten plus zehn leichten – und man würde sich freiwillig für die zwanzig Hiebe entscheiden.[12]

Was das alles mit Sport zu tun hat? Wenn das menschli-

---

[12] Kahneman stützte dieses Ergebnis mit einer weiteren Studie, in der eine Darmspiegelung, die für kurze Zeit sehr schmerzhaft war und danach mäßiger schmerzhaft weiterging, von den Probanden als angenehmer empfunden wurde als eine, die für kurze Zeit sehr schmerzhaft war und danach sofort endete.

che Gehirn sich an Erlebnisse erinnert, spielt dabei offensichtlich eine große Rolle, wie diese geendet haben.[13] Wer also beim Sport so wie ich stets die unangenehmsten Übungen an den Schluss schiebt oder auf dem Laufband regelmäßig einen erschöpfenden Endspurt hinlegt, muss sich nicht wundern, wenn seine Erinnerung negativer ausfällt, als sie eigentlich sein müsste, und er sich viel stärker überwinden muss, bis er sich beim nächsten Mal aufrafft.

Mein erster Schritt auf dem Weg zum regelmäßigen Training ist also, mir die letzte Viertelstunde so angenehm wie möglich zu machen, sei es, indem ich mir meine Lieblingsübungen für den Schluss aufspare, sei es, indem ich die sogenannte Abkühl-Funktion auf dem Laufband verwende, die ich sonst immer als Kinderkram verschmäht habe. Und es funktioniert tatsächlich: Ich habe den Eindruck, mich deutlich weniger überwinden zu müssen. Fast freue ich mich, wenn ich zu Hause die Sporttasche über die Schulter werfe. In der ersten Woche schaffe ich es tatsächlich, mich jeden Tag auf den Weg zum Sport zu machen.

## Nimm's ruhig persönlich

In der zweiten Woche lässt meine Disziplin jedoch plötzlich nach. Ich schiebe es auf die Eintönigkeit: Rückentraining, Laufband, Trimmrad – und wieder von vorne. Mehr Abwechslung gibt es für mich bei dem derzeitigen Winterwetter leider nicht. Als ich meinem Freund Tobi von meinen Schwierigkeiten er-

---

[13] Deshalb ärgern sich Menschen auch häufiger über Filme, die ein schwaches oder unglaubwürdiges Ende haben – nur selten beschwert sich jemand: »Der Film war großartig, aber der Anfang ein wenig zu schmalzig.«

zähle, berichtet er mir von dem Personal Trainer, den er sich in den Jahren, die er beruflich in Brasilien verbrachte, geleistet hat. Zum einen, weil dort ein Personal Trainer nur wenig mehr kostete als der Mitgliedsbeitrag in einem Fitnessstudio, zum anderen weil seine Zeit damals so knapp war, das er jede Stunde Sport optimal nutzen wollte.

»Ich kann es nur empfehlen«, bestärkt er mich, als ich mich auf die Suche nach einem Personal Trainer mache, der meinen Sport-Ausreden ein Ende setzen soll.

Bei meiner Internetrecherche lande ich schließlich bei einem zertifizierten Trainer namens Marco. Das Foto zeigt einen gesunden Mann auf einem Segelboot – freundliche Augen, breites Kinn und Baseballcap. Er sieht zufrieden aus. Vielleicht ist er genau der richtige Helfer für meinen Marshallplan in Sachen Glück. Ein kurzes Telefonat, und eine Woche später geht es auch schon los.

Mein Gott, was bin ich stolz! Darauf, dass ich mich zu einer mir unmenschlich erscheinenden Zeit aus dem Bett gequält habe. Darauf, dass ich im Winterdunkel durch die ganze Stadt gefahren bin. Voller Tatendrang warte ich nun auf den Mann, der mich davon überzeugen soll, dass ein Personal Trainer mehr ist als nur ein Statussymbol. Und der Schmiere stehen soll, wenn ich auf der Autobahn zum Glück meinen inneren Schweinehund an der Raststätte zurückzulasse.

Der Stolz, so früh aufgestanden zu sein, verschwindet jedoch schlagartig, als ich erfahre, dass es für Marco, meinen Trainer, bereits der dritte Termin an diesem noch jungen Tag ist. »Um fünf war ich mit einer Kundin beim Laufen, danach habe ich mit ihrem Mann Krafttraining in ihrem Fitnessraum gemacht«, sagt der Dreiunddreißigjährige und sieht dabei ausgeruhter aus als ich nach drei Wochen Urlaub. »Jetzt schauen wir mal, was du draufhast.«

Das Programm, das er für mich zusammengestellt hat, basiert auf einem ausführlichen Aufnahmegespräch, bei dem wir zuvor meine Ziele erörtert haben (regelmäßig trainieren, Rückenschmerzen und Bauch weg, Muskeln und gute Laune her), sowie auf einer wissenschaftlichen Analyse, in der meine derzeitige Leistungsfähigkeit gemessen wurde. Mit zahllosen EKG-Kabeln beklebt und einer Sauerstoffmaske im Gesicht musste ich dafür unter anderem vor zwei Damen in weißen Kitteln bis zur Erschöpfung auf einem Fahrrad strampeln. Während mein Puls immer weiter anstieg und mein Schweiß auf den Linoleumboden tropfte, musste ich an »Rocky« denken. Im vierten Teil der Boxersaga trifft der Kämpfer aus Philadelphia auf einen russischen Herausforderer namens Ivan Drago. Während Rocky selbst in der verschneiten Natur mit Baumstämmen trainiert, wird sein Gegner in düsteren Labors mit Spitzentechnologie fit gemacht. Im Kalten Krieg war eben kein Klischee zu platt. Trotzdem: Zwischen den weißen Kitteln und Monitoren, behängt mit Kabeln und Schläuchen, fühle ich mich ein wenig wie der russische Boxer, als ich irgendwann entkräftet vom Trainingsgerät sinke.

Marco weiß nach dieser mehrstündigen Analyse sehr genau um meine Defizite – und während man selbst ja dazu neigt, diese zu übersehen und lieber da weiterzutrainieren, wo es ohnehin gut läuft, ist es seine Aufgabe, mich genau dorthin zu bringen, wo es wehtut. Das sind zum Beispiel meine Bauchmuskeln. Oder vielmehr ihre Abwesenheit.

Statt mit Dutzenden von Maschinen macht Marco mich mit einem Paar breiter Nylonbänder bekannt, an deren Enden je ein Griff mit Schlaufe baumelt. TRX heißt das Zeug, der neueste Fitness-Hype aus den USA – klein, leicht transportabel. Ich kann mir ein überhebliches Grinsen nicht verkneifen. Solange wir lockeren Gymnastikquatsch machen und keine Gewichte im Spiel sind, wird es allzu schlimm wohl nicht werden, denke ich mir.

Als mir nach zehn Minuten der kochende Schweiß von den Augenbrauen tropft und meine Muskeln anfangen, hilflos zu zittern, habe ich die erste von vielen Lektionen gelernt: Das Gewicht bin ich selbst. Und ein guter Trainer kann auch mit den einfachsten Hilfsmitteln ein Programm zusammenstellen, das einen an den Rand des Kollapses bringt.

Wie die Mehrzahl der Personal Trainer ist Marco dabei kein *Drill Instructor*, der nur brüllt und tadelt. Er ist kein fieser Coach, wie man ihn aus amerikanischen Highschool-Serien kennt. Er versteht sich eher als Motivator, der mich mit »Sehr gut!« und »Super!« anfeuert. Trotzdem lässt er im entscheidenden Moment nicht locker. Immer wieder korrigiert er mich. »Hintern hoch! Beine zusammenlassen! Nicht ins Hohlkreuz gehen!« Er kennt alle Ausflüchte und hat jede Schummelei, mit der sich der leidende Körper eine Erleichterung verschaffen will, schon hundertmal gesehen.

Außerdem kann er scheinbar meine Gedanken lesen. Denn immer, wenn ich mir denke, es geht rein gar nichts mehr, ruft er mir zu: »Komm, noch zwei Stück!«, oder: »Drei noch, dann hast du es geschafft!« Und natürlich sind diese letzten Wiederholungen tatsächlich immer noch machbar – alleine hätte ich mich nur nicht dazu gezwungen. Denn wie viele Gelegenheitssportler verlasse ich meine Komfortzone nur selten. Klar, es soll schon anstrengend sein, aber bitte nicht zu sehr! Dienst nach Vorschrift eben.

Ein Personal Trainer, der einem ständig im Nacken sitzt, weiß, dass noch ein bisschen mehr drin ist – und verlangt, dass man es liefert. Auch wenn einem danach kurz flau im Magen ist.


## Bauchmuskeltraining statt Angry Birds

So wie mir jetzt. Mein Kreislauf hat sich verabschiedet, kalter Schweiß steht mir auf der Stirn. Die letzte Runde in der Bar gestern Abend hätte ich mir besser gespart. Ich will mir nichts anmerken lassen, aber Marco sieht es trotzdem. Er geht erst mal zu Dehnübungen über – und vermeidet so immerhin, dass ich auf die Trainingsmatte kotze. »Ich habe ja selbst manchmal auch keinen Bock zu trainieren und muss mich auch oft überwinden«, gibt der Mann mit den prallen Oberarmen und dem breiten Kreuz zu. »Manchmal fühlt man sich nach dem Sport nur erschöpft und leer. Aber wenn sich diese Leere dann füllt, dann ist das ein geniales Gefühl.«

In Ländern wie den USA oder eben Brasilien ist es längst normal, einen Personal Trainer zu haben. Nur langsam erreicht der Trend auch Deutschland. Abschreckend wirken dabei vor allem die Preise, die bei rund achtzig Euro pro Stunde beginnen. »Sich einen Personal Trainer leisten heißt für viele, die knappe Zeit, die sie für Sport aufwenden können, perfekt zu nutzen«, sagt Marco. Das Spektrum seiner Schützlinge ist dabei größer, als man zunächst annimmt, und reicht vom Dauerkunden, der mehrmals pro Woche mit ihm trainiert, bis zum Gelegenheitsnutzer, der den Trainer nur ein paar Mal bucht und versucht, dabei so viel Know-how wie möglich mitzunehmen.

Nach einigen Trainingseinheiten mit Marco weiß ich: Der größte Vorteil, den ein Personal Trainer mit sich bringt, ist die soziale Kontrolle. Allein seine Anwesenheit setzt meinem inneren Schweinehund einen äußeren Leoparden entgegen.

Das fängt schon beim Essen an: Als wir uns das erste Mal treffen, drückt Marco mir einen Stapel Blätter in die Hand, auf denen ich alles vermerken soll, was ich in den nächsten Wochen esse. Und ohne dass er mir auch nur einen einzigen Ernährungstipp gegeben hätte, esse ich ab diesem Tag vernünftiger. Denn im Grunde hatte ich ja immer sehr wohl gewusst, dass ein McRib-Menü als Zwischenmahlzeit nicht optimal ist. Aber es erfuhr ja niemand davon, wie ich es nachmittags am Bahnhof geradezu inhalierte.

Auch mit meinen Lieblingsausreden wie schlechtes Wetter,

Müdigkeit oder einer durchfeierten Nacht ist jetzt Schluss. Schon der Gedanke, den Trainer anrufen und mich und meine schwächlichen Ausflüchte erklären zu müssen, fühlt sich unangenehmer an als Schneeregen und ein übler Kater zusammen. Statt zu kneifen und mich dafür den Rest des Tages zu schämen, reiße ich mich zusammen – und bin darüber für den Rest des Tages glücklich.

Auch mit der Eintönigkeit, die vorher so demotivierend gewirkt hat, ist es vorbei: Im Gegensatz zu den eigenen sportlichen Aktivitäten, die sich schnell wiederholen, wird Personal Training nie langweilig. Ständig gibt es neue Übungen, Variationen, Abwechslung. Und Ideen, auf die ich alleine auf dem Laufband oder an den Foltergeräten des Rückentrainings eben nicht kommen würde: Mit einem Rollbrett unter den Füßen im Liegestütz um ein Hindernis herumzukreisen, macht zum Beispiel mindestens so viel Spaß wie auf dem iPhone Angry Birds zu spielen – ist aber besser für die Bauchmuskeln.

Schnee – für mich bisher immer ein sofortiger Dealbreaker, wenn es ums Laufen an der frischen Luft ging – scheint meinen Personal Trainer nur anzustacheln. »Morgen früh um acht im Park«, gibt er mir zum Trainingsende mit auf den Weg. Und natürlich ist das gemeinsame Lauftraining abwechslungsreicher als einsames Joggen. Es gibt nicht nur verschiedene Routen, Temposteigerungen und Intervalle, sondern der lizenzierte Personal Trainer und Ernährungsberater verrät mir auch, warum meine Armbewegungen beim Laufen die Ursache für meine Knieschmerzen sein könnten – und was ich tun kann, um das abzustellen.

Die langen eingeschneiten Treppen im Park scheucht er mich trotzdem mit einem freundlich-diabolischen Grinsen hinauf. Immer und immer wieder. Erst normal, dann schnell, dann zwei Stufen auf einmal, dann drei. »Komm, das schaffst du!«, feuert er mich an, während ich mich dampfend wie eine Lokomotive, aber nur halb so zielstrebig, ein letztes Mal nach oben kämpfe. »Und jetzt brennen die Oberschenkel«, sagt er nonchalant, als wir oben stehen und auf die Stadt unter uns schauen. Dafür fühle ich mich nun nicht mehr wie Ivan Drago im dunklen Hightechlabor, sondern wie Rocky höchstselbst, nachdem er die Treppenstufen in Philadelphia hochgerannt ist – eine Schlüsselszene, die sich in jedem der Filme wiederholt. Ich bin überglücklich – und das, obwohl mir gerade geschmolzener Schnee in den Kragen meiner Sportjacke läuft. Es hat tatsächlich geklappt – mein innerer Schweinehund ist besiegt und liegt winselnd im Schnee. Aber ich hatte ja auch Hilfe.

Als wir durch den Schnee zurück zum Parkplatz gehen, frage ich Marco, ob er das Gefühl hat, mit seinem Job als Personal Trainer seinen Kunden zu mehr Glück und Zufriedenheit zu verhelfen.

»Das ist einer der Gründe, warum ich mir diesen Beruf ausgesucht habe«, sagt er und macht dabei große Atemwolken. »Ich erlebe, wie sie durch das Erreichen einer gewissen Grundfitness mehr von ihrem Leben haben. Ein gesteigertes Selbstwertgefühl, das man durch sportliche Leistung bekommt, trägt viel dazu bei, Glück und Zufriedenheit zu spüren. Sport heißt, dass ich mich mit meinem Körper befasse. Er verstärkt aber auch meine sozialen Kontakte und hilft mir, mit mir selbst im Reinen zu sein. Und das sind in meinen Augen drei extrem wichtige Voraussetzungen für anhaltendes Glück.«

Nach einer weiteren Woche Training kann ich auf alle Fälle eine positive Wirkung feststellen. Nicht nur, dass durch den Sport meine Laune für den Rest des Tages besser ist. Ich habe auch das paradoxe Gefühl, trotz einer gewissen Erschöpfung mehr Energie zu haben. Dass nach einer Weile mein Bauch im Sitzen nur noch zwei statt drei Falten wirft, steigert das Glückslevel zusätzlich. Ebenso die Tatsache, dass plötzlich wieder Hosen passen, die in den letzten beiden Jahren ungetragen und vorwurfsvoll im Schrank hingen.

Das einzige Problem: Dauerhaft zwei Mal pro Woche mit einem Personal Trainer zu trainieren, kann ich mir nicht leisten. Kann Geld also doch glücklich machen? Vielleicht, wenn man es für die richtigen Dinge ausgibt?

## Vorleser unerwünscht

Der Muskelkater ist noch nicht ganz abgeklungen, als ich mich auf den Weg zum Seniorenheim mache. Der Leiter der Einrichtung stellt Kekse und Mineralwasser hin. Dann besprechen wir, wie ich mich ehrenamtlich betätigen könnte. »Spielen Sie Skat?«, fragt er mich. »Wir haben eine Skatrunde, die könnten noch ein wenig junge Unterstützung gebrauchen.«

Ich antworte, dass ich leider weder Skat noch andere Kartenspiele jenseits von Maumau und 17 und 4 beherrsche.

»Na, das bringen die Ihnen schon bei!«

Der ist ja optimistisch! Ich bezweifle, dass ein paar gestandene Skatbrüder sich sonderlich freuen, wenn ihnen plötzlich ein planloser Jungspund an den Tisch gesetzt wird, dem sie in den nächsten Wochen erst mal mühsam Regeln und Spielstrategien beibringen müssen. »Ich dachte eher an Vorlesen«, sage ich und versuche, ihn gedanklich vom Kartentisch wegzubringen.

»Ach, da finden wir sicher auch jemanden«, sagt der Seniorenheimchef und geht mit mir in einen der sogenannten Wohnbereiche.

Mein erster potenzieller Patensenior hat schon mal gar keine Lust auf mich. »Was will der?«, fragt er. »Ach nee, muss nicht sein …«

Das geht ja gut los! Spüre ich etwa ein gewisses Misstrauen? Vielleicht ist die Lieblingssendung des alten Mannes »Aktenzeichen XY«, und er hält mich für einen Erbschleicher oder sonstigen Betrüger.

Der nächste Versuch ist erfolgreicher. Frau Knapp, zweiundneunzig, sitzt im Rollstuhl und kann so gut wie nichts mehr sehen. Vorgelesen bekommen will jedoch auch sie nicht. »Das ist doch nüscht!«, sagt sie geradeheraus. »Vorlesen ist mir viel zu langweilig. Ich hab doch mein Radio! Aber vielleicht können Sie mich hin und wieder zum Supermarkt und zur Apotheke zum Einkaufen bringen?«

Darauf können wir uns einigen. Hauptsache kein Skat.


## Die Dicke und die Bohnenstange

Frau Knapp und ich lernen uns also kennen. Oder besser: Sie erzählt, und ich höre zu. Aber so soll es auch sein. Seit anderthalb Jahren ist sie hier im Heim, vorher hat sie alleine in Berlin-Wedding gelebt. Früher hatte sie mit ihrem Mann dort eine Metzgerei, seit 1988 ist sie verwitwet, ihre beiden Söhne leben in Berlin, sind auch schon im Rentenalter.

Nach einer kurzen Phase des höflichen Geplänkels kommt heraus, dass Frau Knapp ganz gut lästern kann: »Die Dicke wollte mir heute keinen Kaffee geben«, sagt sie mit einer Kopfbewegung in Richtung einer der Pflegerinnen. Den großgewachsenen Heimleiter nennt sie nur die Bohnenstange. Dabei gluckst sie vergnügt. »Ich meckere nicht«, sagt sie, wenn sie gerade mal wieder über das Essen, die anderen Bewohner oder ihre Kinder hergezogen hat. »Ich stelle nur fest.«

Wir trinken Kaffee, und Frau Knapp erzählt mir von ihrem Leben im Seniorenheim. Vom Geisteszustand der anderen Bewohner (»Die meisten sind schon senil. Aber ich? Ich krieg noch alles mit!«) und von den Pelzmänteln, die sie früher hatte. (»Keine Ahnung, wo die sind, ich glaube, meine Kinder haben alles weggegeben.«) Ich muss lachen, wenn sie Sachen sagt wie »Dieser Strolch!« oder von »der Männerkrankheit« spricht –

was sie genau damit meint, ist mir nicht ganz klar, genauer nachfragen möchte ich aber auch nicht.

Nach gut einer Stunde verabschiede ich mich, und Frau Knapp begleitet mich zum Lift. Als sie auf dem Flur eine andere Frau sieht, stöhnt sie: »Oh, die schon wieder!«, verabschiedet sich hastig, und schon ist sie mit ihrem Rollstuhl erstaunlich schnell und behände davongerollt.

Als die andere ältere Dame das sieht, fährt sie Frau Knapp hinterher. »Bleibst du wohl stehen?«, ruft sie ihr nach.

»Ich muss zur Toilette!«, antwortet Frau Knapp über die Schulter hinweg.

»Immer wenn du mich siehst, musst du auf die Toilette!«, kommt die beleidigte Antwort.

»Ich komm doch wieder raus«, ruft Frau Knapp unwirsch.

Belustigt beobachte ich das Rollstuhlrennen in Zeitlupe über den langen Flur, dann schließt sich die Aufzugstür.

Auf dem Nachhauseweg stellt sich tatsächlich ein Glücksgefühl ein. Die Sonne lacht mir zu, die Passanten scheinen mich wohlwollend anzusehen, und mir ist nach Tanzen zumute. Auf diesen Glücksschub hatte ich schon gehofft, als ich bei der Freiwilligenagentur war, jetzt ist er tatsächlich da. Es ist gar nicht so sehr ein edelmütiges Gefühl von Großherzigkeit. Ich freue mich einfach darüber, einen lustigen Nachmittag verbracht zu haben. Ein wenig Stolz ist natürlich auch dabei. Aber ich fühle mich weniger, als hätte ich durch den Besuch ein Opfer gebracht. Frau Knapp hat mich vielmehr von meinen eigenen Problemen abgelenkt. Angesichts eines fast blinden Menschen, der im Rollstuhl sitzt, wird der Kollege, der beim letzten Telefonat »irgendwie schnippisch« war, plötzlich sehr schnell sehr trivial.

Darüber hinaus macht es froh, wenn man sieht, dass jemand, der schon alt und gebrechlich ist, trotzdem noch seinen Humor behalten hat. Dass man gemeinsam lachen kann und das Alter etwas weniger gruselig wirkt.

Als der zweite Besuch ansteht, ist das alles schon wieder weit weg. Mein erster Reflex ist es, mich vor dem Termin zu drücken. Habe ich dafür wirklich Zeit? Wie lange allein schon die Fahrt dauert! Was bringt das denn überhaupt? Komme ich aus der Sache irgendwie wieder raus?

Ich schäme mich für die Gedanken, die mir durch den Kopf gehen.

Letztlich mache ich mich doch auf den Weg. Es ist wie beim Sport: Danach fühlt man sich gut und nimmt sich vor, die Trainingsklamotten bis zum nächsten Mal nicht so lang im Schrank zu lassen. Aber wenn es dann so weit ist, ist all die Erkenntnis vergessen und das Jammern und das Suchen nach Ausreden doch wieder groß.

Warum haben wir bloß ein so schlechtes Gedächtnis für die Dinge, die uns glücklich machen?

Und es macht mich tatsächlich auf eine unerklärliche Art glücklich, Frau Knapp in ihrem Rollstuhl durch die Straßen zu schieben, mit ihr über das Wetter, das Königshaus von Monaco und Hertha BSC zu reden. Vielleicht auch, weil sie mir nachsieht, dass ich von dem ersten nur wenig und von den beiden anderen Themen rein gar nichts verstehe.

Wir entwickeln schnell eine gemeinsame Routine: »Meine Güte, ist das 'ne tote Ecke hier«, kräht sie Woche für Woche, wenn wir durch die leere Straße rollen, in der das Altenheim liegt. In der Apotheke wird Baldrian gekauft, im Grill an der Ecke zwei halbe Hähnchen – eins für Frau Knapp, eins für die Nachtschwester. In manchen Wochen kommt noch ein Sondereinkauf dazu wie eine Bluse »bei den Chinesen«, wie Frau Knapp das asiatisch geführte Geschäft für Damenoberbekleidung nennt, oder ein Paar Socken in der Drogerie, die Frau Knapp »Droscherie« ausspricht und in der sie jedes Mal den Kopf über das Sortiment schüttelt: »Was die alles haben? Badesalz und Wein und Regenschirme? Das ist doch verrückt!«

Manchmal kaufen wir auch ein Heft mit Kreuzworträtseln

für eine von Frau Knapps Nachbarinnen oder eine Schachtel Zigaretten für einen der Pfleger. Ich ertappe mich gelegentlich dabei, wie ich ihr raten will, ihr Geld zusammenzuhalten, statt es für andere auszugeben. Doch dann merke ich, wie viel Freude ihr beides macht: sich selbst etwas zu kaufen – aber eben auch ihren Nachbarinnen.

Einerseits machen mich die Besuche fröhlich, denn man kann mit Frau Knapp gut lachen. (»Fragt mich die Schwester heut Morgen, ob ich noch im Bett bin. Sag ich, na, wo soll ich denn sonst sein?«) Gleichzeitig führen mir die Besuche auch vor Augen, wie hilflos und unselbstständig man im Alter wird. Kann man überhaupt glücklich sein, wenn man den Rollstuhl nicht mehr verlassen und sich nicht einmal mehr alleine ein halbes Hähnchen kaufen kann?

Mein guter Freund und geschätzter Kollege Mathias Irle hat ein ganzes Buch darüber geschrieben, welche unglaublichen Anpassungsleistungen Menschen im Alter vollbringen. Und wie sie es durch diese Anpassung schaffen, trotz immer stärkerer Einschränkungen und dadurch objektiv sinkender Lebensqualität beinahe nichts von ihrer Zufriedenheit und ihrem Lebensglück einzubüßen. In »Älterwerden für Anfänger« schreibt der Diplompsychologe und Therapeut: »Darüber hinaus entstehen (…) auch neue Perspektiven und Eigenschaften, die von vielen Menschen im Alter als Zugewinne erlebt werden. So spüren ältere Menschen beispielsweise ein größeres Gefühl von Freiheit, das entsteht, weil viele Erwartungen, Leistungsansprüche und Verpflichtungen wegfallen. Sie erleben ein Gefühl von Leichtigkeit. Ein Mehr an Geduld. Eine Wiederbelebung der Fähigkeit, staunen zu können. Eine größere Gelassenheit, die sich darin zeigt, dass man besser als früher Dinge so lassen kann, wie sie sind. (…) Viele können Sozialbeziehungen – insbesondere mit Kindern – mehr als früher genießen. Und nicht wenige erleben ein Mehr an Humor, insbesondere auch im Hinblick auf die eigenen Nöte, Sorgen und Unzulänglichkeiten.«

Eines der Geheimnisse für glückliches Altern, die er in seinem Buch verrät, ist beispielsweise, sich immer vor Augen zu führen, welche sogenannten Oberziele im Leben (zum Beispiel »unterwegs sein«) durch welche Unterziele (»Motorrad fahren«) erreicht werden können. Wenn man dann irgendwann nicht mehr in der Lage ist, auf sein Motorrad zu steigen, kann man so leichter etwas finden, womit man das Oberziel (»unterwegs sein«) trotzdem noch erreichen kann und wozu man gesundheitlich noch in der Lage ist. Wer einst mit dem Motorradfahren begonnen hat, um unterwegs zu sein, könnte sich zum Beispiel auf weniger anstrengende Kreuzfahrten verlagern, sobald die Kraft nicht mehr reicht, um stundenlang im Sattel zu sitzen. Jemand, dessen Oberziel »sich mit Technik beschäftigen« ihn für das Motorradfahren begeistert hat, wird – wenn es irgendwann mit dem Selberfahren nicht mehr klappen sollte – auf dem Kreuzfahrtschiff vermutlich unglücklich und ist in Auto- und Motorradmuseen oder beim Basteln in der Werkstatt möglicherweise besser aufgehoben.

Je mehr unterschiedliche Oberziele ein Mensch im Leben habe, schreibt Irle in seinem Buch, desto weniger schlimm sei es für ihn, wenn einige davon irgendwann einmal nicht mehr erreichbar sind. Oft sei es auch nötig, die Verbindung zwischen den Ober- und manchen Unterzielen sukzessive zu kappen – und seine Ziele möglichst nicht zu konkret und starr zu formulieren. »Nun werden nach Schätzungen von Wissenschaftlern nur maximal fünf Prozent aller Menschen im Alter weise. Dennoch gelingt es auch dem überwiegenden Teil des Rests, sich irgendwann von den alten Zielen, die nicht mehr erreichbar sind, zu lösen. Die bemerkenswerte Nachricht ist die, dass dies den meisten von uns so gut gelingt, dass wir auch im Alter bis mindestens zum achtzigsten Geburtstag eine Lebenszufriedenheit verspüren werden, die es mit der in jungen Jahren aufnehmen kann.«

Hilfreich sei dabei, dass sich auch unsere Emotionen im Alter verändern: So hat beispielsweise Ursula Staudinger, eine der führenden deutschen Gerontologinnen, nachgewiesen, dass im Alter die Zahl negativ erlebter Emotionen abnimmt, die Zahl der leicht positiv gefärbten Emotionen hingegen zunimmt, während die Zahl der intensiven positiven Emotionen gleich bleibt. Unterm Strich also eine ganz erfreuliche Bilanz.

Auch Frau Knapp, kaum noch mobil und halb blind, antwortet, wenn man sie fragt, ob sie glücklich ist: »Ich bin sehr zufrieden! Worüber soll ich mich denn beklagen? Die Leute können mich leiden, ich komme mit allen gut aus. Gibt auch viele hier, die meckern immer nur den ganzen Tag. Aber was bringt mir das denn? Ich kann meine Sportsendungen im Radio hören und ab und zu ein Hähnchen essen. Mehr brauche ich gar nicht.« Dann rollen wir zum Grillimbiss an der Ecke. Alleine würde sie den Weg über die diversen Kreuzungen nicht mehr schaffen. Sie zu ihren Geschäften und ein wenig unter Leute zu bringen und mit ihr anschließend noch eine Tafel Schokolade zu kaufen (»Eigentlich wollte ich ja abnehmen, aber vielleicht ist es auch schon egal…«), ist also mein bescheidener Beitrag zu ihrem bescheidenen Glück. Manchmal braucht es viel weniger, als man denkt.

# Zehn kleine Glücksmomente

- Bei einem nächtlichen Sommergewitter zu Hause im Bett liegen und Blitz und Donner durch das geöffnete Fenster beobachten

- Der Moment am Nachmittag, in dem sich ein besonders schlimmer Kater verflüchtigt und man zum ersten Mal wieder Hunger bekommt

- Wenn das komische Geräusch, das das Auto macht, von selbst wieder weggeht. Passiert leider so gut wie nie.

- Eine Schneeflocke mit der Zunge auffangen

- Dinge selbst reparieren können

- Milchreis mit Zimt und Zucker

- Wenn sich jemand, den man vor langer Zeit eigentlich nur kurz getroffen hat, trotzdem gut an einen erinnert

- Besuch bekommen und die eigene Stadt für ein Wochenende mit den Augen eines Touristen sehen

- Die erste Tasse Kaffee am Morgen

- An einem kurzen Seitenblick im Aufzug merken, dass man geliebt wird

# Februar

Warum Arbeit glücklich macht,
auch wenn man das Geld nicht braucht

Was Meditation mit Sackhüpfen zu tun hat

Wie (un-)glücklich ein Internet-Millionär ist,
der alles verloren hat

*Wohlstand ist, wenn ein Mann hundert Dollar im Jahr mehr
verdient als der Mann der Schwester seiner Frau.*

H. L. Mencken

Von meinem Freund Tobi habe ich mir einen Trick abgeschaut, den man die »rosarote Wetterbrille« nennen könnte. »Wenn ich für eine Reise, einen Ausflug oder eine Grillparty wissen will, wie das Wetter ist«, erklärt er seine Vorgehensweise, »schaue ich mir einfach so viele verschiedene Prognosen im Internet an, bis ich eine finde, die mir ungefähr das Wetter verspricht, das ich haben will.«

Man kann das technikgestützten Optimismus nennen, selektive Wahrnehmung – oder einfach nur bescheuert. Aber auch ich habe mir diese Art der Vorhersage angewöhnt, und ich habe den Eindruck, dadurch tatsächlich schon öfter Glück mit dem Wetter gehabt zu haben.

Heute bringt mir jedoch auch der zehnte Online-Wetterdienst kein Glück. Alle sagen denselben Schneesturm für New York voraus. In ein paar Stunden soll ich im Flugzeug sitzen. Keine guten Aussichten. Aber es hilft nichts, ich muss mich auf den Weg machen und das Beste hoffen. Schließlich will ich zwei Menschen treffen, die auf sehr unterschiedliche Weise versuchen, glücklich zu werden: der eine durch Meditation und Demut, der andere durch Millionen und Zigarren.

Ich habe Glück: Unser Flugzeug darf gerade noch landen. Erst als ich im Taxi zum Hotel sitze, wirbeln draußen die ersten Schneeflocken vorbei. Was am Abend noch märchenhaft und romantisch aussieht, entwickelt sich über Nacht zu einem massiven Verkehrshindernis: An meinem ersten Tag in New York bleiben die Schulen geschlossen, nur nach und nach können die Straßen freigeräumt werden. Im Fernsehen sieht man

Moderatoren, die noch ein wenig weiter nördlich in Neuengland bis zum Bauchnabel im Schnee stehen. Polizei und Feuerwehr, Auto- und Bahnfahrer, Touristen und Einheimische – alle schimpfen über das Wetter. Es bremst sie, durchkreuzt ihre Pläne. Erfordert Umdenken, mehr Zeit. Schnee ist einfach lästig und bei fast allem irgendwie im Weg. Nur die Schulkinder finden die weißen Massen super – und Ashrita Furman. Als ich ihn anrufe, ob wir uns trotz des Schneechaos wie verabredet treffen können, ruft er fröhlich ins Telefon: »Ist der Schnee nicht wundervoll? Alles ist weiß!«

## Tischtennisbälle spucken und unter Wasser jonglieren

Wenig später sitzen wir uns in einem Café mit dem esoterischen Namen »The Smile of The Beyond« im Stadtteil Queens gegenüber. Ashrita Furman ist der Mensch mit den meisten Weltrekorden im berühmten Guinness-Buch. Ganze 326 Weltrekorde hat er bis zum Zeitpunkt meines Besuchs bereits aufgestellt, 126 davon hält er immer noch.[14] Darunter sind eher alberne – beispielsweise die größte Menge an Götterspeise, die man in einer Minute mit Stäbchen essen kann. Aber viele sind durchaus beeindruckend. »Mein ältester Rekord, der nach wie vor steht, ist Langstreckenradschlagen«, erinnert sich der Sechsundfünfzigjährige. »Es war im April 1986, und ich schlug Räder – zwanzig Kilometer am Stück. Ich musste mich dabei aber dauernd übergeben… Vermutlich ist das der Grund, warum niemand je mehr versucht hat, ihn zu knacken.«

Ashrita Furman trägt funktionale Sportkleidung und eine

---

[14] Einer davon ist tatsächlich der Weltrekord für die meisten gleichzeitig gehaltenen Weltrekorde.

randlose Brille. Er hat die kräftige Statur eines Zehnkämpfers, und wenn er lacht, was er gerne und ausgiebig tut, sieht man seine kräftige Hals- und Nackenmuskulatur besonders gut. Er sieht bestimmt zehn Jahre jünger aus, als er tatsächlich ist – und ein bisschen erinnert er mich an Dustin Hoffman. Vier Tage nachdem im Jahr 1954 das Guinnessbuch »erfunden« wurde, kam er zur Welt. Für ihn eines von vielen kleinen Omen.

In seiner Jugend hier in Queens, in einer Gegend, die sich Jamaica nennt, habe er eigentlich nur gelesen, sagt er. Er sei absolut kein sportlicher Typ gewesen, sondern als bebrillter Nerd auf der Schule eher herumgeschubst worden. Mit sechzehn begann er sich für Yoga und Meditation zu interessieren. Er las Hesses »Siddhartha« und traf auf Sri Chinmoy, einen bekannten spirituellen Lehrer, der in der Nachbarschaft wohnte. Der Guru war es auch, der ihn zu den Weltrekorden brachte: »Er ermutigte mich, an einem Vierundzwanzigstunden-Fahrrad-marathon im Central Park teilzunehmen«, erzählt mir Ashrita, während er seine Tofu-Lasagne ganz unmeditativ hinunter-schlingt. »Eigentlich hatte ich keine Lust dazu. Erst zehn Tage vor dem Rennen kaufte ich mir ein Rad und fing halbherzig an zu trainieren.«

Umso größer war seine Überraschung, als er bei dem Wett-kampf nach vierundzwanzig Stunden vom Fahrrad stieg und sechshundertfünfzig Kilometer absolviert hatte. »Es war ein absolutes Wunder! In diesem Augenblick wusste ich, dass ich meine Berufung gefunden hatte«, sagt der Besitzer eines klei-nes Reformhauses. »Seitdem breche ich Weltrekorde, um an-dere Menschen zu inspirieren. Um ihnen zu zeigen, dass unsere Möglichkeiten endlos sind, wenn wir nur an uns glauben.«

Seinen ersten offiziellen Weltrekord stellte er im August 1979 auf: siebenundzwanzigtausend Hampelmänner! Anfangs hatte er gerade mal fünfzig am Stück geschafft.

Seither sind über dreihundert weitere Rekorde dazugekom-men. Bei manchen geht es um Geschicklichkeit, wenn er beispielsweise einen Golfball ununterbrochen auf einem Golf-schläger hüpfen lässt.[15] Bei anderen um Ausdauer, so wie bei seinem Versuch, einen neun Pfund schweren Ziegelstein ohne Pause so weit wie möglich zu tragen.[16] Doch egal um welchen Rekord es sich handelt, ob Ashrita auf einem Hüpfball sitzt oder unter Wasser jongliert: Der Schlüssel zum Erfolg liegt für ihn in der Meditation. »Bei jedem Rekord kommt irgendwann der Moment, an dem man denkt, es geht nicht mehr. Durch Meditation schaffe ich es, meinen Geist von meinem Körper zu trennen. Dadurch werden alle Zweifel, alle Schmerzen und alle Erschöpfung weggespült, und alles, was bleibt, ist innerer Friede.«

Nicht nur in Ausnahmesituationen – also auf dem Hüpfball und bei Radschlagmarathons – meditiert der athletische New Yorker, sondern darüber hinaus auch jeden Morgen und jeden Nachmittag. »Die Meditation ist es, die meinem Leben einen Rhythmus und einen Sinn gibt. Die mich glücklich und zufrieden macht und die mir die Kraft für meinen nächsten Rekordversuch gibt, auch wenn meine Knochen müde sind und meine Füße voller Blasen.«

Ich will unbedingt bei einem solchen Rekordversuch dabei sein und frage ihn, wofür er gerade trainiert. Es seien immer eine Handvoll verschiedener Disziplinen gleichzeitig, die er im Blick habe, sagt Ashrita. »Komm mit, ich zeig dir den Ort, an dem ich schon viele Rekorde aufgestellt habe.«

Wir gehen über die Straße ins »Panorama Café«. Es liegt in günstiger Nähe zu seinem Reformhaus und gehört einem Freund, der ihm oft beim Trainieren hilft. Für sein aktuelles Projekt, fährt Ashrita fort, benötige er einen Mitstreiter – ge-

---

[15] Ashritas Rekord liegt hier bei einer Stunde und zwanzig Minuten, aufgestellt im Januar 2010 in New York.

[16] Hier liegt der Rekord von Ashrita bei schier unglaublichen einhundertsechsunddreißig Kilometern, aufgestellt 1999 in New York.

nauer gesagt ein Versuchskaninchen, das sich mit Klebeband an die Wand kleben lasse.

Das Versuchskaninchen bin ich. Der Weltrekord, wie schnell man einen Menschen an eine Wand kleben kann, sodass er mindestens eine Minute hängen bleibt, liegt bei 57 Sekunden. Ashrita hatte ihn vor Jahren selbst gehalten; damals betrug die Rekordzeit noch über zwei Minuten. Später hat ihm eine Kirchengruppe aus der Nachbarschaft den Rekord abgejagt. Aktuell hält ihn eine Gruppe von Kanadiern.

»Sie haben ein Video bei YouTube reingestellt«, sagt er aufgeregt. »So konnte ich sehen, dass sie eine ganz andere Technik verwenden. Erst dadurch sind Zeiten unter einer Minute möglich.«

Er zeigt mir das Video: Statt mühsam Arme und Beine mit vielen Klebestreifen an der Wand zu befestigen, klebt der kanadische Rekordhalter nur drei große, U-förmige Schlaufen an die Wand, die maximale Klebefläche bieten und in die die Person an der Wand ihre Daumen und Füße einhängt. Es ist eine sehr großzügige Auslegung des Begriffs »festkleben« – aber die Prüfer des Guinness-Buchs haben die Methode anerkannt.

»Ist das nicht genial?«, fragt mich Ashrita, und mit einem Mal bin auch ich im Rekordfieber. Ein absurder Ehrgeiz hat mich gepackt. Wäre doch gelacht, wenn wir das nicht schafften!

Als ich kurz darauf von der Wand falle, ärgert sich der sonst so fröhliche New Yorker. Das sieht man. Aber er ärgert sich nicht über mich, sondern über sich selbst. Es kommt dennoch kein negatives Wort über seine Lippen. »Das war schon ganz gut«, sagt er stattdessen. »Aber ich muss das Klebeband schneller abrollen und fester andrücken.«

Die siebenundfünfzig Sekunden erweisen sich als wahnsinnig schwer zu knacken. Entweder braucht Ashrita zu lange – oder ich plumpse zu schnell von der Wand, sobald er den Hocker wegzieht, auf dem ich während des Festklebens gestanden habe.

Was anfangs noch wie ein Spiel an einem Kindergeburtstag aussieht, wird nach einer Reihe von Versuchen tatsächlich anstrengend – zumindest für denjenigen, der abrollen und kleben muss. Als uns irgendwann das Klebeband ausgeht, beschließen wir, es für heute gut sein zu lassen. Wir hängen die von Sri Chinmoy gemalten Bilder wieder auf, die wir vorher abgenommen hatten, um genügend Platz an der Wand zu schaffen, ebenso wie die Fotos, auf denen der Guru zu sehen ist, wie er Nelson Mandela, Muhammad Ali und Yoko Ono in die Luft hebt.[17]

## Keine Kategorie fürs Hopsen

Am nächsten Tag treffen wir uns vor Ashritas Haus. Es liegt ganz in der Nähe von seinem Reformhaus und den beiden Cafés, in denen wir gestern waren. An der Hauswand lehnt der weltgrößte Hula-Hoop-Reifen. Sein Umfang: 15,8 Meter. Ashrita hat ihn vor einigen Jahren selbst gebaut und immerhin eine Minute lang um seine Hüften kreisen lassen. Es gibt bestimmt viele Menschen, die auch allergrößten Spaß daran hätten, solche Dinge zu konstruieren, im Sackhüpfen gegen ein trabendes Yak zu gewinnen oder eine Stunde am Tag Briefmar-

---

[17] Der ehemalige Langstreckenläufer und Guru Sri Chinmoy (1931–2007) machte es nach 1985 zu seinem Markenzeichen, Menschen hochzuheben, um ihnen dadurch seine Wertschätzung auszudrücken. Chinmoy stellte sich dazu unter eine eigens angefertigte Plattform, auf der Würdenträger und Staatsoberhäupter zumindest noch einigermaßen würdevoll stehen konnten. Mit zwei Griffen drückte er die Plattform dann kurz nach oben. Insgesamt hob der gebürtige Inder im Lauf seines Programms »Die Welt mit einem Herzen des Einsseins emporheben« über achttausend Menschen in die Höhe. Kritiker sprechen von einer optischen Täuschung oder sagen, die oft riesigen Gewichte seien teilweise nur durch Hebelwirkung bewegt worden.

kenweitpusten zu veranstalten. Aber es gibt nur wenige wie Ashrita, die sich auch trauen, es zu realisieren. Die meisten fühlen sich vermutlich für solchen Kinderkram zu alt.

»Ich langweile mich wahnsinnig schnell«, sagt Ashrita, als er mir seinen Garten mit diversen Trainingsgeräten und einem Samuraischwert zum Apfelteilen zeigt. »Ich bin froh, dass ich ständig für verschiedene Rekorde gleichzeitig trainieren kann und somit Abwechslung in meinem Leben habe. Einfach nur joggen zu gehen, wäre für mich die Hölle. Ich muss dabei etwas Besonderes, etwas Verrücktes tun.«

Heute steht Skipping auf dem Programm – ein Hopserlauf, wie ihn Kinder die Straße entlang machen, wenn sie gute Laune haben. »Man muss sich das mal vorstellen«, sagt Ashrita kopfschüttelnd. »Es gab das Guinness-Buch schon über fünfzig Jahre lang – und sie hatten keine eigene Kategorie fürs Hopsen.« Es macht ihn fassungslos.

Natürlich hat er die Leute vom Guinness-Buch überzeugt, dass Skipping eine eigene Kategorie verdient – und prompt den Rekord für den schnellsten Marathon im Hopserlauf aufgestellt (fünf Stunden fünfundfünfzig Minuten). Aber das ist schon sieben Jahre her. Jetzt muss er wieder trainieren, um den Rekord über zehn Kilometer zurückzuerobern, den ihm jemand abgejagt hat.

Es sieht kurios aus, wenn ein erwachsener Mann im Trainingsanzug eine winterliche Straße auf und ab hüpft wie ein kleines Mädchen, das gerade eine Puppe geschenkt bekommen hat.

»Hey, alter Mann«, ruft eine Gruppe Jugendlicher, die im Park herumlungern, provozierend herüber. »Bist du glücklich oder was?«

»Oh ja«, ruft Ashrita atem-, aber furchtlos zurück. »Und wie!«

Die Jungs in den dicken Jacken spüren wohl, dass er die Wahrheit sagt – denn sie lassen ihn in Ruhe weiterhopsen.

# Kindliche Begeisterung statt Sponsorengelder

Nach der Trainingseinheit gehen wir zurück zum »Panorama Café«. Es steht noch ein anderer Rekord auf dem Programm: Kniebeugen auf einem Balanceboard. Ein Balanceboard ist eine Art Skateboard, nur ohne Räder. Stattdessen liegt es lose auf einer großen Walze. Sagen wir so: Ich schaffe es nicht einmal, zehn Sekunden darauf stehen zu bleiben. Ashrita will darauf mehr als zweiundfünfzig Kniebeugen in einer Minute machen – denn das ist nun mal der gegenwärtige Rekord.

Sein Ehrgeiz richtet sich dabei wie immer nur gegen ihn selbst: »Wenn jemand anders einen meiner Rekorde bricht, freue ich mich für die Person.« Auch Sponsorengelder kommen für den New Yorker nicht infrage: »Ich bekomme immer wieder Angebote von Firmen, die mich finanziell unterstützen wollen. Aber daran habe ich kein Interesse. Es würde für mich den Sinn zerstören, wenn ich mich für meine Rekorde bezahlen ließe.«

Ich frage ihn, was ihn stattdessen antreibt, so viel von seiner Freizeit für das Training zu opfern – für Rekorde, die die Menschen entweder gar nicht kennen oder als skurril belächeln.

»Ich bin ein großes Kind – mit dem Gemüt eines Siebenjährigen«, antwortet Ashrita nach einigem Nachdenken. »Und dafür bin ich dankbar.« Warum? »Weil wir als Kinder noch eine grenzenlose Fantasie und ausufernde Träume haben. Noch bedingungslos an unsere Eltern glauben – und an Gott. Weil wir uns keine großen Sorgen über die Zukunft machen. Weil wir als Kinder noch rein und unverdorben sind und uns spontan über die kleinsten Dinge freuen können. Lauter Sachen, die wir als Erwachsene verlieren.«

Ein alter Freund von Ashrita kommt zur Tür herein. Er hat eine Videokamera und eine Stoppuhr mitgebracht. Bei Guinness-Rekorden geht es sehr ernsthaft zu: Jeder Rekord muss genauestens dokumentiert und von unabhängigen Zeugen bestätigt werden.

Nachdem ich gestern an die Wand geklebt wurde, bin ich heute für die Aufgabe des Zeugen eingeteilt. Zusätzlich bekommt jeder, der einen Rekordversuch anmeldet, die genauen Regeln für die jeweilige Disziplin zugeschickt. In den zahlreichen Blättern, die Ashrita für den heutigen Versuch mitgebracht hat, ist beispielsweise vermerkt, wie breit das Balanceboard sein muss (22,8 bis 27,9 Zentimeter), wann eine Kniebeuge wirklich eine Kniebeuge ist (die Oberschenkel müssen parallel zum Boden sein) und welche Hilfsmittel erlaubt sind (keine).

Die ersten sieben Versuche gehen allesamt schief. Ashrita schafft es zwar, die Balance zu halten, aber seine Kniebeugen sind einfach zu langsam – obwohl er dabei stöhnt und schnauft, als ginge es um sein Leben. Ich glaube nicht mehr daran, dass er es noch schaffen kann. Wie viel Kraft kann er in seinen übersäuerten Oberschenkeln noch haben? Doch Ashrita will es noch ein letztes Mal versuchen. In sich gekehrt wandert er eine Minute durch das Café, in dem sich an diesem Nachmittag außer uns nur ein paar Schulkinder befinden, die uns neugierig beobachten. Dann steigt er wieder auf das wackelnde Brett.

»Bereit?«, fragt der Kameramann mit der Stoppuhr in der Hand.

»Bereit!«, antwortet Ashrita. Dann legt er los.

Sechzig Sekunden später hat er fünfundfünfzig Kniebeugen geschafft – drei mehr als der bisherige Rekord. »Waren alle in Ordnung?«, will er atemlos wissen und nimmt die Videokamera an sich, um im Display nachzusehen, ob er auch jedes Mal wirklich tief genug in die Knie gegangen ist.

Ungefähr vier Wochen später wird er einen Brief von einem Guinness-Buch-Mitarbeiter erhalten. Dort hat man das Video und meine eidesstattliche Erklärung gesichtet und ihm seinen dreihundertsiebenundzwanzigsten Weltrekord bestätigt: vierundfünfzig Kniebeugen – eine einzige war tatsächlich nicht tief genug.

Ashritas Durchhaltevermögen beeindruckt mich. Wer denkt, dass es einfach sei, solche Rekorde aufzustellen, irrt sich. Denn selbst bei den ausgefallensten Disziplinen ist die Konkurrenz riesig.

Als Nächstes will Ashrita zwei Rekorde zurückerobern, die andere ihm abgejagt haben: Hopserlauf über fünf Kilometer und Baseballschläger-Balancieren auf dem Zeigefinger. »Ich will niemals damit aufhören«, sagt er, als ich ihn frage, wann er sich zur Ruhe setzen will. »Ich würde gerne sterben, während ich einen letzten Rekordversuch unternehme. Schließlich gibt es Tausende von Rekorden im Guinness-Buch – und ich behaupte, es gibt keinen, den man nicht brechen kann, wenn man es nur lange genug versucht. Na gut, vom größten Mann der Welt vielleicht mal abgesehen.«

## Der glücklichste Mensch der Welt?

Auf den ersten Blick wirkt jemand wie Ashrita Furman auf viele sicher befremdlich. In unserer Gesellschaft gibt es eine klare Vorstellung davon, was ein erfülltes, glückliches Leben ausmacht: ein guter Job, die Gründung einer Familie, stetig gemehrter Wohlstand. Es fällt uns schwer, uns vorzustellen, dass auch ein ganz anderer Weg funktionieren kann. Mönche in einem fernöstlichen Kloster finden wir exotisch-interessant, und wir verewigen sie gerne auf unseren Urlaubsfotos. Aber jemand wie Ashrita, der in unserer Mitte in einer westlichen Großstadt so ganz anders lebt als wir? Der nie eine Familie gründen wird und seinen Beruf nicht als Selbstverwirklichung, sondern als Broterwerb begreift, den ihm sein Guru mehr oder minder zugeteilt hat? Der seine Freizeit damit verbringt, möglichst lange bewegungslos auf einem Gymnastikball zu stehen, um diesen Guru zu ehren und andere Menschen zu inspirieren? Kann so jemand tatsächlich glücklicher sein als wir? Wir können es kaum glauben – auch weil wir es nicht glauben wollen.

Ich frage ihn, ob er sich selbst als glücklich bezeichnen würde. Er antwortet, ohne eine Sekunde zu zögern, so als hätte ich ihn nach seinem Geburtsdatum oder seiner Augenfarbe gefragt: »Oh ja, ich bin sehr glücklich«. Sein Tonfall ist frei von Bescheidenheit, aber ebenso frei von Stolz. Es ist eine sachliche Feststellung. »Viele Menschen aus meinem Umfeld sagen, dass ich der glücklichste Mensch sei, den sie kennen. Aber ich bemühe mich gar nicht, glücklich zu sein. Glück und Zufriedenheit sind nicht meine Ziele, meine Motivation. Das Glück kommt automatisch durch meine Art zu leben, durch meine Rekorde und meine Meditation.« Aber vermisst er nicht manchmal eine Frau und eine Familie?[18] »Manchmal schon. Wie stark diese Sehnsucht ist, ist für mich ein Sensor, wie gut meine Meditationen klappen. Wenn ich gut meditiere, fehlt mir das alles nicht. Und so ist es ja auch gedacht: Auf dem Weg zur spirituellen Erleuchtung steht ein Partner oder eine Familie nur im Weg.«

So sympathisch Ashrita mir ist und so lustig ich seine Jagd nach Weltrekorden finde, so fremd bleibt mir jedoch auch nach seinen positiven Schilderungen die Welt seines Gurus Sri Chinmoy. Es gibt vermutlich gefährlichere Religionsgemeinschaften oder Sekten. Aber die Mischung aus Gewichtheben, naiver Malerei und strenger Geschlechtertrennung will sich mir nicht als der wahre Weg zur Glückseligkeit erschließen.

Meditation an sich scheint mir allerdings grundsätzlich ein guter Ansatz. Ihre positiven Auswirkungen sind in zahlreichen

---

[18] Den Anhängern Sri Chinmoys ist es untersagt, Sex zu haben oder Liebesbeziehungen einzugehen. Paare, die bereits verheiratet sind, wenn sie sich der Gruppe anschließen, dürfen zusammenbleiben, sollen aber keine weiteren Kinder mehr bekommen.

unabhängigen Studien empirisch belegt. Es klingt zunächst einfach: stillsitzen und sich auf eine einzige Sache konzentrieren. Das kann der eigene Atem, ein Bild oder ein Wort sein – aber auch Gebetsperlen oder ein Rosenkranz. Wer über einen längeren Zeitraum täglich meditiert, ist – so das Ergebnis wissenschaftlicher Studien – zufriedener und selbstbewusster, verspürt weniger Angstgefühle, hat ein besseres Gedächtnis und Einfühlungsvermögen.

Sogar das Immunsystem wird durch Meditation gestärkt. Das fand eine Untersuchung der University of Wisconsin heraus, bei der Freiwillige nach dem Zufallsprinzip in eine Meditations- und eine Kontrollgruppe eingeteilt wurden.[19] Nach acht Wochen bekamen beide Gruppen eine Grippeschutzimpfung. Bei den Mitgliedern beider Gruppen bildeten sich daraufhin Antikörper im Blut. Bei den Personen, die für acht Wochen meditiert hatten, schlug die Impfung jedoch deutlich besser an, und es bildeten sich mehr Antikörper als bei der nicht meditierenden Kontrollgruppe. Der amerikanische Psychologieprofessor Jonathan Haidt schreibt in seinem Buch »The Happiness Hypothesis«[20]: »Stellen Sie sich vor, Sie lesen von einer Pille, die man einmal am Tag nimmt und die Sie weniger ängstlich und dafür zufriedener sein lässt. Würden Sie sie nehmen? Nehmen wir an, dass die Pille jede Menge Nebenwir-

---

[19] Einige frühere Studien zur Wirksamkeit von Meditation hatten den Fehler gemacht, Menschen, die sich freiwillig für Meditationskurse angemeldet hatten, mit solchen zu vergleichen, die dies nicht getan hatten. Dabei führt, wer sich für Meditation interessiert, oft einen ohnehin anderen, einen gesünderen Lebensstil als Menschen, die dies nicht tun. Die positiven Auswirkungen von Meditation sind inzwischen aber von vielen Studien bestätigt worden, bei denen die Testgruppen zufällig zugeteilt wurden, also keine Prädisposition oder größeren Unterschiede im Lebensstil vorlagen.

[20] Der deutsche Titel lautet: »Die Glückshypothese: Was uns wirklich glücklich macht. Die Quintessenz aus altem Wissen und moderner Glücksforschung« (VAK Verlags GmbH, Kirchzarten bei Freiburg 2007)

kungen hat, aber nur positive: Sie sind selbstsicherer, haben mehr Vertrauen in andere Menschen und in sich selbst, sogar Ihre geistigen Leistungen verbessern sich. Nehmen wir außerdem an, die Pille wäre komplett natürlich und absolut kostenlos. Würden Sie sie jetzt nehmen? Diese Pille existiert tatsächlich. Sie heißt Meditation.«

## Flipperkugeln auf Espresso

Nicht nur Haidt, auch zahlreiche andere Forscher bestätigen die Wirksamkeit von Meditation. Je länger ich mich damit beschäftige, umso sicherer scheint mir: Ich kann es mir als Glückssuchender im Grunde gar nicht erlauben, *nicht* zu meditieren. Es soll ganz einfach sein – lernen muss man es dennoch. Da ich noch ein paar Tage in New York verbringen werde, suche ich im Internet nach einem Meditationskurs für Einsteiger.

Beinahe jeden Tag wird irgendwo in der Stadt ein solcher Kurs angeboten. Am frühen Abend mache ich mich auf den Weg zu einem, der einigermaßen in der Nähe stattfindet. Während mich die U-Bahn-Linie F durch Manhattan schaukelt, lese ich die Werbeplakate im Waggon. Überall wird das Glück beschworen: Kaufe dieses Auto, trinke dieses Bier, komm zum großen Ausverkauf in unser Warenhaus – und du wirst so fröhlich lachen wie die sorgfältig inszenierten und mit Photoshop nachbearbeiteten Models hier auf diesem Foto.

Die Karibikinsel Aruba wirbt mit dem Slogan »Eine glückliche Insel« und hat eine ganz Plakatserie mit Happyisms, also »Glückssprichwörtern« gestartet. »Die Menschen sagen immer, wir seien so glücklich«, steht auf einem. »Aber wir nennen es einfach arubisch.« Wer so glücklich sein möchte, wie die einfachen Leute auf Aruba der Werbung zufolge sind, muss jedoch erst einmal sehr gut verdienen – um sich die Reise dorthin überhaupt leisten zu können.

Lediglich ein einziges Plakat in der U-Bahn stachelt nicht zum Konsum an: »Dieses Poster kann Sie glücklicher machen als jedes andere auf dieser Fahrt«, steht darauf. Es wirbt für einen Philosophieworkshop mit dem Titel »Philosophy works!«, bei dem man sich gemeinsam auf die Suche nach dem Glück und nach dem guten Leben macht. Eigentlich genau das Richtige für mich, aber der Workshop beginnt leider erst nach meiner Abreise.

Ich stehe vor dem großen Bürogebäude, in dem der Meditationskurs stattfinden soll. Ich weiß nicht genau, was ich erwartet habe, aber ein wenig spiritueller als eine leere, anonyme Lobby mit Steinfußboden und Metallbriefkästen hätte es schon sein dürfen.

Ich nehme den Fahrstuhl in den sechsten Stock. Hier sieht es deutlich heimeliger aus. Menschen schlurfen in Socken über Teppichboden, trinken Tee, der auf einem kleinen Tisch bereitsteht, und unterhalten sich mit gedämpften Stimmen. Durch einen Türspalt kann ich in einen der Räume blicken, die von dem geräumigen Flur- und Empfangsbereich abgehen. Dort meditiert man bereits. Scheinbar sind es Profis, denn alle haben diesen Lotossitz drauf, zu dem man seine Beine verknotet, als wäre man eine Laugenbrezel, und der mir schon beim Hinschauen Knieschmerzen bereitet.

Eine freundliche Frau heißt uns Anfänger willkommen. Ich werfe meine Spende von zehn Dollar in ein großes Glas, das aussieht wie ein ausgemustertes Goldfischaquarium, und folge ihr in einen kleinen Raum. Der füllt sich schnell, und mir bleibt nur noch ein kleines Eckchen ganz hinten links. Neben einem uralten Heizkörper, der nicht nur eine brachiale Hitze abstrahlt, sondern auch wie verrückt poltert, klopft und zischt. Von den rund zwanzig Menschen, die sich um mich herum auf Kissen niedergelassen haben, gleicht keiner dem anderen. Doch der tätowierte, vollbärtige Hipster in der ersten Reihe ist ebenso ernsthaft bei der Sache wie das junge Hippiepärchen, die ältere Dame, die bestimmt einen Pudel besitzt, und der schwergewichtige Afroamerikaner, der in der letzten Reihe auf einem Stuhl Platz genommen hat.

Die Meditationslehrerin sagt uns, wir sollen uns im Schneidersitz hinsetzen, »entspannt, aber aufrecht«. Was für jemanden wie mich mit notorisch schlechter Haltung schon der erste Widerspruch ist. Die Augen sollen bei dieser Art von Meditation offen sein, der Mund auch. Das kommt mir wiederum entgegen, da ich durch die Nase nie genug Luft bekomme und so wenigstens keine Angst haben muss, irgendwann röchelnd ohnmächtig zu werden.

Wir beginnen mit kurzen, fünf bis zehn Minuten dauernden Übungen. Die klopfende Heizung kann mich gar nicht ablenken – ich bin vollauf damit beschäftigt, an meinen schmerzenden Rücken zu denken und an meinen eingeschlafenen Fuß, der sich anfühlt, als würde jemand Nadeln hineinpiken. Beim Gespräch nach der ersten Runde stelle ich fest: Vielen anderen geht es genauso.

Die zweite Runde ist nicht viel besser. Wir sollen uns eigentlich nur auf unseren Atem konzentrieren, aber meine Gedanken schießen umher wie eine Flipperkugel nach einem doppelten Espresso: In wie vielen Tagen geht eigentlich mein Flug nach Hause? Da hat doch jemand gefurzt! Wo esse ich heute zu Abend? Oh, eine Polizeisirene! Was steht da auf dem T-Shirt meines Vordermanns? Jetzt nervt die klopfende Heizung aber doch! Müssten die zehn Minuten nicht schon längst um sein? Ach verdammt, konzentrier dich endlich auf deinen Atem!

Das Schlimme ist, dass ich gar nicht merke, wie meine Gedanken abschweifen. Sondern es immer erst mitbekomme, wenn sie schon minutenlang abgeschweift sind und ich ein halbes Dutzend Themen durchgegrübelt habe. Ich bin an den ständigen Monolog meines Geistes so gewohnt, dass ich ihn oft gar nicht mehr bewusst wahrnehme – und deshalb auch nicht stoppen kann.

Als ich diese Schwierigkeiten anspreche, beruhigt mich die Lehrerin. Das sei am Anfang ganz normal. »Wir sind es nicht gewöhnt, uns für längere Zeit nur auf eine einzige Sache zu konzentrieren.« Regelmäßige Übung sei der allerbeste Weg, diese Fähigkeit zu verbessern. »Stellen Sie sich Ihre abschweifenden Gedanken wie einen Elefanten vor, der durch Ihr Sichtfeld geht«, sagt sie. »Im Moment sehen Sie ihn erst, wenn er schon fast wieder aus Ihrem Blickfeld verschwunden ist. Sie sehen sozusagen nur den kleinen Pinsel hinten an seinem Schwanz. Je mehr Übung Sie im Meditieren haben, umso früher sehen Sie den Elefanten. Und irgendwann sehen Sie, wie sein Rüssel in Ihr Blickfeld kommt – Sie merken also, dass ein ablenkender Gedanke aufkommt, und können ihn beiseiteschieben, anstatt sich mit ihm zu befassen.«

Mir kommt es vor, als wäre eine ganze Elefantenparade laut trötend durch mein Blickfeld gestampft – bis ich es schließlich beim kleinen Babyelefanten, der hinterhertrottet, wirklich merke. Aber meinetwegen, ich werde es versuchen. Denn eines muss ich zugeben: Als ich nach der Verabschiedung – bei der erfreulicherweise weder Klimbim aus Indien verkauft wird noch Sektenmitgliedsausweise ausgegeben werden – durch den Schneematsch zurück zur U-Bahn gehe, fühle ich mich extrem gut. Die Menschen um mich herum scheinen samt und sonders genervt vom Berufsverkehr, vom Wetter, von ihrer Steuererklärung oder von ihrem Leben generell – aber ich ruhe in mir. Auf der Treppe rempelt mich an Mann an, aber es ärgert mich nicht. Die Bahn fährt gerade davon, als ich den Bahnsteig erreiche, aber das ist nicht weiter schlimm.

Ich setze mich auf eine Bank und fühle mich wach und voller Energie. Fast so, als könnte ich heute einen Weltrekord schaffen. Die Meditation scheint also doch etwas bewirkt zu haben – Elefantenparaden und Flipperkugeln hin oder her.

# Der unglückliche Internetmillionär

Doch ich bin nicht nur nach New York gekommen, um mich mit dem Weltrekordhalter im Weltrekordehalten zu treffen und einen Meditationsworkshop zu besuchen. Auf meiner Suche nach dem Glück habe ich mich auch mit jemandem verabredet, der einen ganz anderen Weg gewählt hat als der meditierende und bescheidene Ashrita – nämlich den Weg von Geld und Ruhm.

Am nächsten Tag treffe ich mich mit Josh Harris. Er wohnt in einem spartanischen Künstlerloft im Stadtteil Williamsburg und besitzt nach eigenen Angaben noch genau sechzig Dollar. Früher waren es einmal achtzig Millionen.

Der heute Einundfünfzigjährige kam Anfang der Neunzigerjahre nach New York. Mit einem Startkapital von neunhundert Dollar, die er für seinen alten Kombi bekam, gründete er die Firma Jupiter Communications. Er war einer der Ersten, die sich mit Traffic-Zahlen, Nutzerstatistiken, Internetwerbung und all dem beschäftigte, woraus heute eine milliardenschwere Industrie geworden ist.

»Die Leute bezahlten damals wahnsinnige Summen für Statistiken, die heute jeder umsonst abrufen kann«, erinnert er sich mit einem Kopfschütteln. Als ihm das Datenschürfen zu langweilig wurde, gründete Harris Pseudo.com, den wohl weltweit ersten Internet-Fernsehsender der Welt. Über zweihundert Mitarbeiter sendeten aus einem Lagerhaus in Soho Dutzende von Webcasts: Hiphop- und Sportsendungen, Dichterlesungen, Punksendungen. Harris' persönlicher Marktwert betrug zu diesem Zeitpunkt rund achtzig Millionen Dollar, jeder wollte ihm noch mehr Geld geben, denn Harris, so schien es, hatte immer den richtigen Riecher, wenn es um die Zukunft ging. Er war der Mann für »das nächste große Ding«. Seine Partys, auf denen er einen Großteil seiner Mitarbeiter rekrutierte, waren legendär: »Leichtbekleidete Topmodels saßen auf dem Schoß von Nerds, die Ballerspiele zockten«, erinnert sich ein Zeitzeuge in einem Fernsehbeitrag von damals.

Trotzdem: Glücklich wirkt Harris nie. Auf keinem der zahlreichen Fotos oder Videos, die aus jener Champagner-trunkenen Zeit existieren, sieht man ihn wirklich lachen. Stattdessen trat Harris immer öfter als sein Alter Ego »Luvvy« in Erscheinung: ein grell geschminktes geschlechtsloses Wesen mit gelber Badekappe, Federboa und schwarz gemalten Zähnen. Kein Clown, das war ihm wichtig. Luvvys Motto lautete: »You gotta love the love!« – Du musst die Liebe lieben!

Doch für reale Liebe zu anderen Menschen scheint in Josh Harris' Leben kein Platz zu sein.

Josh Harris wuchs als jüngstes von sieben Kindern nach eigenen Angaben ohne elterliche Aufmerksamkeit oder Zuneigung auf. »Meine Erziehung war der Fernseher«, sagt Harris heute und schwärmt von seiner Lieblingsserie »Gilligan's Island«. »Meine Mutter sagte nur: Kümmert euch um euch selbst. Dass mein Vater beim Geheimdienst war und wir deshalb dauernd umziehen mussten, machte die Sache auch nicht einfacher.«

Harris' Vater, offiziell internationaler Geschäftsmann, starb bei einer Herzoperation, als Josh fünfzehn Jahre alt war. Heute würde man bei einem Kind, wie Josh Harris es war, unter Umständen das Asperger-Syndrom diagnostizieren – jene abgeschwächte Form des Autismus, die emotionale Bindungen zu Mitmenschen und das Erkennen nonverbaler Signale erschwert, häufig aber mit hohen Konzentrations- und Gedächtnisleistungen zusammentrifft.

Nur ein einziges Mal ließ Josh Harris eine Frau in sein Leben: Ihr Name war Tanya Corrin, und er lernte sie als Moderatorin bei seinem Internetsender Pseudo.com kennen. Zahlreiche der kleinen Videoclips, die Harris als Dokumentation seines Lebens auf seinem alten Computer gespeichert hat und aus denen sich sein Leben zusammensetzt, zeigen die beiden glücklich: spielerisch verliebt, beim Sex unter der Bettdecke, beim Essen.

Aber selbst davon distanziert er sich heute. »Ich habe sie für eine Rolle gecastet«, sagt er nüchtern. »Für die Rolle der perfekten Freundin. Es war ihr Pech, dass sie sich in mich verliebt hat.«

## Wir waren mal Stars

Die kurze glückliche Zeit, die Tanya und Josh gemeinsam verbrachten, fand während eines der Experimente statt, für die Josh Harris berühmt wurde, vielleicht auch eher: berüchtigt. Seine letzte extravagante Veranstaltung war gerade von der Polizei abgebrochen worden: Zur Jahrtausendwende hatte er hundert Menschen zu einer einmonatigen Party in einen unterirdischen Bunker unter dem Broadway eingeladen – und hatte sie dabei permanent von Kameras überwachen lassen.

Später wollte Harris in intimerer Umgebung selbst testen, wie es sich lebte, wenn jede Bewegung, die man machte, öffentlich würde. Er mietete ein Dreihundertsiebzig-Quadratmeter-Luxusloft für sich und Tanya an und ließ es bis in den hintersten Winkel mit zweiunddreißig beweglichen Kameras ausstatten. Die Kamerabilder streamte Harris auf der Webseite weliveinpublic.com ins Internet. Das Liebespaar ließ sich auf der Toilette filmen, beim Küssen, beim Streiten, beim Abwasch und bei der Arbeit. Die Zuschauer mussten dafür bezahlen, konnten aber wiederum per Chat mit Josh und Tanya kommunizieren, ihnen verraten, wo die verlegten Schlüssel lagen (zu Beginn) oder sie zum Spaß gegeneinander aufwiegeln (nicht viel später).

»Anfangs haben wir uns gefühlt wie Stars«, erinnert sich Harris heute. »Die Zuschauer haben die Aufzeichnungen einzelner Szenen unseres Lebens nachbestellt und gesammelt, damals noch auf Videokassette.« Doch irgendwann wurde der

Druck zu groß. Der Druck auf die Dotcom-Blase, die mit lautem Knall platzte – und der Druck auf Josh Harris' Verstand. Bei jedem Telefonat mit seiner Bank waren seine Anteile an Pseudo und Jupiter ein paar Millionen weniger wert als vorher, Tanya zeigte ihm die kalte Schulter, und gehässige Zuschauer stifteten sie an, ihn nachts auf die Wohnzimmercouch zu verbannen. »Dazu das permanente Surren der Kameras, die sich auf einen richteten, sobald man das kleinste Geräusch von sich gab – es war die Hölle!«

Parallel zu den Aktienkursen sanken auch die Zuschauerzahlen von Weliveinpublic.com. »Zu Anfang hatten Tausende zugesehen, am Ende vielleicht noch ein Dutzend«, gibt Harris zu. »Irgendwann hatte ich einen Nervenzusammenbruch, und Tanya zog aus.« Einundachtzig Tage hatte das Experiment des öffentlichen Lebens gedauert. Das persönliche Glück der Zweisamkeit hatte Harris dem Wunsch nach Ruhm geopfert – vielleicht auch seinem Forscherdrang.

Ohne Freundin und beinahe ohne Geld floh Harris aus New York auf eine Apfelfarm außerhalb der Stadt, die er sich von seinen letzten Ersparnissen gekauft hatte. Dort versuchte er die nächsten fünf Jahre, sich in der Anonymität zu erholen. Von der enttäuschten Liebe, die offiziell keine war. Von dem Wissen, achtzig Millionen Dollar gewonnen und wieder verjuxt zu haben. Von den Drogen, den Partys, von den Businesstypen. Vielleicht auch von Luvvy. 2008 floh er schließlich nach Äthiopien – manche sagen: vor der Steuerbehörde. Er selbst behauptet: vor dem FBI, das angeblich seit den Anschlägen vom elften September hinter ihm her sei.

Seine Tage in der äthiopischen Dürre verbrachte Harris als Basketballtrainer für Schulkinder, kiffend und ohne echte Perspektive – aber zufrieden. Die Filmemacherin Ondi Timoner, die mit ihrer Kamera bereits bei dem Bunkerexperiment dabei gewesen war, spürte ihn dort schließlich auf, drehte mit »We Live in Public« eine Filmdokumentation über sein Leben und holte ihn 2009 zum renommierten Sundance-Festival in die USA. Das Rückflugticket nach Äthiopien hat Josh Harris nie benutzt.

Stattdessen versucht er nun von seinem Loft in Williamsburg aus, das Internetbusiness noch einmal so richtig aufzumischen. Er will eine neue Firma gründen, will die verlorenen Millionen zurückholen. Doch so richtig beißt niemand von den Investoren an, mit denen er sich auf unzählige unverbindliche Tassen Kaffee trifft. Die Räume, die er im fünften Stock des ranzigen Gebäudes bewohnt, sind so gut wie leer. Die einzigen Einrichtungsstücke neben einem Bett und einem Schreibtisch sind ein Sandsack und eine Boxbirne, mit denen Harris sich fit hält. In einem aufgeschnittenen Karton wohnt seine Katze Greenberg, zwei dicke Bücher liegen herum – eine Lincoln-Biografie und ein Buch des Zukunftsforschers Ray Kurzweil.

Nach außen gibt sich Harris zuversichtlich: »Nächsten Monat mache ich mein zweites Vermögen«, sagt er. »Ich weiß, was die Welt will. Ich weiß, was Hollywood braucht. Ich habe verstanden, wie die Maschine funktioniert.« Aber wenn man genauer hinsieht, merkt man, wie ihn all das fertigmacht. Wie es ihn nervt, dass niemand seine neuen Konzepte versteht, wie es ihn nervt, dass eine alte Freundin vorbeikommen und ihm Essen bringen muss. Wie es ihn nervt, dass sein Freund, ein obdachloser Künstler, seine Wohnung als Atelier benutzt. Wie es ihn nervt, dass er es ihm nicht abschlagen, sondern nur ab und zu meckern kann: »Bah, wie du stinkst, Mann!«

Geld macht nicht glücklich, heißt es. Aber war Harris mit Geld nicht deutlich glücklicher? Oder macht Geld zwar nicht glücklich – aber unglücklich, wenn man es einmal besaß und dann wieder verliert?

»Natürlich vermisse ich das Geld«, gibt Harris zu. »Ich vermisse es jeden Tag. Nicht den Reichtum an sich, aber die Unabhängigkeit, die er bringt. Die Freiheit.« Dann schweift er ab, wie so oft, und fängt an, von dem Hubschrauber zu erzählen, den er spontan gemietet hat, als ein österreichisches Künstlerkollektiv eines Nachts heimlich einen Balkon an der Fassade des World Trade Center anbrachte. Von Partys in Hotelsuiten und von einem Leben an der Spitze.

Am folgenden Tag besuche ich ihn noch einmal, eine Freundin kommt vorbei und bringt ihm Pizza, ein paar Flaschen Cola und ein Sixpack Bier. Es ist ihm anzumerken, dass er sich einerseits darüber freut, dass es ihn gleichzeitig aber auch anwidert, derart auf das Wohlwollen und die Almosen anderer angewiesen zu sein.

## Reich ist besser

»Ich war mal reich, und ich war mal arm. Glauben Sie mir: Reich ist besser!« Dieser Satz wird von der Schauspielerin Mae West bis zum Komiker W. C. Fields vielen zugeschrieben. Auch Josh Harris würde ihn sicherlich unterschreiben. Trotzdem habe ich das Gefühl, dass es weniger das fehlende Geld ist, das ihm zu schaffen macht. Ihm fehlt der Respekt, der damit einhergeht. Jeder Kaffee, den er mit einem Investor trinken geht (»Und ich trinke viele Tassen Kaffee mit vielen Leuten im Moment!«), bedeutet für ihn neue Hoffnung. Aber jede Absage für sein ambitioniertes Projekt ist ein weiterer tiefer Kratzer in seinem Selbstbewusstsein.

Es gibt viele Studien, die belegen, dass Arbeitslose weniger glücklich sind als Menschen, die Arbeit haben. Diese Erkenntnis allein reicht allenfalls für das »Journal für offensichtliche Allgemeinplätze«. Schon spannender: Für das Glücksniveau einer Gesellschaft ist eine hohe Arbeitslosigkeit schlimmer als beispielsweise eine hohe Inflationsrate, nach der sich nun wirklich auch niemand sehnt.

Noch interessanter wird es jedoch, wenn man das Einkommen ganz außer Acht lässt: Selbst Arbeitslose, die über dieselben finanziellen Mittel verfügen wie Berufstätige, weisen eine deutlich niedrigere Lebenszufriedenheit auf und sind häufiger depressiv als Menschen mit einem Job. Neben dem Gefühl, nicht gebraucht zu werden, das einem die Lebensfreude nimmt, ist es laut einer italienischen Untersuchung auch die fehlende Struktur im Tagesablauf, die Menschen ohne Job unzufriedener sein lässt – sogar unzufriedener als Menschen mit einem schlecht bezahlten Job, der sie nervt. Wer keinen Job hat, so die Erkenntnis, kann Depressionen und Unzufriedenheit vorbeugen, indem er wenigstens an einem geregelten Tagesablauf und zeitlich strukturierten Ritualen festhält.

Als ich mich von Josh Harris verabschiede, wünsche ich ihm von Herzen alles Gute für sein Projekt und hoffe, dass er bald jemanden findet, der ihm dabei hilft, es zu verwirklichen – gar nicht so sehr, damit er sein zweites Vermögen machen kann. Sondern weil ich spüre, dass Josh Harris nur glücklich sein kann, wenn er etwas aufbaut, etwas gestaltet. Wenn er eine experimentelle Welt entwirft und dabei seine Idee von unserer Zukunft erzählen kann. Die Menschen sollen ihn dafür bewundern oder kritisieren, ihn als Visionär loben oder als Quacksalber beschimpfen. Aber alles ist besser, als nicht beachtet zu werden.

## Zehn kleine Glücksmomente

- Ohne Schirm unterwegs zu sein, und der Regenguss setzt genau dann ein, wenn man die Haustür erreicht hat

- Wenn man nach einer Erkältung noch zu krank ist, um in die Arbeit zu gehen, aber schon gesund genug, um beschwerdefrei drei DVDs hintereinander zu gucken

- Durch Zufall das ideale Geschenk für jemanden finden – und es kaufen und verschenken, obwohl die Person gar nicht Geburtstag hat

- Merken, dass man sich am Sonntagabend auf die neue Woche freut, statt sie zu fürchten

- Wenn einem endlich der Name der Schauspielerin, des Regisseurs oder der Stadt einfällt, den man minutenlang auf der Zunge hatte

- Doch noch Popcorn in der Tüte finden, in der man nur noch unaufgepoppte Maiskörner vermutet hatte

- Im Herbst in einen großen Laubhaufen springen

- Geräte kaufen, denen alle nötigen Kabel, Adapter und Batterien bereits beiliegen – und bei denen man sie nicht extra dazukaufen muss

- Pizza zum Frühstück und Cornflakes zum Abendessen. Einfach mal so.

- Spatzen beim Baden im Staub zusehen

# März

Wie schwierig es sein kann, an nichts zu denken

Warum wir auf unsere Freunde neidischer sind als auf Fremde

Wozu Bücher über Meditation sich am besten eignen

*Fun ist ein Stahlbad. Die Vergnügungsindustrie
verordnet es unablässig. Lachen in ihr wird
zum Instrument des Betrugs am Glück.*

Max Horkheimer und Theodor W. Adorno

Seit dem Kurs in New York meditiere ich auch zu Hause jeden Tag – oder zumindest versuche ich es. Denn so richtig komme ich nicht voran. Meditation ist ein mühsames Geschäft. Aber Regelmäßigkeit ist angeblich der Schlüssel zum Erfolg. »Es ist wie mit einem dieser Gasherde, bei denen man meist mehrmals einen Knopf drücken muss, damit der Zündfunke überspringt«, hat die Lehrerin uns in dem Kurs damals eingeschärft. »Man drückt und drückt und weiß nie, wann der Funke kommt. Aber wenn man aufhört, bevor es gefunkt hat, weiß man nie, ob es vielleicht nicht schon genau beim nächsten Mal geklappt hätte.«

Ich setze mich also jeden Morgen im Schneidersitz auf mein extra zu diesem Zweck angeschafftes Yogakissen, lege die Hände offen auf meine Oberschenkel und versuche, an nichts zu denken.

Gar nicht so einfach. Aus der Küche höre ich die Spülmaschine brummen. In der Wohnung über mir trampeln die Kinder, die gerade aufgewacht sind. Den Mund halte ich leicht geöffnet, so wie es mir im Kurs geraten wurde, aber im Gegensatz zum Kurs läuft mir zu Hause so viel Spucke im Mund zusammen, dass ich Angst habe, unabsichtlich die neue Art der Sabbermeditation zu erfinden. Die Augen, die ich ebenfalls vorschriftsmäßig geöffnet halte, fangen an zu brennen und zu tränen. Abschalten, loslassen oder gar auf eine neue Bewusstseinsebene gelangen kann ich so, blinzelnd, schluckend und mit Ohren, die ich mir am liebsten zuhalten würde, jedenfalls nicht.

# Hurz-Meditation

So geht es einige Tage. Jedes Mal wenn der Handyalarm klingelt und mir zeigt, dass die halbe Stunde, die ich für die Meditation vorgesehen habe, vorbei ist, bin ich erleichtert. Froh, dass es geschafft ist.

Glück sieht anders aus. Das hier ist eher eine lästige Pflicht.

Vielleicht, so denke ich mir, muss ich noch mal einen Kurs besuchen, um mir auf die gedanklichen Sprünge helfen zu lassen. Nein, eigentlich das Gegenteil: Ich brauche jemanden, der meinen Geist in ruhigere Bahnen lenkt.

An einem Stromkasten gegenüber von meinem Lieblingscafé hängt ein Plakat, das zu einem Meditationsworkshop für Anfänger einlädt, ausgerechnet im Sri Chinmoy Center in Berlin-Schöneberg. Ich denke an Ashrita, den Weltrekordesammler, der auf mich einen wirklich zufriedenen und ausgeglichenen Eindruck gemacht hat – nicht das schlechteste Glückstestimonial.

Also mache ich mich an einem regnerischen Donnerstagabend auf den Weg quer durch die Stadt, um das Meditationsglück vielleicht doch noch zu finden.

Der Workshop findet in einer großen Altbauwohnung statt. Die Schuhe muss man im Treppenhaus ausziehen. In dem großen Meditationsraum hängen lange weiße Vorhänge vor den Fenstern, noch ist wenig los. Ich bin früh dran. Ich nehme auf einem der dreißig IKEA-Klappstühle Platz und sehe mich um, während sich der Raum langsam füllt. Rund dreißig Leute sind der Einladung auf den Plakaten gefolgt. Eine relativ gemischte Gruppe, zwischen zwanzig und fünfzig Jahre alt, manche allein, manche im Zweier- oder Dreierpack. Einige kommen ganz in Weiß. Sie begrüßen einander, während der Rest eher für sich bleibt. Ich frage mich, ob das schon ein Erkennungszeichen der Fortgeschrittenen ist. Der Dazugehörenden, die das Glück schon entdeckt und verstanden haben.

Ashrita habe ich nie in Weiß gesehen, immer nur in Sport-klamotten. Als ich in München lebte, wohnte nur wenige Häuser weiter der Hippiekommunarde Rainer Langhans. Der trug auch immer Weiß, wenn ich ihn auf dem Weg zum Supermarkt oder zur U-Bahn sah. Sonderlich glücklich wirkte er aber nie.

Vor den Stühlen liegen noch ein paar Meditationskissen auf dem Boden, ganz vorne stehen ein Bild von Sri Chinmoy und zwei Kerzen auf einem Altar. Ich merke, wie mich das stört – und ich meine nicht die Kerzen. Ich kann gar nicht genau benennen, woher es kommt, aber alles in mir sträubt sich gegen diesen Personenkult, gegen die Verehrung eines Einzelnen. Vielleicht liegt es daran, dass die letzte Person, die ich als Kind so sehr verehrt habe, dass ich mir ein Poster von ihr an die Wand hängte, Boris Becker war. Ein gutes Beispiel für die begrenzte Halbwertszeit von Idolen.

Neben dem Altar steht ein Ghettoblaster, den man angesichts der leise daraus rieselnden Meditationsmusik kaum so nennen mag. Man hört aber auch schräges, atonales Geigenspiel. Leicht gedämpft – so als würde in der Wohnung nebenan ein Neuling üben, der gerade erst seine zweite Unterrichtsstunde hatte. Nach einer Weile verstummt das dumpfe Gefiedel von nebenan, und eine blondgelockte Frau Ende dreißig betritt den Raum. Auch sie ist – bis auf ein Paar rote Socken und ein buntes Tuch – weiß gewandet. In der Hand trägt sie ein Instrument, das irgendwie selbst gebaut aussieht. Eine Art Mini-Sitar mit nur einer einzigen Saite.

Ich beginne zu ahnen, wen man da vorher durch die Wand hindurch gehört hat.

Sie schaltet die Meditations-CD aus, nimmt auf einem Stuhl neben dem Altar Platz und streicht den Bogen über die Saite. Quietschend und stotternd entringt sie dem Instrument einzelne Töne. Es klingt zum Gotterbarmen – leider kann man es nicht anders sagen. Nach einer Weile fängt sie an zu singen, was ein wenig schöner klingt, aber wiederum nicht zur instrumentalen Untermalung passen will. Um mich herum sehe ich nur ernsthafte Gesichter, irgendwo auf einer Skala zwischen tapfer und ergriffen.

Ich muss an Hape Kerkeling denken, wie er mit seinem legendären »Hurz«-Auftritt ein bieder-beflissenes Konzertpublikum genarrt hat. Seiher bin ich in solchen Situationen doppelt misstrauisch, ob sich nicht irgendwo eine versteckte Kamera befindet. Ich sehe mir die Frau noch einmal genauer an. Nein, das ist nicht Hape Kerkeling in Verkleidung. Ich bin aber nicht sicher, ob das eine gute oder eine schlechte Nachricht ist.

Irgendwann ist es vorbei.

»Es hat mich viel Überwindung gekostet, das für euch zu spielen«, eröffnet sie ihren Vortrag, »und ich weiß selbst, dass ich noch nicht so gut bin.«

Aufgrund ihrer entwaffnenden Ehrlichkeit schäme ich mich sofort für meine gehässigen Gedanken. (Diese hatten zum Beispiel von jaulenden Hunden und rostigen Türscharnieren gehandelt, denen ich lieber zugehört hätte als dieser Darbietung.)

»Aber ich wollte euch halt zeigen, dass es immer schwierig ist, mit etwas anzufangen und etwas neu zu lernen«, fährt die Frau mit sanfter Stimme fort. »So wie ihr euch halt entschlossen habt, meditieren zu lernen.«

Ich versuche, meine bösen Gedanken wegzuschieben und mich auf die freundliche Atmosphäre des Anfangens einzulassen. Aber sie macht es einem nicht leicht: Sie ist nicht die beste Rednerin und spickt ihren ohnehin oft wirren Vortrag mit einem »halt« nach dem anderen. »Es gibt halt die innere Welt und die äußere Welt, sag ich mal so.« Oder: »Es ist halt besser, wenn man sich halt immer für ein gesundes Mittelmaß entscheidet und die Extreme halt meidet.« Viel schlimmer finde ich jedoch, dass sie glaubt zu wissen, mit welchen Motiven die Menschen hierhergekommen sind: »Ihr seid auch Suchende und habt bestimmt Dinge in der äußeren Welt erlebt, die euch halt enttäuscht haben. Habt euch Dinge gekauft, die euch glücklich gemacht haben, und plötzlich sind die kaputt-gegangen, oder ihr seid verlassen worden.«

Hey, Schwester, schließ mal nicht von dir auf andere, bin ich versucht, nach vorne zu rufen – frage mich aber gleichzeitig, woher sie das mit meiner Kaffeemaschine weiß, die seit einigen Tagen statt Kaffee nur noch röchelnde Geräusche von sich gibt.

Mein erster Meditationsworkshop hatte sich im Vergleich zu diesem hier angenehm technisch angefühlt. Dort hatte es kein Bild von einem Guru gegeben, der einen durch halb geöffnete Lider beobachtete – und niemand hatte mir eine unglückliche Liebe, Einsamkeit oder ein unerfülltes Leben untergeschoben. Mir war einfach erklärt worden, wie Meditation funktioniert. Etwas über Atemtechnik und Sitzhaltung zu lernen, fand ich deutlich angenehmer, als der Lebensgeschichte der Lehrerin zu lauschen.

Nach einem endlos lange mäandernden Monolog ohne rechten Inhalt kommen wir nach einer geschlagenen Stunde endlich zur ersten Meditationsübung. Zum Glück sollen wir uns nicht auf das Bild des Gurus konzentrieren, sondern auf eine der Kerzenflammen daneben. Die Meditation klappt ganz gut, aber nach einer Weile sind meine Gedanken doch wieder bei dem Artikel über Karl-Theodor zu Guttenberg, an dem ich gerade arbeite. Das Frustrierende: Wie auch schon zu Hause merke ich erst, dass meine Gedanken abschweifen, nachdem sie dies schon minutenlang getan haben.

Nach der kurzen Übung verfällt die Gastgeberin wieder in ihre Suada. Sie beginnt, von der Reaktion ihrer Familie zu berichten, die anfangs »halt skeptisch war und so«. Ich schleiche mich so unauffällig wie möglich aus dem Raum. Im Treppenhaus ziehe ich hastig meine Schuhe an und blicke dabei nervös zur Tür. Ich habe Angst, jemand könnte mir nacheilen und mich nach dem Grund meines Verschwindens fragen.

Zwei Häuser weiter mache ich in einer kleinen Dönerbude Halt, in der Fußball läuft. Ich sehe zu dem Bildschirm hinauf, der unter der Decke hängt, frage den Wirt, wie es steht, und trinke ein Bier. Dann esse ich einen Döner und trinke noch eins. Vielleicht nicht der nachhaltigste und tiefgründigste Weg zur Erleuchtung – aber hier fühle ich mich zumindest für den Moment glücklicher als nebenan.

## Draufsetzen statt lesen!

Auch wenn der Versuch mit dem Kurs ein Reinfall war, so bin ich von der positiven Wirkung der Meditation an sich nach wie vor überzeugt. Ich schreibe eine E-Mail an Ashrita. Vielleicht weiß er Rat, was ich tun kann, um mich beim Meditieren besser konzentrieren zu können. Von meiner Flucht aus dem Workshop schreibe ich vorsichtshalber nichts.

Seine Antwort ist kurz und einfach zu begreifen: »Versuche es einfach weiter, es gibt keine besonderen Tricks oder Abkürzungen – eine bestimmte Technik ist viel weniger wichtig als stetige Übung.« Der Ehemann einer Bekannten, von dem ich weiß, dass er schon lange meditiert, rät mir das Gleiche: »Natürlich kann man ständig Kurse besuchen und jede Menge Bücher lesen, die sich mit dem Thema Meditation beschäftigen«, sagt Karl, als ich ihm in einem indischen Restaurant von meiner Suche nach dem Glück erzähle. »Aber ich halte es mit dem Satz, den mir einmal ein weiser Lehrer gesagt hat: Bücher über Meditation sind sehr gut – um darauf zu sitzen!« Wiederholung und Regelmäßigkeit seien auch für ihn das Wichtigste. »Mach es einfach zu einer Angewohnheit wie das Zähneputzen am Morgen«, rät er mir. »Denk gar nicht groß darüber nach, sondern konzentrier dich vielleicht mal eine Zeit lang auf andere Dinge. Was, glaubst du zum Beispiel, sind die Gefühle, die dich am häufigsten davon abhalten, glücklich zu sein?«

Eine gute Frage, über die ich mir bislang tatsächlich noch

nicht viele Gedanken gemacht habe. Oft kann ich an Tagen, an denen ich unzufrieden oder schlecht gelaunt bin, gar nicht genau sagen, woran es liegt. »Ist eben einer von diesen Tagen«, denke ich mir dann und erinnere mich an einen Artikel, den ich vor Jahren gelesen habe, in dem jemand die These vertrat, auch Männer hätten einen Monatszyklus, der sich auf ihre Laune auswirkt.[21] Oft schiebe ich es auch aufs Wetter.

»Ich glaube, damit machst du es dir ein bisschen zu einfach«, sagt Karl, als wir uns verabschieden. Mein Mund brennt wie eine explodierte Bohrinsel von dem scharfen Hühnchen Vindaloo, und ich bin versucht zu sagen: »Mein größtes Hindernis auf dem Weg zum Glück ist deine Restaurantauswahl.« Aber stattdessen trinke ich mein Mango-Lassi in einem großen Zug aus und verspreche ihm, mir zu dem Thema noch ein paar tiefergehende Gedanken zu machen.

Doch wie so oft im Leben: Statt mir Gedanken zu machen, mache ich zu Hause als Erstes den Computer an. Zwei neue E-Mails über die Mittagspause, immer ein gutes Zeichen. Als Nächstes schaue ich nach dem Amazon-Verkaufsrang meiner Bücher.

Nicht dass jetzt jemand denkt, ich würde jeden Tag nachsehen, wie sich der Amazon-Rang entwickelt hat. Nein, Gott bewahre! Es ist leider viel schlimmer: Ich besuche extra eine Webseite namens Novelrank.com, die stundenweise den Verlauf des Amazon-Rangs in ein Diagramm einträgt und zusätzlich die viel interessantere Zahl daraus berechnet, wie viele Exemplare denn heute oder gestern oder vorgestern oder vorletzten Monat tatsächlich verkauft worden sind. Ich schäme

---

[21] Im Rückblick stelle ich fest, dass ich jahrelang einer Ente aufgesessen bin – die Theorie, dass auch Männer ihre Tage und die damit verbundenen Stimmungsschwankungen haben, lässt sich so nämlich nicht aufrechterhalten. Zwar ist auch bei Männern der Hormonhaushalt teilweise für die Stimmung verantwortlich, dieser unterliegt jedoch keinem festen Rhythmus.

mich ein wenig dafür – aber es ist eine Scham, die vergleichbar ist mit jener, die man als dreizehnjähriger Junge empfindet, wenn man sich mit einem Unterwäschekatalog auf der Toilette einschließt. Es ist einem irgendwie peinlich, man tut es trotzdem – und irgendwann findet man heraus, dass die Freunde es auch taten.

In der Tat bekennen sich fast alle meine Freunde, Bekannten und Kollegen, die Bücher geschrieben haben, dazu. Zu der Amazon-Manie wohlgemerkt, aber nach den Unterwäschekatalogen frage ich sie als Nächstes.

Trotzdem bleibt ein ungutes Gefühl, auch als ich an diesem Tag die Statistiken durchklicke. Denn ich sehe mir nicht nur meine eigenen Zahlen an – sondern auch die genau jener Freunde, Bekannten und Kollegen. Wer verkauft wie viel, wer verkauft mehr als ich, wer erhält welche Kundenbewertungen und so weiter und so fort. Von der Anzahl der Sterne bis zur Anzahl der Auflage liefert die Webseite jede Menge Zahlenmaterial für jemanden, der den Wettstreit sucht. Und während ich hier klicke und dort vergleiche, fällt mir mit einem Schlag auf, was ein großes Hindernis auf dem Weg zum Glück ist – für mich, aber vermutlich auch für manch anderen: Neid.

Seit Jahrzehnten steigt in den westlichen Ländern das Einkommen der Menschen. Trotzdem sind die Menschen im Durchschnitt nicht glücklicher als früher. Daran ist der Neid schuld. Denn schließlich gibt es immer jemanden, der noch mehr verdient und an dem wir uns messen, statt uns über das zu freuen, was wir haben. Neid bringt Menschen dazu, sich auf Dinge zu konzentrieren, die ein anderer besser kann als sie selbst, anstatt sich auf die eigenen Stärken und Erfolge zu besinnen und darüber Glück zu empfinden.

# Playmobilritter und flache Bäuche

Der Beginn meiner Karriere als Neider war ein Kindergeburtstag. Und das ist ausnahmsweise mal wörtlich gemeint. Mein Kindergartenfreund Oliver wurde fünf, und mit meiner Mutter suchte ich ihm ein Playmobilset mit zwei Rittern auf Turnierpferden aus. Als es zu Hause ans Einpacken ging, wurde mein Neid auf den zukünftigen Besitzer so groß, dass ich heimlich einen der Ritter aus der Schachtel holte, diese wieder zuklebte und nonchalant einpackte. Nicht einmal die traurige Verwunderung von Oliver konnte in meinem Kinderherz für Reue sorgen – der Neid war stärker gewesen. Und sollte es noch oft bleiben.

Inzwischen habe ich mir abgewöhnt, Playmobilritter aus Geburtstagsgeschenken zu klauen. Neidisch bin ich jedoch auch heute noch oft – auf die unterschiedlichsten Dinge: auf das angebliche Gehalt eines Freundes, das ich in einer bierseligen Runde aufschnappe – und das vermutlich nicht einmal stimmt. (»*Wie viel* bekommt der? Aber doch nie im Leben netto? Was?!?! Und dann auch noch vierzehn Gehälter?«) Auf den Mut einer Bekannten, einfach so in die USA auszuwandern. (»Dabei kann die doch nicht mal richtig Englisch! Sagt immer ›*decent*‹, wenn sie ›dezent‹ meint. Mir könnte das ja nicht passieren…«) Auf den flachen Bauch eines Kumpels, mit dem ich einen Sommersonntag am See verbringe. (»Dabei hat der doch vorhin auch ein Schnitzel gegessen. Und so viel Sport macht er nun auch wieder nicht. Vielleicht lasse ich mein T-Shirt einfach erst mal an, so warm ist es ja gar nicht.«)

Der Neid kommt, schnell und unangekündigt, und kann einem den bis dahin ungetrübten Tag so richtig versauen. Kaum jemand gibt offen zu, neidisch auf andere zu sein – schon gar nicht auf die eigenen Freunde. Aber soll ich was verraten? Ich glaube den meisten ihre tugendhafte Neidlosigkeit kein Stück.

Dass Neid böse ist, bekommen wir schon von klein auf eingetrichtert. Natürlich gab es einen Riesenärger, als meine Mutter mich irgendwann mit dem Playmobilritter ein einsames Turnier austragen sah. Hätte ich es einem fremden Kind geklaut, hätte ich auch einen Anschiss bekommen, klar. Aber so kam noch der berechtigte moralische Vorwurf dazu: »Du darfst nicht neidisch sein auf das, was deine Freunde haben.«

Wenn es mal nur so einfach wäre! Denn meistens lässt es uns vergleichsweise kalt, wenn ein fremder Unternehmensvorstand drei Limousinen vor dem Haus stehen hat. Aber wenn der beste Freund sich einen Golf kauft, der nur ein wenig unrostiger ist als unser eigener, bekommen wir plötzlich für drei Tage ein nervöses Zucken im Augenwinkel und stellen sicher, dass wir ihm mehrfach ungefragt mitteilen, dass »senfgelb oder was das sein soll« natürlich eine oberbekloppte Farbe für ein Auto ist.

Aber warum sind wir ausgerechnet auf die Menschen neidisch, die uns am Herzen liegen? Warum pikst jede Beförderung, warum nervt jeder Karibikurlaub? Wo wir uns doch stattdessen mit unseren Freunden freuen sollten?

Der Sozialpsychologe Rolf Haubl ist so etwas wie Deutschlands Neidpapst. Sein Buch »Neidisch sind immer nur die anderen« ist ein kluges, aber dennoch gut verständliches Standardwerk zum heiklen Thema. Der freundliche Mann mit dem Schnauzbart eines Achtzigerjahre-Pädagogen mit taz-Abo steht dem Frankfurter Sigmund-Freud-Institut vor und erklärt mir geduldig, woher die Missgunst gegenüber guten Freunden stammt: »Wenn wir ganz ehrlich sind, finden wir auch unsere Freunde ja nicht immer und grenzenlos gut. Selbst zu unseren intimsten Vertrauten gibt es ein ambivalentes Verhältnis – zwischen sehr großer Zuneigung und Momenten, da wir sie an die Wand klatschen könnten.«

Es gibt also doch jemanden, der einen Neider wie mich versteht!

Aber Haubl ist noch nicht fertig: »Der stärkste Neid entwickelt sich dort, wo bei vermeintlich gleichen Rahmenbedingungen unterschiedliche Ergebnisse rauskommen. Wenn sich zwei Freunde gleich stark anstrengen, aber unterschiedliche Prüfungsnoten, Gehälter oder Frauen bekommen. Wenn das nicht erklärbar ist, produziert es Neid.«

Und was ist, wenn es erklärbar ist? Zum Beispiel weil der Freund am Wochenende, statt zu feiern, gepaukt hat und durch die bessere Note das höhere Gehalt und vielleicht auch die bessere Frau bekommen hat?

»Das kann eine neiddämpfende Wirkung haben«, sagt Haubl. »Aber ganz verschwindet er nicht. Denn Neid ist ja eine Emotion, die lässt sich nicht rational erklären und wegdiskutieren.«

Das kann ich bestätigen. Neidgefühlen kommt man mit Rationalität so wenig bei wie der Flugangst eines Phobikers mit Airline-Statistiken. Auf einen Grundschulfreund, der auf ein Internat geschickt wurde, weil seine Eltern sich scheiden ließen, blieb ich jahrelang neidisch, obwohl mir mein Verstand sagte, dass er eigentlich schlecht dran war. Der Grund für meinen Neid: Ich war infiltriert von »Burg Schreckenstein«-Kinderbüchern und hielt das Leben im Internat für ein einziges Abenteuer.

Auf meinem langweiligen Stadtgymnasium war ich wiederum neidisch auf diejenigen Freunde, die schon genau wussten, was sie einmal mit ihrem Leben anfangen wollten. Die einen Plan hatten. Selbst wenn dieser Plan Pharmazie oder Maschinenbau lautete. Alles schien mir besser als meine eigene Unentschlossenheit.

Während des Studiums dann war ich als Single auf diejenigen meiner Freunde neidisch, die in einer Beziehung glücklich schienen. Konnten die vielleicht auch noch über was anderes reden als über ihr Pärchenglück, ihre Pärchenaktivitäten und ihr ganze dauerlächelnde Pärchenhaftigkeit?

Mein Neid hielt natürlich nur genau so lange vor, bis ich

selbst wieder in einer Beziehung war – denn dann neidete ich denen, die solo waren, ihre Freiheit.

Wie häufig wir neidisch sind, wie wenig wir aber zu unserem Neid stehen, ist empirisch belegt. So stimmten in einer Umfrage beispielsweise fünfzig Prozent der Befragten der Behauptung zu, wir lebten in einer Neidgesellschaft; nur sieben Prozent bekannten sich aber selbst dazu, neidisch zu sein. Denn neidisch, das bestätigt auch Haubl in seinem Buch, sind eben immer nur die anderen.

Dass wir es aber tatsächlich auch selbst sind – und zwar vor allem Freunden gegenüber –, beweist das Experiment zweier spanischer Spieltheorie-Forscher aus Granada. Natalia Jiménez und Ramón Cobo-Reyes ließen jeweils zwei Freunde und zwei Fremde mehrmals eine fiktive Geldmenge nach unterschiedlichen Regeln zwischen sich aufteilen. Vereinfacht gesagt, gab es dabei die Möglichkeit, dass beide gleich viel (aber insgesamt weniger) bekämen – oder insgesamt mehr, aber ungleich verteilt. Das Überraschende: Während die Fremden zu hundert Prozent die jeweilige Verteilung fanden, die nicht für den Einzelnen, aber für sie gemeinsam die beste war, schafften es nur sechzig Prozent der befreundeten Paarungen. In einer anderen, etwas komplizierteren Version der Zusammenarbeit schafften es sechsundvierzig Prozent der Freunde nicht, sich effektiv zu koordinieren – bei den Fremden waren es nur achtundzwanzig Prozent.

Die Ursache dafür sehen die Forscher in stärkeren Neidgefühlen unter Freunden: »Neid hat eine negative und hoch signifikante Auswirkung auf die Effektivität. Darüber hinaus ist dieser Effekt für Freunde höher als für Fremde.«

In einer psychologischen Studie von Richard Smith und Sun Hee Kim von der University of Kentucky klingt es gerade so, als sei Neid eine schwere psychische Störung: Neider fühlen sich gestresst und überfordert, haben ein miserables Selbstwertgefühl und verhalten sich feindselig, nachtragend und zornig. Folglich haben sie keine oder schlechtere Freunde und enden allesamt als sinnlos schimpfende Alkoholiker in stinkenden Seitengassen des Lebens.

Letzteres ist vielleicht etwas frei interpretiert, aber das war es, was ich aus ihrer Analyse herauslas.

## Hartz IV statt Charts und trotzdem glücklich?

Ich bin eigentlich stets davon ausgegangen, dass mein Neid auch einen positiven Effekt hat. Dass er mich zu besseren Leistungen anspornt (wenn ich befreundeten Journalisten Auszeichnungen, Buchverträge oder gute Formulierungen neide) – oder wenigstens die Binnennachfrage ankurbelt (wenn ich auf Maßschuhe, Armbanduhren oder iPhones befreundeter Shopaholics neidisch bin). Seien wir ehrlich: Ein Großteil unseres kapitalistischen Systems basiert darauf, dass Idioten wie ich, ohne auch nur eine Sekunde nachzudenken, sagen: Will ich auch.

Aber was, wenn mein Neid zwar die marode Volkswirtschaft notfallbeatmet, mich selbst aber tatsächlich blockiert, lähmt, dumme Entscheidungen treffen lässt?

Ich brauche Rat von jemandem, von dem ich denke, dass er sehr genau weiß, wie sich Neid anfühlt und wie man damit zurechtkommt.

Ich kenne Andi Erhard noch aus einer Zeit, als er in einer Band spielte, die damals noch »Stiller« hieß und vor einer Handvoll Leuten in Jugendzentren des Münchner Speckgürtels auftrat. 1996 war das. Ein Jahr später stieg Andi aus der Band aus. »Ich wollte etwas ganz anderes als die anderen. Wollte einen anderen Weg einschlagen – und da musste ich mich entscheiden«, sagt er mit ruhiger Stimme. Ein neuer Bassist kam, die Band benannte sich in »Sportfreunde Stiller« um – und wurde jedes Jahr ein bisschen erfolgreicher. »Ich erinnere mich, dass meine alten Bandkollegen mit ihrer Fußballhymne ›54 – 74 ...‹ gerade auf Platz eins der Charts waren, als ich auf dem Arbeitsamt saß, um Hartz IV zu beantragen«, sagt der schlaksige Achtunddreißigjährige.

Wie sehr nagt in solchen Momenten der Neid? Neid auf den Erfolg, den Ruhm, das Geld, die Sorglosigkeit, die all das mit sich bringt? Andis Antwort kommt schnell und bestimmt: »Ich bin kein Stück neidisch. Wirklich nicht.«

Schon klar: Aufgeschrieben wirkt das ungefähr so glaubwürdig und aufrichtig, als würde Josef Ackermann verkünden, Geld sei nicht alles im Leben. Aber je länger ich mich mit Andi unterhalte, umso klarer wird: Es ist die Wahrheit. Ich höre den Stolz, mit dem er vom nachgemachten Abitur berichtet, und die Begeisterung, mit der er von den mittelalterlichen Handschriften seines Germanistikstudiums spricht. Dieser Mann ist frei von Neid. Seine Zufriedenheit ist geradezu ansteckend. Ich fühle mich gleich selbst viel zufriedener, ruhe mehr in mir – bis ich merke: Ich bin selbst auf Andis Neidlosigkeit neidisch. Es ist wie verhext!

Als ich Andi frage, worauf er seine Freiheit vom Neid zurückführt, denkt er eine Weile nach. »Ich habe für meine Doktorarbeit einen Großteil der letzten Jahre in abgedunkelten Handschriftensälen mit Mönchsliteratur verbracht. Darin wird ständig ein einfaches Leben beschworen, eine Gelassenheit gegenüber Besitz gepredigt«, sagt er schließlich. »So etwas zu lesen, ist sehr erbaulich – erst recht, wenn man finanzielle Sorgen hat. Das hat mir sicher geholfen.«

Auch mein nächster Gesprächspartner verweist mich auf die Macht des Glaubens: »Ich war auch mein ganzes Leben lang neidisch, weil ich der Welt der Karriere und des Geldes verfallen war«, sagt Klaus Bolzano am Telefon zu mir. Der Dreiundsiebzigjährige ist Arzt, Philosoph und Autor des Buches »Die Neidgesellschaft«. »Erst als ich vor sechzehn Jahren schwer am Herzen erkrankte, fand ich den Weg zu Gott und konnte meine

Neidgefühle ablegen.« Es ist diese Überzeugung, auf der sich nahezu alle Weltreligionen gegründet haben: Der Weg zum Glück führt über Gott.

Da ich Kirchen meide, solange darin keine Konzerte oder Hochzeiten stattfinden, versuche ich mein Glaubensglück zunächst im Internet. Auf einer Webseite, auf der man anonym seine Sünden beichten kann, gibt es für das Thema Neid sogar eine eigene Rubrik. Hervorragend! Ich schreibe mir also meinen Frust von der Seele und befinde mich dabei in guter Gesellschaft: Ein zeugungsunfähiger Mann ist neidisch auf die Familien seiner Freunde, ein Mädchen beneidet eine Freundin, die alles von ihren Eltern bezahlt bekommt. Ein Mann beichtet, als Kind aus Neid die Schildkröte eines Freundes getötet zu haben. Ein anderer gesteht, seinen Freund, der als Zeitungsausträger Geld verdiente, sabotiert zu haben – aus Neid auf dessen Lohn.

## Beichte – online und offline

Meine Online-Beichte kommt ohne Missetaten gegen meine Freunde aus. Ich schreibe ehrlich, dass ich ja niemandem etwas wegnehmen will. In den meisten Fällen will ich es selbst einfach nur auch haben. Ich drücke auf Absenden. Doch kurz darauf folgt die digitale Ernüchterung: »Deine Beichte können wir leider so nicht annehmen«, meldet die Internetseite trocken. »Du musst die Regeln akzeptieren – Deine Beichte ist zu kurz, schreibe doch etwas ausführlicher!«

In Zeiten von hundertvierzig Twitter-Zeichen scheint es mir absurd, dass meine Beichte von einem Dutzend Sätzen *zu kurz* sein soll – von dem schlimmen Satz »Du musst die Regeln akzeptieren« mal ganz abgesehen. Richtig erleichtert hat mich mein Eintrag auch nicht.

Ich merke, dass hier keine vernünftige Lösung meines Neidproblems zu erwarten ist. Ein echter Beichtstuhl muss her!

In der Hamburger St.-Marien-Kirche steht ein sehr modernes Exemplar mit Besetzt-Lämpchen und professioneller Schalldämmung. Ich bin der Dritte in der Schlange und etwas nervös. Als Protestant habe ich noch nie in meinem Leben gebeichtet. Welche Regeln gibt es da? Wie ist der Ablauf? Wird der Priester sofort merken, dass sich jemand aus Luthers Lager bei ihm eingeschlichen hat? Wird er mich, wie er einen ungezogenen Sonntagsschüler aus der Schulbank zerrt, an meinen Ohren aus dem Beichtstuhl holen? Oder einfach nur auf einen Knopf drücken und damit eine Falltür öffnen, die mich direkt ins Fegefeuer plumpsen lässt?

Meine Nervosität wird immer größer. Der letzte der Beichtenden, die vor mir dran sind, scheint besonders lange zu brauchen. Was der alles ausgefressen haben muss!

Endlich bin ich an der Reihe. Von innen sieht der Beichtstuhl aus wie die moderne Sprecherkabine eines Radiosenders. Die Kirche kann es mit Neid als Todsünde aber auch nicht mehr so richtig ernst meinen. Denn als ich in unangenehm grellem Licht dem Priester meine Neidgefühle beichte, bekomme ich keine katholische Strafaufgabe in Form von Rosenkränzen aufgebrummt. Die Beichte ist eher ein softes Seelsorgegespräch. »Besinnen Sie sich auf Ihre eigenen Stärken«, sagt der Priester, »und danken Sie Gott für das, was Sie haben.«

Auf dem Nachhauseweg denke ich über die verschiedenen Situationen nach, in denen ich besonders scharfen Neid verspürt habe. Ich denke an Professor Haubl und Andi Erhard, an die spanischen Spieltheoretiker und an meine Beichtversuche. Und mir wird klar: Ein Patentrezept gegen Neid gibt es nicht. Man kann ihn nicht einfach ausknipsen, weil man einen entsprechenden Schalter in seinem Herzen gefunden hat.

Neid ist aber auch nicht die ekelhafte und verdorbene Gefühlsregung, als die er manchmal dargestellt wird. Er ist normal, er ist menschlich, er kann uns anspornen – aber wenn wir nicht aufpassen, kann er uns schwer zu schaffen machen. Was wir tun können: uns vor Augen führen, dass die Dinge, um die wir andere beneiden, fast immer auch ihren Preis haben. Okay, vielleicht fährt ein Studienfreund einen Firmenwagen, der ihm auf Knopfdruck den Rücken massiert und bei dem uns bereits eine Tankfüllung einen mahnenden Anruf unseres Bankberaters einbringen würde. Aber es kann gut sein, dass er dafür ständig mit Leuten zu Abend essen muss, die er nicht ausstehen kann. Und nur noch durch den hässlichen digitalen Bilderrahmen auf seinem Schreibtisch weiß, wie seine Kinder aussehen.

Oder dass die Freundin, die alles von ihren Eltern bezahlt bekommt, dafür auch ihre Freiheit einbüßt – denn wer bezahlt, will auch mitreden.

»Der Neider sieht nur das Beet, aber den Spaten sieht er nicht«, sagt ein altes Sprichwort. Das ist zwar – ebenso wie die Einsicht, dass das Gras auf der anderen Seite immer grüner ist – nun auch keine Erkenntnis, für die eine Fußball-Live-Übertragung unterbrochen wird. Aber manchmal kann sie uns auf der Suche nach dem Glück ein wenig helfen. Helfen, wieder ruhiger zu atmen, die Schultern zu entspannen und zumindest mit halb reinem Gewissen zu sagen: »Herzlichen Glückwunsch! Ich hab immer gewusst: Du hast es drauf.«

## Erste Zwischenbilanz

Beinahe die Hälfte des Jahres, das ich auf der Suche nach dem Glück verbringen will, ist inzwischen um. Habe ich tatsächlich Fortschritte gemacht? Ich glaube schon. In Sachen Neid muss ich vielleicht noch weiter an mir arbeiten, aber insgesamt habe ich den Eindruck, zufriedener durchs Leben zu gehen als noch vor fünf Monaten. Und das, obwohl der Frühling immer noch auf sich warten lässt – an den äußeren Umständen, dem Sonnenschein und langen Tagen am Badesee kann es also nicht liegen.

Ein Indikator, dass mein gestiegenes Glücks-Level tatsächlich mehr ist als nur eine Ahnung, ist mein gesunkener Schokoladenkonsum. Dass Schokolade glücklich macht, ist zwar im Großen und Ganzen eher ein Mythos[22] – trotzdem habe ich bisher vor allem dann welche in mich hineingestopft, wenn ich frustriert, traurig oder gestresst war. Seit etwa zwei bis drei Monaten ist mein Schokoladenkonsum jedoch auf nahezu null abgefallen. Was vor allem Jessica freut, die sich sonst regelmäßig zu Recht beschwerte, wenn ich ihre Vorräte in einem nächtlichen Schokoladen-Blitzkrieg vernichtet hatte. Im Gegensatz zu mir schafft sie es, sich eine Tafel Schokolade zu kaufen und über zwei Wochen jeden zweiten Abend ein, zwei Eckchen davon zu essen. Wenn ich Schokolade kaufte, mussten es bisher immer mindestens drei Tafeln sein: Eine überlebte den Weg vom Supermarkt nach Hause schon nicht mehr. Die zweite wurde spätestens beim nächsten Leistungs- und Stimmungstief am kommenden Nachmittag weggeputzt. Mit viel Glück vergaß ich die dritte dann für ein paar Tage im Küchenschank und machte mich erst mit einiger Verspätung darüber her. Doch seit geraumer Zeit lassen mich selbst provozierend angebrochene Tafeln meiner Lieblingsschokolade (eine obskure Biomarke mit – tatsächlich! – Meersalz) eigenartig kalt.

---

22 Die Begründung lautet gemeinhin, dass in Schokolade die beiden Stoffe Tryptophan und Theobromin enthalten sind, die glücklich machen bzw. bei ihrem Abbau im Körper unter anderem das sogenannte Glückshormon Serotonin entstehen lassen. Zwar sind tatsächlich beide Stoffe in Schokolade enthalten – jedoch in viel zu geringen Mengen, um tatsächlich wirksam zu sein. Warum es sich trotzdem gut anfühlen kann, Schokolade zu essen, hat vermutlich mehr mit der Werbung der Schokoindustrie, der Erinnerung an glückliche Kindheitstage und dem Energiekick durch den hohen Zuckergehalt zu tun.

Doch woran liegt diese Verbesserung? Es ist natürlich schwer, genau zu beziffern, wie viel Prozent der Veränderung welcher Teil meines Experiments und welche meine veränderten Verhaltensweisen zu verantworten haben. So genau messbar ist Glück leider nicht – egal wie viele Fragebögen man ausfüllt. Trotzdem wäre es kokett zu behaupten, ich wüsste gar nicht, was dazu beigetragen hat, dass ich inzwischen die meiste Zeit mit einer besseren Laune durchs Leben gehe als noch vor fünf Monaten. Die Ehe hat beispielsweise dazu beigetragen. Das hat mich selbst vielleicht am allermeisten überrascht, denn schließlich hatte ich vorher gedacht, dass so ein Trauschein das Leben nicht allzu sehr ändert. Wir haben schließlich auch vorher schon zusammengewohnt, uns vertraut und uns miteinander »richtig« gefühlt.

Trotzdem ist seit dem Schwur in Las Vegas irgendetwas anders. Besser.

Auch die regelmäßigen Besuche im Seniorenheim machen sich positiv bemerkbar, auch wenn ich immer noch oft hadere und mich überwinden muss hinzugehen. Vielleicht machen mich die Besuche sogar deshalb glücklich – weil sie mit einem gewissen Opfer verbunden sind.

Bei der Meditation warte ich hingegen immer noch auf Erfolgserlebnisse, egal wie sehr Ashrita Furman ihre Wirkung beschworen – und mir durch seine Rekorde sogar gezeigt und bewiesen – hat. Egal wie oft ich mich morgens auf meine Meditationskissen setze, ich habe das Gefühl, keinerlei Fortschritte zu machen. Vielleicht wirken sich die Übungen auch positiv auf meinen Gemütszustand aus, ohne dass ich mir dessen bewusst bin. Aber so richtig mag ich daran ehrlich gesagt nicht glauben. Vielleicht bin ich einfach nicht zum Meditieren gemacht – vielleicht muss ich es aber auch nur geduldig weiter versuchen.

## Zehn kleine Glücksmomente

- Ein Kollege, der sagt: »Habe ich schon für dich erledigt. Ich weiß, dass du gerade viel zu tun hast.«

- Handschriftliche Post bekommen

- Merken, dass jemand, dem man schon sehr lange vergeblich, aber unbedingt, gefallen wollte, einem plötzlich nicht mehr wichtig ist

- Ein zugeschraubtes Glas aufkriegen, an dem vorher alle anderen gescheitert sind

- Auf einer langen Fahrt laut die Lieblingslieder im Autoradio mitsingen

- Nachbarn, die klingeln und sagen: »Wir haben zu viel Tiramisu gemacht. Wollt ihr welches?«

- Auf dem Flohmarkt exakt das Spielzeug finden, das man als Kind innig geliebt hat

- Ein perfektes, postkartenreifes Foto schießen, es vergrößern lassen und an die Wand hängen – und von Besuchern immerzu darauf angesprochen werden

- Den letzten freien Tisch in einem beliebten Restaurant erwischen

- Der Moment, in dem man beschließt, dass es sich nicht lohnt, »das gute Geschirr« oder die »besondere« Flasche Wein bis zum Sanktnimmerleinstag aufzusparen

# April

Wie Gartenarbeit eine sterbende Stadt retten kann

Was Treibhäuser mit Kriminalität zu tun haben

Warum man manchmal auch Rückenschmerzen in Kauf
nehmen muss, um glücklich zu sein

*Don't cry – work.*
Rainald Goetz

Es war im Jahre 1913, als Henry Ford die automobile Massenfertigung nach Detroit brachte. Statt in Handarbeit eines Einzelnen entstanden in der Folge neue Autos wie das legendäre Modell T am Fließband. Die Endmontage eines Wagens dauerte statt 750 nur noch 93 Minuten. Wo vorher 28 Mann 175 Kolbenstangen am Tag produzieren konnten, schafften wenig später 7 Mann rund 2600. Durch diese immense Produktivitätssteigerung und den wirtschaftlichen Aufschwung schien plötzlich ein flächendeckender Wohlstand möglich. Das »Streben nach Glück«, das schon weit über hundert Jahre als Grundrecht in der amerikanischen Unabhängigkeitserklärung verankert war, sollte jetzt für jeden Einwohner der Stadt von Erfolg gekrönt sein. Nicht nur einer kleinen Elite – nein, jedem war es plötzlich möglich, ein eigenes Haus mit prall gefülltem Kühlschrank zu besitzen, dazu noch ein komfortables Auto, ein Boot und ein Wochenendhaus draußen vor der Stadt am Erie-See.[23] Chevrolet und Cadillac sind magische Namen aus jener Zeit – Namen, die heute noch erhaben klingen. Die einen Zauber von Wohlstand, Freiheit und Sorglosigkeit ausstrahlen.

---

[23] Ford bezahlte seine Arbeiter überdurchschnittlich gut – allerdings weniger aus Menschenfreundlichkeit, wie seine Kritiker einwenden, sondern um sie mit genug Kaufkraft auszustatten, um aus dem Auto tatsächlich ein Massenprodukt zu machen.

# Eine Stadt im Unglück

Rund siebzig Jahre später sah die Lage anders aus: Globalisierung, eine günstigere Konkurrenz aus Fernost und zahlreiche eigene Fehler hatten das Zentrum der amerikanischen Autoindustrie in die Knie gezwungen. In den Achtzigerjahren galt Detroit mit seiner hohen Kriminalitätsrate sogar als »murder capital«, als gefährlichste unter den amerikanischen Großstädten. Dazu kam eine regelrechte Entvölkerung: Seit den Fünfzigern haben rund zwei Drittel der damals zwei Millionen Einwohner die Stadt verlassen.[24] Wer blieb, war oft zu alt, zu krank oder zu drogenabhängig, um sich eine bessere Zukunft zu suchen.

Hatte Henry Fords Erfindergeist der Stadt am Ende also gar nicht das Glück beschert, wie es in den Zeiten der breiten Boulevards und sprießenden Wolkenkratzer gewirkt hatte, sondern sie vielmehr ins Verderben gestürzt?

Regelmäßig werden Rankings der glücklichsten und unglücklichsten Länder der Welt erstellt. Auf einer solchen Liste für Städte müsste Detroit zumindest in der Theorie ganz weit unten stehen: eine Stadt, die nicht nur ihre wirtschaftliche Lebensgrundlage verloren hat, sondern auch ihren Stolz und ihren Optimismus. Aber stimmt das tatsächlich? Oder haben die Detroiter einen Weg gefunden, sich aus der Depression zu befreien?

Jessica hat mir von der im wahrsten Sinne des Wortes aufblühenden Kultur des »*Urban Gardening*« erzählt: Überall in der Stadt entstehen neue Grünflächen; Stadtgärten, mit denen sich die Bewohner von Detroit die verlassene Betonwüste nicht nur schöner gestalten, sondern sich auch zunehmend selbst mit Nahrungsmitteln versorgen.

---

[24] Laut einer Volkszählung von 2010 leben noch 713 000 Menschen im Stadtgebiet von Detroit. Dazu kommen offiziell rund fünfzigtausend streunende Hunde – von denen ich aber nur zwei gesehen habe.

Ich erinnere mich an ein chinesisches Sprichwort: »Willst du einen Tag lang glücklich sein, betrinke dich«, heißt es dort. »Willst du ein Jahr lang glücklich sein, heirate. Willst du ein Leben lang glücklich sein ... dann lege einen Garten an.« Schauen wir mal nach, was ich davon bisher geschafft habe: Betrunken gewesen? Schon lange vor meinem Glücksexperiment – mehrfach und gewissenhaft. Geheiratet? Abgehakt. Aber ein Garten? Fehlanzeige. Wie auch, wenn man in einer Großstadt im vierten Stock eines Mietshauses wohnt?

Ich brauche also dringend die Hilfe der urbanen Gärtner von Detroit. Wenn ihnen Gemüsebeete einen Ausweg aus der Misere bieten können, kann ich mir sicher einiges abschauen.

Als ich in Detroit lande, führt mich der erste Weg, wie in den USA üblich, vor den Tresen eines mäßig gelaunten Beamten der Einwanderungsbehörde.

»Was ist der Zweck Ihres Besuchs?«, fragt er, während er meinen Pass inspiziert.

»Urlaub«, antworte ich nicht ganz wahrheitsgemäß – wohl weil mir selbst die Erklärung, mich in Detroits urbanen Gärten auf die Suche nach dem Glück machen zu wollen, plötzlich fast schon bizarr erscheint. Jeder, der in die USA einreist, muss vorher schriftlich versichern, nicht geisteskrank zu sein – und der Mann in Uniform und mit dem riesigen tätowierten Gewehr auf dem Unterarm sieht nicht so aus, als würde er mir glauben, wenn ich ihm mit glücklichen Gärtnern käme.

»Nur ein kleiner Urlaub«, wiederhole ich also mit einem möglichst leutseligen Lächeln.

»Urlaub ... in *Detroit*?«, fragt der Beamte gedehnt. Jetzt sehe ich, dass das Gewehr-Tattoo auf dem kräftigen Unterarm seinem Großvater gewidmet ist, einem Schützen der US Army, der im Zweiten Weltkrieg gefallen ist, wie geschwungene Lettern verraten. Hoffentlich in Pearl Harbour, denke ich mit Blick auf meinen Pass, während mir der Schweiß ausbricht, und nicht in Deutschland.

»Ich fahre sicher auch noch ein wenig herum«, beeile ich mich hinzuzufügen. »Ich habe vor zehn Jahren hier in der Nähe studiert und wollte mich mal wieder in der Gegend umsehen.«

Ein weiterer prüfender Blick, der mehrere Eiszeiten dauert. Dann klappt er den Pass zu und reicht ihn mir herüber. »Na, wenn Sie meinen«, sagt er, und plötzlich erscheint ein Anflug von Lächeln auf seinem Gesicht. »Aber passen Sie auf sich auf.«


## Essen von der Tankstelle

Als ich am nächsten Tag zum ersten Mal bei Tageslicht durch die Stadt fahre, wird mir das Ausmaß des Verfalls erst richtig bewusst: In manchen Straßen ist jedes zweite Haus verlassen, die Scheiben sind eingeworfen. Manche Gebäude sind sogar zur Hälfte abgebrannt, ohne dass sich jemand die Mühe gemacht hätte, die verkohlten Balken wegzuräumen. Riesige Fabrik- und Bürogebäude stehen leer: verrottende Gerippe, die Eingangstüren und Fenster im Erdgeschoss zugenagelt, von den Besitzern aufgegeben. Auf einem bereits halb zugewucherten Grundstück sehe ich zwischen Müllhaufen aus Sperrholz und Matratzen auch eine kleine Jacht verrosten – einst Symbol für den Wohlstand, später geplündert und ausgeschlachtet von ein paar Crackrauchern, jetzt allenfalls noch ein Zuhause für Waschbären oder eine Opossumfamilie.

Nur wenige Blocks von dieser Szenerie entfernt liegt die Earthworks Farm und die dazugehörige Suppenküche. Es ist noch kalt an diesem Aprilmorgen, die Luft feucht und schwer. Die wenigen Männer, die vor dem Eingang stehen, wärmen sich ihre klammen Hände an dampfenden Kaffeebechern. Rund hundert Menschen sitzen drinnen an großen runden Tischen, essen, unterhalten sich, lesen. Einige dösen mit geschlossenen

Augen. Ich bin beinahe der einzige Weiße. Ein Polizist, der von seinem Platz in der Ecke den ganzen Raum überblickt, grüßt mich freundlich und bringt mich zu Shane, dem Earthworks-Mitarbeiter, mit dem ich verabredet bin und der mich nach einer kurzen Begrüßung gut gelaunt herumführt.

»Zweitausend Mahlzeiten werden hier pro Tag ausgegeben«, sagt der gebürtige Filipino, während er mit mir an dem Tresen vorbeigeht, hinter dem eine Handvoll Freiwilliger gerade Frühstücksrationen auf Tabletts schaufelt und heißen Tee und Kaffee ausschenkt.

Ein Großteil der dafür nötigen Nahrungsmittel kommt von den Feldern und aus den Gewächshäusern, die das Earthworks-Kollektiv hier auf insgesamt rund achttausend Quadratmetern bewirtschaftet. Wir überqueren den Hof und betreten eines der Gewächshäuser, in denen gerade eine weitere Gruppe Freiwilliger von einem rotbärtigen Mann namens Patrick instruiert wird, wie man welche Pflanzen am besten bewässert.

»Den Ursprung für die Organisation hat der Franziskanermönch Rick Samyn im Jahr 1997 gelegt«, sagt Shane und erzählt, wie es dazu kam: »Der Auslöser war ein Gespräch mit einem Jugendlichen hier aus dem Viertel. Samyn schrieb gerade die Zutatenliste für ein Kochrezept auf, als ihn der Junge fragte, bei welcher Tankstelle er denn sein Essen kaufe. Dass es auch andere Nahrungsmittel als Mikrowellenpizza, Chipstüten und Schokoriegel geben könnte, war für den Jungen unvorstellbar. Ebenso die Tatsache, dass man sein Essen woanders als an der Tankstelle kaufen könnte.«

In den letzten Jahren haben sich tatsächlich sämtliche Supermarktketten aus Detroit zurückgezogen: 2007 wurden die letzten beiden Filialen von Farmer Jack geschlossen. Es gibt zwar vereinzelte Tante-Emma-Läden mit Lebensmitteln und mit dem Eastern Market einen Wochenmarkt im Stadtzentrum – aber für viele Bewohner von Detroit sind die abgepackten Kalorienbomben aus den Regalen der Tankstellenshops das tägliche Brot. Oder gleich die Pappeimer mit frittierten Hühnerschenkeln von Kentucky Fried Chicken oder das Hackfleisch von McDonald's und Burger King. Fast Food gibt es überall, und meist ist es deutlich billiger, als selbst zu kochen. »Als es mit der Stadt bergab ging, warfen die Leute auch ihre Esstische weg«, bringt es Willie Spivey, einer der Arbeiter auf der Earthworks Farm, auf den Punkt.

Spivey ist sechsundfünfzig, hat ein rundes, freundliches Gesicht und eine Wollmütze auf dem Kopf. Er hatte lange als Hilfsarbeiter gejobbt, doch irgendwann erwischte auch ihn die Arbeitslosigkeit, die in Detroit mit über zwanzig Prozent dreimal so hoch ist wie in anderen amerikanischen Städten. »Ich schämte mich anfangs hierherzukommen und mein kostenloses Essen in der Suppenküche zu holen«, erinnert er sich.

Er fing als Freiwilliger auf der Farm und im Gewächshaus an; seit einem Jahr ist er fest bei Earthworks angestellt. »Aber es ist viel mehr als ein neuer Job für mich. Ich bin endlich wieder Teil einer Gemeinschaft. Ich habe wieder eine Aufgabe, und mein Leben hat wieder einen Sinn«, sagt er. Weil ihn das Gärtnern im Kollektiv so glücklich mache, habe er sich inzwischen sogar auch zu Hause einen kleinen Garten angelegt: »Dort kann ich mein eigenes Essen anbauen«, sagt er. »Das macht Spaß und gibt mir das Gefühl, unabhängig zu sein.«

Zusammen mit ähnlichen Gruppen wie Greening of Detroit oder den Gardening Angels versucht Earthworks unter einer Dachorganisation namens Garden Resource Program Collaborative (GRPC), dem Abwärtstrend von Detroit etwas entgegenzusetzen. Neben der Armenspeisung in der Suppenküche bieten sie beispielsweise auch ein Jugendprogramm an, in dem Schüler wieder lernen sollen, dass zuerst die Kartoffel da war – und dann die Packung Pommes. 1234 private und gemeinnützige Gärten sind inzwischen unter dem Dach der GRPC entstanden. 55 000 kostenlose Packungen mit Samen und 240 000 Setzlinge hat die Organisation allein im Jahr 2010 verteilt, um

Detroit grüner zu machen und die Lebensqualität der Menschen zu steigern.

## Glücklich graben

Wie Stadtgärten und Psyche zusammenhängen, erklärt mir Katherine Alaimo, Ernährungswissenschaftlerin an der Michigan State University. Die zierliche Frau mit den brauen Locken sitzt in einem kleinen, vollgestopften Büro in East Lansing, ungefähr zwei Autostunden von Detroit entfernt. An der Universität begleitet sie mit ihrem Institut die Arbeit der GRPC von wissenschaftlicher Seite. Das bedeutet zum einen, Bodenproben zu nehmen, um sicherzustellen, dass das Gelände, das zu einem Gemüsegarten umgewandelt werden soll, nicht etwa durch Altöl verseucht ist. Zum anderen beschäftigt sich Alaimo aber auch mit den Auswirkungen, die solche Gemeinschaftsgärten auf das Leben der Menschen und deren mentale Verfassung haben. »Solche Gärten sind zum einen Nahrungslieferanten, lassen ein Viertel aber auch optisch schöner aussehen«, sagt sie. »Zusätzlich sorgen sie dafür, dass die Menschen sich heimisch fühlen und sicherer.«

In ihren Studien konnte Alaimo belegen, dass nicht nur der Wert der Grundstücke in Gegenden mit Gemeinschaftsgärten stieg, sondern auch die Laune der Anwohner: »Die Menschen beteiligen sich plötzlich, gehen wieder vor die Tür, kommen einander näher, lernen ihre Nachbarn kennen.« Gerade junge Menschen könnten von der konstruktiven Arbeit und dem daraus entstehenden Gemeinschaftsgefühl profitieren, so Alaimo, ihre sozialen und persönlichen Fähigkeiten verbessern – und sich nicht zuletzt gesünder ernähren. Dass Gemeinschaftsgärten sogar dazu beitragen, die Kriminalitätsrate zu senken, wie es Ella Bully-Cummings, die ehemalige Polizeichefin von Detroit, einmal gesagt hat, lässt sich bisher nur in Einzelfällen belegen. Unbestritten aber ist die Tatsache, dass Verwahrlosung, Drogenhandel und Vergehen wie illegales Müllabladen zurückgehen und sich die Bewohner eines begrünten Viertels deutlich sicherer fühlen.

Während meiner ersten Tage in Detroit konnte ich beobachten, dass Graben und Gießen die Menschen tatsächlich froh macht – und die Wissenschaftlerin hat es offiziell bestätigt. Es wird also höchste Zeit, es am eigenen Leib auszuprobieren. Heute bin ich als freiwilliger Helfer auf der Earthworks-Farm angemeldet. Patrick, der ernste Mann mit dem roten Bart, wartet schon auf mich. Er trägt eine Latzhose und eine kritische Falte zwischen den Augenbrauen. Auf den ersten Blick macht er keinen sehr glücklichen Eindruck. Aber das Leben eines urbanen Gärtners besteht eben keineswegs nur aus Sonnenstunden.

»In den letzten Wochen wurde dreimal in unser größtes Gewächshaus eingebrochen«, erklärt er der etwa zwölfköpfigen Helfergruppe. »Wir haben es jahrelang nicht abgesperrt, damit jeder, der mochte, hineingehen und sich beteiligen konnte.« Leider hatten Unbekannte diese Einladung falsch verstanden und in drei Nächten das Gewächshaus verwüstet. Setzlinge wurden aus der Erde gerissen, Pflanztöpfe umgeworfen und ausgeleert. »Und als wäre das alles nicht schon genug, haben die Typen in der dritten Nacht auch noch zweimal mitten ins Gewächshaus gekackt«, seufzt Patrick.

Kein Wunder, dass der Kerl schlechte Laune hat, denke ich mir. Ich merke, wie selbst in mir eine grenzenlose Wut über den Gewächshaus-Vandalismus hochkocht. Doch Patrick verblüfft mich mit einer ganz anderen Reaktion: »Ich glaube, wir können uns alle vorstellen, wie viel Schmerz ein Mensch in sich tragen und wie verzweifelt er sein muss, damit er zu so etwas fähig ist«, sagt er und fügt hinzu: »Wir werden das Gewächshaus in Zukunft immer abschließen müssen – aber wir sollten auch alle gemeinsam hoffen, dass es der Person, die das getan hat, bald besser geht und sie ihren Seelenfrieden wiederfindet.«

Puh, so kann man es natürlich auch sehen. Ich merke schon: Zu meinem eigenen Seelenfrieden und der Fähigkeit zu vergeben fehlt mir noch einiges. Aber vielleicht kann ich es hier lernen.

Ich ziehe mir meine Arbeitshandschuhe über. Patrick teilt uns in mehrere Gruppen ein. Während andere Helfer Erde mischen, erklärt er meiner Gruppe, wie viel Licht die Tomaten und Grünkohlsetzlinge im Gewächshaus jeweils benötigen und dass die Paletten mit den Hunderten von kleinen Töpfen deshalb am besten in mehreren Etagen umzuschichten seien. Da bald noch weitere Setzlinge dazukommen sollen, muss alles insgesamt ein wenig platzsparender als bislang arrangiert werden. Außerdem soll jeder Topf gekennzeichnet werden, damit zukünftige Helfergruppen sofort wissen, was in welchem Topf wächst.

Die folgenden Stunden schleppen wir Paletten, kriechen unter die hüfthohen Tische und schichten Töpfe um. Selbst bei der am wenigsten anstrengenden Aufgabe, dem Kennzeichnen der Pflanzen, tropft einem in der schwülen Treibhausluft kontinuierlich der Schweiß von der Stirn. Trotzdem macht allen in der Gruppe die Arbeit sichtlich Spaß – ganz egal ob der kaugummikauenden Schülerin mit den sorgfältig lackierten Fingernägeln oder dem hünenhaften Schwarzen mittleren Alters, der zu seinem blauen Arbeitsoverall blitzblank geputzte Cowboystiefel mit wundervollen Stickereien trägt.


## Buddeln gegen Nazis

Gegen Mittag ist das Gewächshaus aufgeräumt und bereit für eine neue Kolonie von Setzlingen. Es fühlt sich gut an, mit seinem Körper nicht nur die Geräte eines Fitnessstudios bewegt, sondern beim Erzeugen von Nahrung geholfen zu haben. Zu sehen, dass der eigene Schweiß nicht vergossen wurde, um abzunehmen, sondern um gemeinsam etwas aufzubauen. Trotzdem: Irgendwie fehlt noch ein gewisser sichtbarer Erfolg. Etwas Neues, das man erschaffen hat, wo vorher nichts war.

Ich steige in meinen Mietwagen und fahre auf einen Spielplatz in einem anderen Viertel von Detroit, wo eine Freiwilligengruppe von »Greening of Detroit« heute rund hundertachtzig Bäume pflanzen will. Ein paar davon, so habe ich mir fest vorgenommen, sollen dabei auch durch meine Spatenstiche in die Erde gebracht werden.

Als ich an dem Spielplatz ankomme, an den noch eine große Football-Wiese angrenzt, bin ich erst einmal beeindruckt von der guten Organisation. Über hundertfünfzig Menschen haben sich eingefunden, in eine Freiwilligenliste eingetragen, wurden mit Spaten und Instruktionen ausgestattet und haben inzwischen mit dem Buddeln begonnen. Sogar Wasserflaschen stehen bereit, die Laune ist gut: Von den meisten der vier- bis sechsköpfigen Gruppen hört man Gelächter über die Wiese schallen. Ich entschuldige mich für die Verspätung, aber als ich sage, dass ich vormittags bei Earthworks gearbeitet habe, freuen sich alle. Die verschiedenen Gruppierungen scheinen keine Rivalität oder Konkurrenz zu pflegen, sondern unterstützen einander, so gut es geht. Ich schnappe mir einen Spaten und werde einer kleinen Gruppe zugeteilt, die sich gerade an einem sehr großen Loch für einen jungen Baum abplagt. »Das hier ist Barry, er ist schon seit über zwanzig Jahren als freiwilliger Helfer bei uns«, sagt Mary-Ann, die die Freiwilligen koordiniert.

Barry ist ein weißhaariger Brite im frühen Rentenalter, der seit Langem in Detroit lebt, und er ist so lange freundlich zu mir, bis er herausfindet, woher ich komme. Was etwa zehn Sekunden dauert, denn seine erste Frage ist: »Hallo! Schön, dass du da bist. Wo kommst du her?« Als ich sage, dass ich

Deutscher bin, verfinstert sich seine Miene: »Also bist du ein Nazi?«

Da ich diese Logik zuletzt vor ungefähr zehn Jahren von einem minderjährigen Tuktuk-Fahrer in Südamerika gehört habe, bin ich zuerst einigermaßen verblüfft und denke, er macht einen Witz. Doch er meint es ernst. Für ihn ist »Nazi« auch kein lustiger Spitzname für die Deutschen generell, so wie manche Engländer oder Amerikaner gerne von »Krauts« sprechen. Die nächste halbe Stunde kommt er immer wieder darauf zu sprechen, wie seine mit ihm schwangere Mutter unter deutschen Bomben (»…unter *euren* Bomben!«) gelitten habe. Er hat auch ausreichend Atem dafür, denn im Gegensatz zu allen anderen in der Gruppe benutzt er seinen Spaten fast nur, um sich darauf zu stützen, während er mit großer Geste die Welt erklärt.

Ich habe normalerweise nie ein Problem, zerknirscht die Gräueltaten des Naziregimes zu verurteilen, zu bedauern und die besondere Verantwortung aller deutschen Folgegenerationen anzuerkennen. Aber mich maßregeln zu lassen, während ich am anderen Ende der Welt schwitzend Dreck schippe, um amerikanischen Kindern den Spielplatz zu verschönern, ist wirklich viel verlangt. Ich bin kurz davor, Barry die Meinung zu sagen – da fällt mir wieder ein, was Patrick heute Morgen über den Einbrecher im Treibhaus gesagt hat. Man kann nie ganz verstehen, welcher Schmerz in einer anderen Person steckt, worunter sie leidet, welche Kämpfe sie innerlich austragen muss.

Also schippe ich lächelnd weiter – und frage Barry, als er gerade zu seiner nächsten Alle-Deutschen-sind-Verbrecher-Tirade ansetzen will: »Erzählen Sie doch mal: Wie hat es Sie eigentlich nach Detroit verschlagen?«

Trotz Barrys Gemecker ist es ein erhebendes Gefühl, als der erste Baum schließlich gesund und gerade in der Erde steht und der Mulch, den wir kreisförmig um ihn aufgeschüttet haben, in der kühlen Nachmittagsluft dampft. Selbst Barry lässt für eine Weile sein Lieblingsthema ruhen und erklärt der Gruppe, dass die Bäume nicht nur eine optische Funktion haben und die Luft reinigen, sondern auch sehr wichtig für das Grundwasser dieser Gegend seien. Ich höre nur mit einem halben Ohr zu und stelle mir stattdessen vor, wie der Baum die Jahre überdauert, wie er Menschen Freude bringt und Schatten spendet – wie er vielleicht sogar noch da ist und jedes Jahr aufs Neue erblüht, wenn ich schon längst nicht mehr lebe.

Unsere Gruppe pflanzt noch fünf weitere Bäume, und als ich mich irgendwann umsehe, sind nahezu alle mit ihrer Arbeit fertig. Familien steigen wieder in ihre Autos, Schüler lassen sich ihre Beteiligung auf einer Karte bestätigen, eine Gruppe Helfer verlädt die Spaten und Rechen wieder auf einen Lkw. Hundertachtzig Bäume säumen nun den Weg entlang des Spielfeldes. Mit genügend Helfern hat es nur einen halben Tag gedauert. Einer der Verantwortlichen verrät mir jedoch, dass das allein nicht reicht. Rund zehntausend US-Dollar an Spenden sind zusätzlich zu allen ehrenamtlichen Helfern nötig: So viel kosten die Bäume, der Mulch, das Equipment, die Logistik. Eine Menge Geld – vor allem in einer so armen Stadt.

Ich will gerade gehen, als eine rundliche Frau in einer abgetragenen Football-Jacke auf unsere Gruppe zukommt. Rhonda wohnt in einem der heruntergekommen Häuser nahe des Spielplatzes und hat ebenfalls mitgeholfen, die Bäume zu pflanzen. Jedenfalls so gut es ihre alten Knochen zuließen, versichert sie uns und kratzt sich verlegen am Kopf. Dann nimmt sie unsere Hände und beginnt laut zu beten.

Ich kann mich nicht mehr an den genauen Wortlaut ihres Gebets erinnern, das sie für die Bäume sprach und die Menschen, die sie gepflanzt hatten. Aber ich weiß noch, dass selbst ich Zweifler merkte, dass jeder Satz von Herzen kam und dass die Tränen, die ihr dabei über das Gesicht liefen, Tränen der Freude waren.

# Goldene Schallplatten selbst gemacht

Am Samstag beschließe ich, mich für die harte Arbeit der vergangenen Tage – und für meine Engelsgeduld dem fiesen Barry gegenüber – zu belohnen. Ich gehe ins Baseballstadion und sehe mir in den wärmenden Strahlen der Frühlingssonne ein Spiel der Detroit Tigers an. Mit Bier, Nüsschen und einer großen Schaumstoffhand mit ausgestrecktem Zeigefinger, auf der groß »#1« steht. Vier Stunden relativ ereignisloser Sport, dafür Geplauder mit den Sitznachbarn, schöne Rituale wie das *Seventh-Inning Stretch*, bei dem das ganze Stadion aufsteht und das über hundert Jahre alte Lied »Take Me Out to the Ball Game« singt – ein kleiner Moment des Glücks, ebenso wie das Ritual nach Spielende: Alle Kinder, die Lust haben, dürfen einmal um das Spielfeld laufen, auf dem zwei Minuten vorher noch die Profis umherrannten. Das Tiger-Maskottchen läuft vorneweg, Hunderte Kinder toben hinterher, die ganz kleinen noch an der Hand der Mutter oder des Vaters, die größeren in einem Wettkampf, wer am schnellsten ist.

Bester Laune mache ich mich vom Stadion aus zurück auf den Weg ins Hotel. Ich durchquere Downtown, wie in vielen amerikanischen Großstädten kein lebendiges Zentrum, sondern eine der verlassensten Ecken der Stadt. Am Wochenende ist in den Bürotürmen nichts los, und hier in Detroit stehen die meisten ohnehin leer. Umso größer ist meine Überraschung, als ich im Schatten der Hochhäuser eine alte Synagoge mit bunten Glasfenstern sehe – und daneben eine winzige Bar. Sie scheint noch geschlossen zu sein, denn vor der Tür steht ein kleines Grüppchen herum und wartet auf Einlass. Ich will gerade fragen, ob sich das Warten lohnt und was sich hinter der Tür verbirgt, als diese aufgeht. Heraus kommt ein älterer Afroamerikaner, die grauen Haare streng nach hinten gekämmt, einen akkurat gepflegten Schnauzbart und ein strahlendes Lächeln im Gesicht. »Willkommen im Café D'Mongo's Speakeasy«, begrüßt er die Gäste und hält die Tür auf. »Entschuldigt, dass wir erst jetzt aufmachen.« Dann fügt er in doppelter Lautstärke hinzu: »Eine Runde aufs Haus für alle, weil sie draußen in der Kälte warten mussten!«

Die drei Frauen hinter der Theke rollen scherzhaft mit den Augen. »Du kannst doch nicht gleich die erste Runde ausgeben, Larry!«, ruft eine von ihnen. Sie trägt ein für ihr Alter gewagtes Top mit Leopardenmuster. Keiner der Gäste fordert die von Larry in Aussicht gegebene Runde ernsthaft ein, aber alle freuen sich über seine Großzügigkeit.

Ich nehme auf einer lederbezogenen Bank an einem der sieben Tische Platz. An den Wänden hängen alte Mikrofone, Gitarren und andere Musikinstrumente und mit Goldfarbe angesprühte Schallplatten. Dazu unzählige Fotos in angestoßenen Rahmen, die aus der musikalischen Vergangenheit Detroits erzählen, wie zum Beispiel dem legendären Motown-Sound von Marvin Gaye, Stevie Wonder oder The Jackson Five.

Der Laden füllt sich schnell, und man kommt automatisch ins Gespräch. Nach und nach erfahre ich mehr über diesen Ort: Er ist nur samstags geöffnet, es gibt nur zwei Gerichte auf der Karte, wer nicht in der ersten halben Stunde da ist, bekommt keinen Platz mehr – und Larry Mongo ist der Chef.

Irgendwann setzt sich der Gastgeber auch an meinen Tisch und erzählt von seinen Reisen nach Deutschland, China und durch die ganze Welt. Als ich ihn frage, wie lange er die Bar schon betreibt, muss Larry lachen.

»Eröffnet habe ich sie 1988. Aber 1993 habe ich sie für fünfzehn Jahre geschlossen«, sagt er. »Die Gegend war einfach zu gewalttätig. Nur noch Drogen und Schießereien.« Zur Neueröffnung kam es, als er merkte, dass sich die Lage gebessert hatte. »Ich saß häufig auf dem Gehsteig vor meinem geschlossenen Café auf einem Stuhl. Eines Tages sah ich ein paar junge weiße Frauen die Straße entlangrennen. Ich wollte schon die Polizei rufen, da merkte ich: Es war gar niemand hinter ihnen her. Sie waren einfach beim Joggen!« Larry Mongo muss kichern. »Jogging in Downtown? Das wäre früher unmöglich gewesen.«

Am selben Tag, an dem er die mutigen Joggerinnen gesehen hatte, entschloss sich Larry Mongo, sein Café wieder zu öffnen.

»Ich wollte zeigen, dass sich in Detroit etwas entwickeln kann. Dass wir uns nicht länger einschüchtern lassen dürfen. Ich habe nie Werbung gemacht, aber die Leute kamen plötzlich – und die meisten von ihnen kommen jede Woche wieder.« Er steht auf, geht in die Küche und holt das gegrillte Hühnchen, das ich bestellt habe. Dazu stellt er mir eine Flasche bayrisches Bockbier hin – wo auch immer er diese Rarität in Detroit aufgetrieben hat. »Lass es dir schmecken«, sagt er mit einem freundlichen Schulterklopfen, dann ist er auch schon wieder an der Tür. Dort begrüßt er die nächsten Gäste, die schon längst keinen Sitzplatz mehr finden, aber sich bereitwillig zwischen den Tresen und die Tische quetschen.

Nach und nach bringe ich mehr über diesen fröhlichen Mann und seine faszinierende Geschichte in Erfahrung – manches von den Fotos an den Wänden, manches von anderen Gästen. Manches erzählt er selbst. Das Essen im »Café D'Mongo's« wird abwechselnd von einem achtzig Jahre alten Freund namens Sleepy und einem von Larrys Söhnen gekocht, und zwar immer noch nach Rezepten von Larrys Urgroßmutter, die früher als Sklavin in der Küche ihrer weißen Besitzer arbeiten musste.

Larry findet immer einen Grund, jemandem einen Drink auszugeben. (»Ihr seid mit dem Taxi gekommen? Der erste Drink geht auf mich!«) Er kannte Michael Jackson ebenso wie den Mann, der bei den Aufständen in Detroit im Jahr 1967 den ersten Stein auf die Polizei warf. (»Hier irgendwo in diesem Laden muss ein Foto von uns beiden sein.«)

Auf einem Foto aus früheren Jahren sieht man ihn und seine Frau Diane – sie sieht aus wie Aretha Franklin, er wirkt in seinem riesigen Pelzmantel wie ein schwerreicher Drogendealer, der er angeblich in den Siebzigerjahren auch war. (»Zum Glück hänge ich mittlerweile mit anderen Leuten rum als früher.«) Zu jener Zeit saß Larry Gerüchten zufolge zwei Jahre in einem chinesischen Gefängnis. (»Es handelte sich um eine dumme Verwechslung, nichts weiter.«)

Er könnte viel mehr Geld mit seiner Bar verdienen, wenn er sie nicht nur einen Tag pro Woche geöffnet hätte, aber daran liegt ihm nicht. (»Es soll etwas Besonderes bleiben.«) Er will weiterhin jeden einzelnen Gast persönlich mit offenen Armen begrüßen. Geld ist ihm nicht wichtig. Einen Ort erschaffen zu haben, der ihn und seine Gäste einen Tag pro Woche glücklich macht, schon eher.

An meinem letzten Tag in Detroit passiere ich wie an jedem Morgen der vergangenen Woche die Schranke des Parkhauses. Statt eines Kassenautomaten gibt es hier noch ein kleines Häuschen, in dem eine ältere Parkwächterin sitzt: »Ich kenn Sie doch!«, ruft sie erfreut, als ich ihr Parkschein und Geld durch das Fenster reiche. »Sie waren doch die letzten Tage hier in der Stadt unterwegs! Wo geht es denn heute hin?«

Ich merke, dass ich aufgrund meiner Hautfarbe scheinbar doch mehr aufgefallen bin, als ich es in einer Großstadt für möglich gehalten hätte. Ich antworte, dass ich mich leider auf den Weg nach Hause machen müsse.

»Dann haben Sie eine gute und sichere Reise, und kommen Sie bald mal wieder vorbei, wenn es Ihnen in Detroit gefallen hat!«

Als ich den Freeway in Richtung Flughafen entlangfahre und an den verfallenen Skeletten der einst stolzen Fabrikgebäude vorbeikomme, nehme ich mir fest vor, in ein paar Jahren wiederzukommen. Nicht nur um zu sehen, was aus den gepflanzten Bäumen geworden ist. Sondern auch weil ich gemerkt habe, dass die meisten Menschen in Detroit – von den bärtigen Baumpflanzern über Larry Mongo bis zu der freundlichen

Parkwächterin – sich von den widrigen Umständen und dem wirtschaftlichen Niedergang nicht unterkriegen lassen. Weil sie ihren Optimismus und ihre Lebensfreude eben doch bewahrt haben – allen negativen Statistiken zum Trotz.

1805, lange vor Henry Ford, der Autoindustrie oder der Flucht der Supermarktketten aus Detroit, brannte die Stadt nahezu komplett nieder. Aus jener Zeit stammt das Motto, das auf ihrer Flagge zu lesen ist: »Speramus Meliora – Resurget Cineribus«, steht dort zu lesen. »Wir hoffen auf bessere Zeiten – Sie wird sich aus der Asche erheben.« Worte der Hoffnung für die Stadt Detroit, die über zweihundert Jahre später immer noch gelten.

## Guerillas im Nebel

Wieder zu Hause in Berlin angekommen ist trotz Jetlag schnell klar, was die einzige Konsequenz aus den Erlebnissen in Detroit sein kann: Ein eigener Garten muss her. Doch in einer Mietwohnung in einer dicht besiedelten Millionenstadt ist das leichter gesagt als getan. Wir besitzen sogar den Luxus eines Balkons – doch die Töpfchen mit Schnittlauch, Basilikum und Rosmarin, die jedes Mal eingehen, wenn wir in den Urlaub fahren, zählen in der großen Glücksbilanz des Lebens schwerlich als eigener Garten.

»Vielleicht müssen wir uns unseren Garten einfach nehmen«, sagt Jessica und zeigt auf den freien Platz hinter dem Haus, den wir von unserem Balkon aus einsehen können. Es ist ein ungenutztes Stück Brachland, das zwischen der Rückseite unseres Mietshauses und einem alten Schwimmbad liegt, das seit über zwanzig Jahren nicht mehr genutzt wird. Eine große Platane steht mitten auf dieser Fläche, in der einen Ecke parken drei Autos eines örtlichen Carsharing-Unternehmens, in der anderen liegen mehrere große Steinblöcke, von denen wir nur ahnen, dass sie einst zur Fassade des altehrwürdigen Neorenaissance-Schwimmbads gehörten. Ansonsten ist das Areal verwaist.

Leider bedeutet verwaist in einer Stadt wie Berlin auch immer: zur Mülltonne umfunktioniert. Hier ein kaputtes Fernsehregal, auf das jemand wie zum Hohn einen Zettel geklebt hat: »Zu verschenken!« Dort ein rostiges Fahrrad. Plastiktüten, vom Wind mal nach links, mal nach rechts getragen, und in der Ecke ein Ensemble aus leeren Farbeimern. Die Fotostrecken in Magazinen wie »LandLust« oder »Mein schöner Garten« sehen anders aus. Aber vielleicht besteht genau darin die Herausforderung.

In Gedanken sehe ich mich schon von Kopf bis Fuß in eine schwarze Ninja-Montur gehüllt und mit einem Spaten statt mit Wurfsternen bewaffnet um Mitternacht in den Hof schleichen und mit der Gartenarbeit beginnen. Wenn schon als Guerillagärtner unterwegs, dann auch mit Stil.

»Spinnst du?«, fragt mich Jessica belustigt. »Wenn wir da nachts rumbuddeln, ruft irgendein Nachbar sofort die Polizei – schon allein wegen des Lärms.«

Ein weiterer Vorteil des Heiratens: Man fühlt sich genauso oft als Idiot wie zuvor – ist aber immerhin mit jemand Klugem verheiratet.

Ich hänge also meine Ninja-Montur wieder in meinen geistigen Kleiderschrank – eines Tages wird ihr großer Auftritt kommen! Stattdessen gehen wir am folgenden Samstagnachmittag vollkommen unverdächtig in den Hof und beginnen, eine etwa vier mal vier Meter große Fläche umzugraben, die günstig von den alten, verwitterten Steinquadern abgeschirmt wird.

## Unter dem Pflaster liegt der Strand – und unter dem Müll der Garten

Was beim Bäumepflanzen in Detroit dank des lockeren Bodens ein Kinderspiel war, wird hier zur Tortur. Der Boden, der sich unter einer Schicht von Laub und Dreck befindet, ist so hart, dass ich für einen Moment Beton vermute. Aber es ist einfach nur Erde, die jahrelang festgetreten und festgefahren wurde. Erde wohlgemerkt, die mit Ziegelsteinen, Glasscherben, Plastiktüten, Bleirohren und anderem Müll vermischt ist, den wir mit jedem zweiten Spatenstich zutage fördern. Nur die Faulen ziehen aufs Land, denke ich mir, während mir der Schweiß in den Augen brennt. Wir dagegen machen die Stadt wieder urbar!

Nach etwa zwei Stunden haben wir eine Fläche umgegraben und vom gröbsten Müll befreit, die einen echten Gartenbesitzer möglicherweise zu einem freundlichen Lachanfall bewegen würde. Aber wir sind stolz wie zwei Pioniere, die gerade ihren Claim im Wilden Westen abgesteckt haben.

Obwohl die Fläche so winzig ist, verschwinden die zwei großen Säcke Blumenerde, die wir am Vormittag herbeigeschleppt haben, darin wie eine Prise Salz in einem Topf Nudelwasser.

Für den Anfang pflanzen wir nur Blumen und ein paar Kräuter, da wir der Qualität und Sauberkeit des Bodens nicht ganz trauen. Denn egal wie glücklich einen ein Garten macht – Tomaten zu essen, die auf Batteriesäure und Altöl gewachsen sind, macht einen mit ziemlicher Sicherheit nicht lange froh. Immerhin sind die rostigen Eimer, die an der Wand des alten Schwimmbads stehen, nun zu etwas gut, denn das Regenwasser, das sich darin gesammelt hat, kommt uns gerade recht zum Gießen.

In der ganzen Zeit, die wir hier im Hof geschuftet haben, haben wir uns immer mal wieder umgesehen, ob uns jemand aus den umliegenden Fenstern beobachtet. Ob ein Hausmeister oder Wachmann des Schwimmbads um die Ecke kommt oder sonst jemand nach der Rechtmäßigkeit unseres Tuns fragen könnte. Aber nichts dergleichen ist passiert. Ich bin beinahe ein wenig enttäuscht, da ich meine flammende Rede, die ich um das Thema »Eigentum verpflichtet« herum gestrickt hatte, ebenso wieder nach Hause tragen muss wie die zwei Müllsäcke voll Schrott, den wir eingesammelt haben und die ich gerne jedem vor die Nase gehalten hätte, der mich gefragt hätte: »Was machen Sie denn da?«

Aber wenn sich niemand um unseren Geheimgarten kümmert – umso besser.

Nachdem wir uns den Schweiß abgeduscht und die Erde unter den Fingernägeln weggebürstet haben, treten wir auf unseren Balkon und schauen auf den Garten unter uns. Aus der Entfernung sieht das kleine Viereck, das wir geschaffen haben, deutlich kümmerlicher und krummer aus als aus nächster Nähe. Trotzdem hebt es sich positiv vom Rest des verlotterten Anwesens ab. Wir haben es, einer inneren Stimme folgend, fein säuberlich mit einem kleinen Steinmäuerchen vom Rest des Hofs abgetrennt. »Damit der Wind die Erde nicht wegträgt«, wie ich mich beeilte, laut zu versichern – offiziell an Jessica gerichtet, aber eigentlich an mich selbst. Denn es fühlt sich schlimm spießig an, noch bevor der Garten fertig ist, einen Zaun drumherum zu errichten. Aber wahrscheinlich ist es ein Instinkt. Es gibt mir jedenfalls ein gutes Gefühl, klar abzustecken, wo unser Reich beginnt und wo das anonyme Ödland endet.

»Gärtnern ist stets ein Kampf gegen die Natur«, lautet ein geflügeltes Wort, das jeder, der schon einmal Unkraut gejätet hat oder Schnecken vertreiben wollte, sofort bestätigen wird. In unserem Fall ist es eher ein Kampf gegen die Stadt, gegen die Verwahrlosung und den herrenlosen Müll. Doch zumindest einen kleinen Etappensieg haben wir errungen, und die Rechnung mit dem Glück ist auch aufgegangen: Als ich am nächsten Tag aufwache, führen mich meine ersten Schritte auf den Balkon. Mein Blick fällt auf unser kleines Gartenviereck, und mein Herz hüpft, als ich sehe, dass es noch da ist. Dann erst spüre ich den bestialischen Schmerz in meiner Lendenwirbelsäule. Für den Rest des Tages stöhne und wimmere ich jedes Mal leise, wenn ich meine Position auch nur um einen Zentimeter verändern muss. Wenn Liebe durch den Magen geht, wie man sagt, dann geht Gartenglück definitiv durch den Rücken.

## Zehn kleine Glücksmomente

- Eine eBay-Auktion gewinnen, bei der man eigentlich nur einen absurd niedrigen Spaßpreis eingegeben hat

- Im Frühling zum ersten Mal von Vogelgesang geweckt werden

- Eine Maus, die in einem Parkmülleimer gefangen ist, befreien – indem man einen Stock hineinstellt, auf dem sie hinausklettern kann

- Den unangenehmen Anruf, den man tagelang vor sich hergeschoben hat, endlich erledigt haben

- Vom Paketboten etwas überreicht bekommen, von dem man schon gar nicht mehr wusste, dass man es bestellt hatte

- Zu der Einsicht kommen, dass vieles viel egaler ist, als man vorher dachte

- Aus vollem Herzen lachen. Denken, man sei fertig – und dann kommt noch eine Welle

- Unter so guten Freunden sein, dass man sich auch abgrundtief schlechte Witze nicht verkneifen muss

- Wenn die Friseurin fragt: »Vorher noch eine Nackenmassage?«

- Zum ersten Mal auf dem Surfbrett – oder im Yogakopfstand – zum Stehen kommen

# Mai

Wie Freiheit uns glücklich machen kann

Wie man Löwenlachen und Kreditkartenlachen lernt

Warum man das Glück versuchen, aber nicht erzwingen kann

*Aber eine lebenslängliche Glückseligkeit!*
*Kein Sterblicher kann das ertragen!*
*Es wäre die Hölle auf Erden.*

George Bernard Shaw

Aus dem Flughafengebäude im indischen Bangalore ins Freie zu treten, hat etwas von der Ankunft am roten Teppich der Oscar-Verleihung. Nur mit dem Unterschied, dass hinter dem Absperrgitter keine Fotografen und Kamerateams stehen, sondern junge Männer mit Abholschildern und ohne. Letztere schreien »Sir-Taxi-Sir!« oder »Sir-Need-Hotel-Sir?«. Außerdem trage ich keinen Smoking, sondern Jeans und einen Pullover, die bereits dreißig Sekunden, nachdem ich den klimatisierten Flughafen verlassen habe, durchgeschwitzt sind.

Suchend schreite ich die Reihe der Pappschilder ab, auf denen handgekritzelte Namen stehen oder internationale Firmenlogos von Yahoo bis Siemens. Bangalore boomt. Doch ich bin nicht zum Arbeiten hier. Oder vielleicht ja doch – um an meinem Glück zu arbeiten?

Endlich entdecke ich einen Zettel, auf dem mein Name steht – und dahinter in großen Buchstaben »HOHO! HAHAHA!«.

Ich werde erwartet.

Der junge Mann, der den Zettel hält, lotst mich durch die Menschenmenge zu einem kleinen Auto, verstaut meine Tasche im Kofferraum und mich auf der Rückbank. Er wird mich zu meinem Ziel bringen – einem einwöchigen Lachyogacamp. Ich will herausfinden, ob es stimmt, was Lachguru Madan Kataria behauptet: dass wir nicht lachen, weil wir glücklich sind, sondern dass wir glücklich sind, weil wir lachen.

# Der Guru des Giggelns

Am nächsten Morgen betrete ich zusammen mit rund fünfundzwanzig anderen Teilnehmern die große Meditationshalle der »School of Ancient Wisdom« etwas außerhalb von Bangalore. Normalerweise finden auf dem Campus Meditations- und Kulturworkshops statt. Doch auch der Lachguru hält hier, in dieser grünen Oase voller Mangobäume und Bougainvilleen, mehrmals im Jahr seine Kurse ab.

Drei freundliche Hunde stromern über das Gelände. Hinter dem Wohnhaus, in dem sich mein spartanisch eingerichtetes Zimmer befindet, weiden ebenso heilig wie friedlich drei Kühe, und in den Bäumen konzertieren tagsüber die Vögel und nachts die Grillen. Grundsätzlich also schon mal ein äußerst geeigneter Ort, um das Glück zu finden.

Die Gruppe, die sich für eine Woche konzentrierten Gelächters hier versammelt hat, ist bunt gemischt. Die Teilnehmer sind aus Japan, Thailand, Kalifornien, England und Uruguay angereist. Einige Inder sind auch dabei. Ich bin der einzige Deutsche. Das Alter der meisten liegt zwischen fünfundzwanzig und fünfundvierzig Jahren; Frauen und Männer halten sich zahlenmäßig die Waage. Die meisten der Anwesenden haben schon mal einen Lachyogaclub in ihrer Heimat besucht, haben also einen leichten Wissensvorsprung. Meine Unerfahrenheit sei aber kein Hindernis, wurde mir vorab versichert. Jeder sei willkommen. Keine Vorbildung nötig.

Madan Kataria, der »Guru of Giggling«, wie ihn eine englische Zeitung getauft hat, begrüßt uns standesgemäß mit einem Kichern. Der Mittfünfziger sieht mit seiner blankpolierten Glatze ein wenig aus wie Yul Brynners gut gelaunter Bruder.

»Diese Woche wird euer Leben verändern«, verspricht er uns, dann beginnt die Anmeldung. Siebenhundertfünfundneunzig Dollar kostet der fünftägige Kurs, dazu noch mal etwa halb so viel für Essen und Unterkunft. Zusammen mit dem Flug nach Indien kommen so leicht zweitausend Euro zusammen. Nicht gerade wenig – vor allem wenn man bedenkt, dass Lachen im Grunde sowohl umsonst als auch keine allzu schwer zu erlernende Tätigkeit ist. Aber eine Woche, die das ganze Leben verändert, gibt es nun mal nicht zum Nulltarif, denke ich mir und liefere höflich lächelnd meine Geldscheine ab.

## Veeerygood, veeerygood, yay!

Nachdem alle Teilnehmer registriert sind, setzen wir uns in einen großen Stuhlkreis. »Mein Name ist Madan Katariahahahahaha«, eröffnet der Guru die Vorstellungsrunde. »Ich bin Arzt und habe das Lachyoga erfunden, hohohohoooo«, geht es weiter. »Ich lebe in Bangalore, Indihihihihihihien!«

Nach und nach stellt sich nun jeder der Teilnehmer auf diese Weise vor – eine Architektin aus Tokio, ein Ladenbesitzer aus Kalifornien, eine Studentin aus Uruguay, ein Angestellter aus London. Das gemeinsame Lachen nach jedem Satz, das in der Theorie stark befremdlich wirkt, funktioniert in der Praxis erstaunlich gut. Statt der üblichen Befangenheit, die bei solchen Vorstellungsrunden oft herrscht, ist die Stimmung von Anfang an positiv bis ausgelassen. Das gemeinsame Lachen signalisiert sofort: Alles nicht so wichtig, alles nicht so ernst. Niemand muss Angst haben, aufgrund seines Berufs oder seines Akzents schräg angesehen zu werden, denn jede Vorstellung wird mit einem lauten »Veeerygood, veeerygood, yay!« quittiert. Dieser Jubelruf, bei dem man am Ende die Arme mit ausgestreckten Daumen nach oben reckt, ist einer der Grundpfeiler des Lachyoga. Mit ihm wird so gut wie alles kommentiert, und ich werde ihn in der folgenden Woche bestimmt knapp tausendmal zu hören bekommen. Noch finde ich ihn ganz amüsant. Noch.

Nach der Vorstellungsrunde schart Madan Kataria uns um

sich. Er trägt eine Kurta, ein lilafarbenes indisches Ganzkörpergewand. Statt in einem Stuhlkreis sollen wir nun nah beieinander auf dem Boden sitzen. Alle sehen den Kicherguru erwartungsvoll an. »Lasst mich euch das Geheimnis des Lachyoga erklären«, sagt dieser feierlich. Doch dann, nach einer langen Pause, kommt keine Erklärung, sondern nur ein glucksendes Lachen. Mit weit hochgezogenen Augenbrauen schaut Kataria lachend in die Runde – er ist ein ausgezeichneter Schauspieler, denn das wie auf Knopfdruck angeschaltete Lachen wirkt keine Sekunde lang gespielt. Er kann das komplette Programm abrufen, vom Kichern übers Prusten bis zum donnergrollenden Schenkelklopfen.

Mir selbst fällt das Lachen auf Befehl nicht so leicht. Sosehr ich mich auch anstrenge, bei mir kommt meist nur ein zaghaftes »Hehehe, ähh… hehe« heraus. Zu viele Gedanken bremsen mich: Ist das nicht echt albern? O Gott, wie künstlich mein Lachen klingt! Gibt es irgendetwas Peinlicheres als geheucheltes Lachen? So lacht man doch nur, wenn der Chef im Aufzug einen Witz gemacht hat und man ihn später noch um eine Gehaltserhöhung bitten will. Meine Mundwinkel sind schon ganz verkrampft! Wie lang soll das denn noch so weitergehen?

## Lachkreise und Kicherwellen

Die anderen scheinen weniger Probleme zu haben. Bei ihnen wirkt das Lachen beinahe ebenso echt und ungezwungen wie bei Lachprofi Kataria – aber vielleicht kommt es mir auch nur so vor, und sie denken das Gleiche über mich. Doch nach einigen Minuten, in denen das Lachen aufbrandet und abflaut, passiert plötzlich etwas Eigenartiges. Ich weiß nicht, ob es an Deepak liegt, dem indischen Lehrer zwei Meter links von mir, der sich gackernd den Bauch hält und dabei urkomisch aussieht, oder an der absurden Gesamtsituation – aber mit einem Mal passiert es: Mein verkrampftes Fake-Lachen wandelt sich in ein echtes Glucksen und wird zu einem Kichern, und als meine südafrikanische Nachbarin zur Rechten mich ansieht, muss sie selbst so lachen, dass sie mich wiederum damit ansteckt und ich aus vollem Herzen und mit zuckendem Zwerchfell lospruste. Es hält nicht ewig an, aber ich habe zumindest einmal gesehen, dass es funktionieren kann. Aus künstlichem Lachen kann echtes werden.

Als wir uns nach einer knappen Viertelstunde Gelächter japsend die Tränen aus den Augenwinkeln wischen und gemeinsam »Veeerygood, veeerygood, yay!« rufen, erklärt Kataria, dass genau dies das Geheimnis des Lachyoga sei. »Es ist wissenschaftlich erwiesen, dass der Körper nicht zwischen echtem und gespieltem Lachen unterscheiden kann.« Das mit der Wissenschaft und dem ausgetricksten Körper wiederholt er in den nächsten Tagen noch häufiger.[25]

So ganz stimmt das mit den wissenschaftlichen Beweisen allerdings nicht: Hirnforscher haben festgestellt, dass echtes und künstliches Lachen zwei völlig unterschiedlichen Hirnarealen entstammt.[26] Die These, dass indes durch eine gewisse Gruppendynamik künstliches, erzwungenes Lachen oft in echtes, unkontrolliertes umschlagen kann, hat jedoch in der Tat ihre Richtigkeit.

Generell steckt die Forschung über die Auswirkungen des Lachens auf unsere Psyche und Gesundheit noch im Anfangs-

---

[25] Es ist einer der zentralen Sätze, die wir als angehende Lachyogatrainer sogar auswendig lernen müssen, ebenso wie die vier anderen »Prinzipien des Lachyoga«, die drei »Gründe für Lachyoga« und die vier »Säulen des Lachyoga«.

[26] Während das »echte« Lachen, nach einem französischen Anatomen auch Duchenne-Lachen genannt, seinen Ursprung im limbischen System hat, entspringt das absichtliche, künstliche Lachen unter anderem dem sogenannten Motorkortex.

stadium. Es gibt eine Reihe von Untersuchungen, die festgestellt haben wollen, dass regelmäßiges Lachen nicht nur für weniger Stresshormone sorge, sondern auch für bessere Blutfettwerte. Andere Studien behaupten, dass drei Minuten herzhaftes Lachen denselben Trainingseffekt haben wie eine Viertelstunde Joggen. Wieder andere behaupten, Lachen könne sich sogar positiv auf Herzkrankheiten, Diabetes und Allergien auswirken.

Das Problem bei all diesen Forschungsergebnissen: Sie beruhen meist auf Studien mit lediglich zehn bis zwanzig Probanden und wurden über einen extrem kurzen Zeitraum durchgeführt. Der Tenor der seriösen Wissenschaft zum Thema Lachen ist zumindest im Moment: Es gibt erste Anzeichen dafür, dass sich regelmäßiges Lachen wirklich positiv auf die Gesundheit auswirken *könnte*. Aber um es genau sagen zu können, brauchen wir noch ein paar Jahre. (Und vermutlich viele, viele Freiwillige, unzählige Simpsons-Folgen und ein Dutzend und mehr Kernspintomografen.)

Am Ende gilt auch beim Lachyoga: Man muss in erster Linie daran glauben. Und was soll daran auch schlecht sein? Dass es den Kreislauf, die Atmung und die Durchblutung anregt, kann jeder nachvollziehen, der schon mal eine Folge der englischen Serie »The Office« gesehen hat – oder sonst irgendetwas, bei dem der brillante britische Komiker Ricky Gervais seine Finger im Spiel hat. Und ist es nicht großartig, mit Freunden in eine dieser Lachschleifen zu geraten, die mit ein paar Albernheiten beginnen, die einen vor Prusten und Kichern atemlos machen, bis man am Ende vor allem über die eigene Unfähigkeit lacht, mit dem Lachen aufzuhören? Weil man gar nicht mehr weiß, was ganz am Anfang – als einem der Bauch noch nicht wehtat und noch keine Tränen aus den Augenwinkeln liefen – eigentlich so komisch war?

## Löwenlachen und Kreditkartenlachen

Diese Art von Gelächter, bei der man alles um sich herum vergisst, erlebe ich in meinem Lachyogakurs offen gestanden nicht – egal wie oft wir gemeinsam »Veeerygood, veeerygood, yay« jubeln. Vielleicht liegt es daran, dass die Gruppe zwar aus extrem liebenswerten Menschen, aber eben nicht aus engen Freunden besteht. Manchmal kommen die verschiedenen Übungen dem echten Lachen, das einem das Herz mit Glück füllt, trotzdem nahe. So wie am zweiten Tag, als wir alle auf dem Rücken liegen und das Lachen einmal besonders leicht über mich kommt. Vielleicht weil das Zwerchfell – der Ursprung des herzhaften »Bauchlachens«, zu dem Kataria uns immer wieder ermuntert – im Liegen besonders entspannt ist. Vielleicht auch, weil wir alle an die Decke schauen und ich mich dadurch nicht beobachtet und unter Lachzwang fühle.

In den verschiedenen Lachyogasitzungen, die sich mit Atemübungen und Meditationstechniken abwechseln, lernen wir in den folgenden Tagen zahlreiche verschiedenen Lachstile: Beim »Handylachen« zum Beispiel laufen wir alle kreuz und quer durcheinander und lachen lauthals in ein imaginäres Mobiltelefon. Überhaupt wird viel kreuz und quer gerannt bei diesen Übungen. »Blickkontakt und kindliche Spielfreude sind wichtig, wenn man richtig lachen will«, schärft uns der Kicherguru immer wieder ein.

Es gibt das »Schimpflachen«, bei dem man einander mit mahnendem Zeigefinger ausschimpft und gleichzeitig anlacht. Es gibt das »Löwenlachen«, bei dem man wild durcheinanderrennt und die Hände wie Klauen neben den Kopf hält, die Zunge herausstreckt und das Lachen eher einem Fauchen gleicht. Beim »Milchshake-Lachen« schüttet man erst unsichtbare Milch zwischen zwei unsichtbaren Gläsern hin und her, bis man sie schließlich mit donnerndem Lachen nacheinander austrinkt.

»Lachen kann auch in Situationen helfen, in denen uns eigentlich gar nicht fröhlich zumute ist«, sagt Kataria und demonstriert das »Kreditkartenlachen«: Eine unsichtbare Kreditkartenabrechnung in der Hand, reißt er zuerst die Augen auf, erschrickt über den hohen Betrag – und bricht dann in schallendes Gelächter aus. Ähnlich funktioniert das »Pleitelachen«, bei dem man seine leeren Hosentaschen nach außen krempelt und lauthals lachend kreuz und quer durcheinanderläuft. Nach jeder Übung folgt – natürlich – ein lautes »Veeerygood, veeerygood, yay!«.

## Das Lachen der anderen

In den Pausen gibt es Tee und vegetarisches Essen. Fleisch ist auf dem Campus der »School of Ancient Wisdom« ebenso verboten wie Alkohol, Zigaretten oder Drogen. Eine Familie vietnamesischer Abstammung, die inzwischen in Kalifornien lebt, hat trotzdem zwei große Schachteln Chicken McNuggets aus einem McDonald's in der Stadt eingeschmuggelt. Daniel, der zwölfjährige Sohn, kann sich nur schwer mit der indischen Küche anfreunden. Er will Lachyogalehrer werden, seine Schule hat ihm für diesen Kurs extra freigegeben.

Ich bin von beidem gleichermaßen überrascht, für Daniel und seine Familie ist aber sowohl sein Berufswunsch als auch die flexible Schule scheinbar völlig normal. Seine Hausaufgaben muss er trotz des Indienaufenthalts machen. Jeden Abend leiht er sich den kleinen Internet-Stick von Katarias Assistenten und schickt sie per E-Mail in die Heimat.

Auch von den anderen Teilnehmern haben einige Ambitionen, das Lachyoga mittelfristig zum Beruf zu machen. Manche haben schon kleine Gruppen und Lachyogaclubs in ihren Heimatstädten gegründet. Für sie ist diese Reise eine Mischung aus Selbsterfahrungstrip und Geschäftsreise, die Kosten sind ein Investment.

»Ich würde wahnsinnig gerne mein Geld mit Lachyoga verdienen«, sagt Nihat, ein vierzigjähriger Engländer mit griechischen Wurzeln, der für eine große Bank arbeitet. »Dann gäbe es einfach mehr Gelächter in meinem Leben, das könnte ich gut gebrauchen. Und ich müsste mich nicht mehr von meiner Chefin anschnauzen lassen.«

So wie er machen manche im Kurs einen tendenziell eher traurigen, suchenden Eindruck. Michael, ein Schotte um die dreißig, erzählt von seiner Vergangenheit mit klinischer Depression, Alkoholismus und dem Selbstmord eines Freundes. »Meine Mutter hat mich zu einer Lachyogasession mitgenommen«, erinnert er sich. »Ich fand es zuerst völlig bescheuert, aber dann habe ich gemerkt, dass es mir tatsächlich hilft.« Auch er hat bereits einen eigenen Lachyogaclub gegründet. Tausende gibt es laut Kataria inzwischen weltweit. Auch Michael könnte sich vorstellen, das Lachen irgendwann zum Beruf zu machen.

Ein kleiner Teil der Gruppe ist weniger ambitioniert: Er will, ähnlich wie ich, einfach mehr über diese Technik herausfinden. Im Gegensatz zu den »Profis«, die meist extra für die fünf Kurstage angereist sind, verbinden sie das Lachtraining mit einem längeren Indienurlaub.

Baba ist so seiner. »Ich heiße Rumi Hallelujah Baba«, hat er sich in der Eröffnungsrunde vorgestellt. »Ich komme aus Jerusalem und bin immer noch Student – auch wenn ich nicht mehr so genau weiß, was ich eigentlich studiere.« Rumi Hallelujah Baba – sein richtiger Name steht auf der goldenen Kreditkarte, mit der er den Kurs und die Übernachtung bezahlt hat. Er verrät ihn aber niemandem. Baba ist dünn wie ein Zaunpfahl, hat lange blonde Locken, und nach seiner Vorstellung denke ich nur kopfschüttelnd: »Was für ein Freak mit Jesus-Komplex.« Doch sosehr er mir am Anfang auf die Nerven geht mit seiner schmalen Leinenweste, mit seinen spontan zitierten Gedichten und seiner Art, geschlagene fünf Minuten an einer Blüte zu schnuppern, die er auf dem Weg zum Mittagessen von einem Baum gepflückt hat – nach einer Weile ist er derjenige aus der ganzen Gruppe, der mir am meisten ans Herz wächst. Vielleicht weil er in seiner hippiesken Schusseligkeit (»Hat jemand meine Ukulele gesehen?«) und mit seiner unambitionierten Ziellosigkeit (»Meistens bringe ich Kindern in Thailand Englisch bei, bis ich wieder genug Geld zum Reisen habe«) so ganz anders wirkt als die anderen Teilnehmer des Kurses – und letztlich auch so ganz anders als ich. Er wirkt glücklich.

Eines Abends, als ich vom nächtlichen Grillenkonzert begleitet zu meinem Zimmer gehe, sehe ich ihn in einem der Bäume, die den Weg säumen. In einer Astgabel liegt er auf dem Rücken und lacht leise den Mond an. Ohne sich zu fragen, wie man Harzflecken aus Baumwollhosen wieder rausgewaschen bekommt. Ohne sich zu fragen, was jemand denken könnte, der so wie ich unter ihm vorbeigeht. Ohne sich zu fragen, wie viele Mücken, Fledermäuse und Spinnen eigentlich in so einem Baum wohnen.

»Fall nicht runter«, rufe ich ihm zu, ein wenig neidisch auf seine Unbedarftheit und auf die Freiheit, die er sich einfach zu nehmen scheint.

»Keine Angst«, antwortet er. »Bevor ich einschlafe, klettere ich runter. Das passiert mir nicht noch mal!«


## Die Erfindung des Lachens

Am nächsten Tag erzählt uns Kataria nach einer morgendlichen Meditationsübung und einer kurzen Lachyogasitzung von seinen Plänen, eine große Lachyogauniversität zu gründen. Das Gelände in einem Außenbezirk von Bangalore hat er bereits gekauft, in einem halben Jahr sollen die Bauarbeiten beginnen.

Es soll Übernachtungsmöglichkeiten für die Studenten geben, Supermärkte und Restaurants. »In den Restaurants und Cafés wird alles irgendwie lustig oder verrückt sein«, schwärmt Kataria, »von der Speisekarte bis zum Besteck. Nur das Essen nicht, das Essen ist natürlich richtig gut.« Neben Lachyoga soll es Tanzkurse und Gesangsunterricht geben, denn Musik ist neben der vielbeschworenen »kindlichen Spielfreude« ein wesentlicher Bestandteil eines Lebens voller Lachen. Außerdem soll es einen zentralen Platz geben, auf dem sich jeden Morgen und jeden Abend alle versammeln und gemeinsam lachen können. »Wir beginnen jeden Tag mit gemeinsamem Gelächter und beenden ihn mit einer gemeinsamen Party«, sagt er.

Madan Kataria stammt aus einem kleinen Dorf namens Mohrewala im Norden des Landes, wo die indische Region Punjab an Pakistan grenzt. Er wuchs in einem Haus aus Kuhdung ohne jede Elektrizität als jüngstes von vierzehn Kindern auf. Seine Eltern waren Bauern und konnten weder lesen noch schreiben. Unter großem finanziellem Aufwand wurde Kataria trotzdem erst zur Schule und anschließend an die Universität geschickt, um Medizin zu studieren und Dorfarzt zu werden. Doch er entschied sich gegen das Dorfleben und zog nach seinem Abschluss in die Millionenmetropole Mumbai.

Es gibt zwei Varianten der Geschichte, wie er dort vom einfachen Arzt zum »Guru of Giggles« wurde. Die Variante, die Kataria selbst erzählt, geht so: Da er sich weigerte, die nötigen Bestechungsgelder zu zahlen, damit andere Ärzte ihm Patienten überwiesen, lief seine Praxis so schlecht, dass er sich schließlich zur Gründung eines medizinischen Ratgebermagazins mit dem Namen »MyDoctor« entschloss. Als er 1995 an einem Artikel mit dem Titel »Lachen ist die beste Medizin« arbeitete, hatte er nach eigenen Angaben eine Erleuchtung: Wenn Lachen tatsächlich so gesund war – warum dann nicht einfach einen Lachclub gründen? Doch alle Menschen, die er am nächsten Tag im Morgengrauen in einem öffentlichen

Park Mumbais fragte, ob sie mit ihm lachen wollten, gaben ihm einen Korb. Nur seine Frau und drei Freunde willigten schließlich ein, sich eine halbe Stunde mit ihm in einen Kreis zu stellen und Witze zu erzählen.

»Nach einer Woche war der Kreis auf fünfzig Personen angewachsen«, erzählt Kataria, während draußen in der indischen Nachmittagssonne die Vögel singen. »Doch nach einer weiteren Woche gingen uns die Witze aus.« Sie waren ohnehin immer gemeiner, schmutziger und sexistischer geworden – sodass die ersten Frauen drohten, den Lachclub wieder zu verlassen.

»Ich bat sie, mir noch einen Tag Zeit zu geben«, sagt Kataria. »Ich versprach ihnen: Morgen werden wir ohne Witze lachen. Und als sie mich fragten, wie das gehen sollte, sagte ich nur: Das weiß ich auch noch nicht.«

Über Nacht entwickelte er sein Konzept des »Lachens ohne Grund«[27] – eine Mischung aus Atemtechniken (daher der Namensbestandteil Yoga), Lachübungen (wie das Handylachen) und rhythmische Gesänge (»Hoho! Hahaha! Hoho! Hahaha!«) – nicht zu vergessen der Schlachtruf aller Lachyogis: »Veeerygood, veeerygood, yay!«

## Vom erfolglosen Geschäftsmann zum gefeierten Guru

Die andere, nicht ganz so märchenhafte Variante von Katarias Lebensweg beschreibt das Magazin »The New Yorker«: Kataria sei als Arzt einfach nicht erfolgreich gewesen. Er habe zeit

---

[27] »Laugh for No Reason« ist auch der Titel des Buches, das Madan Kataria 1999 über seine Erfahrungen mit Lachyoga geschrieben und im Eigenverlag veröffentlicht hat. Es ist ins Deutsche, Französische, Koreanische, Italienische und in zahlreiche andere Sprachen übersetzt worden.

seines Lebens immer davon geträumt, Schauspieler zu werden, berichten in einem Artikel einige seiner Weggefährten und Verwandten, doch auch die Schauspielkarriere sei nicht in Gang gekommen. Jahrelang habe er eine Geschäftsidee nach der anderen in den Sand gesetzt: Auf die Idee einer mobilen Klinik in einem Lieferwagen folgte ein Wohnprojekt für Bettler, die als Ausgleich für ihn arbeiten sollten (von dieser Abmachung aber nicht so recht etwas wissen wollten). Die Pläne für eine eigene Arzneifirma scheiterten ebenso wie die einer Spezialklinik für Schönheitschirurgie mit eingeflogenen Spezialisten aus den USA. »Er hat eine Menge Geld verschwendet«, äußert sich seine Schwester in dem Artikel.

Seine Mutter forderte ihn Anfang der Neunziger auf, sein Glück nicht länger in Mumbai zu versuchen, sondern endlich wieder in seine Heimat zurückzukehren und dort als Dorfarzt zu arbeiten. Als letzten Ausweg gründete Kataria das Medizinmagazin für Laien und schrieb den Artikel über Lachen als Medizin, der ihn auf die Idee des Lachyoga brachte.

Das Heft war anfangs leidlich erfolgreich, machte dafür aber immens viel Arbeit, »so viel, dass mir darüber die Haare ausfielen«, wie sich Kataria heute erinnert. Auf Fotos aus jener Ära sieht man ihn mit einem rötlich gefärbten, in der Mitte gescheitelten Toupet; seine Frau hatte zu jener Zeit mehrere Fehlgeburten. Bis heute hat Kataria keine Kinder. »Ihr seid alle meine Kinder«, sagt er im Lauf des Kurses mehrmals zu uns. Es sind die wenigen Momente, in denen der Lachguru durch und durch ernst wirkt. Nicht mal ein Lächeln streift sein Gesicht.

Doch ganz egal welche der beiden Varianten der Wahrheit näher ist: Der Siegeszug, den Lachyoga seither weltweit angetreten hat, ist unbestreitbar. Nach ersten Fernsehberichten auf CNN und BBC wurden immer mehr Medien auf den Kicherguru aufmerksam. Die US-Talkshow-Legende Oprah Winfrey beschäftigte sich mit seinen Theorien, die Schauspielerin Goldie

Hawn organisierte eine Gala für ihn, das Monty-Python-Mitglied John Cleese reist bis heute regelmäßig als Lachyogabotschafter durch die Welt. Vor einigen Jahren erhielt Kataria sogar ein sogenanntes »Genius Visa« – ein Visum, das Menschen mit außergewöhnlichen Talenten den langfristigen Aufenthalt in den USA erlaubt. Auch die Liste der Unternehmen, die Madan Kataria bereits als Lachyogacoach für ihre Mitarbeiter angeheuert haben, ist lang und umfasst von Volvo über SAP und Hewlett-Packard bis zu Google namhafte Firmen.

Trotzdem: Die glücklichsten Momente in dieser Woche erlebe ich nicht während der Lachyogasitzungen. Nicht beim Löwenlachen und auch nicht bei »Veeerygood, veeerygood, yay!«, sondern eher bei den morgendlichen Meditationsübungen, wenn der sanfte Morgenwind von draußen das Vogelgezwitscher hereinträgt. Oder am letzten Abend des Kurses: Vier indische Musiker mit stattlichen Turbanen und nicht minder stattlichen Schnurrbärten sind ebenfalls für einige Tage in der »School of Ancient Wisdom« zu Gast. Bei einem abendlichen Konzert in einem kleinen Pavillon am Ufer eines Teichs voller Lotusblüten interpretieren sie die Verse des indischen Mystikers Kabir auf herzzerreißende Weise. »Wem soll ich meine Liebe schenken, Freund?«, singen sie, und: »Die beste Gesellschaft ist die der Suchenden / Umgib dich mit denen, die reinen Herzens sind.«

Ich verstehe natürlich kein Wort, aber sie sind so nett, Zettel mit Übersetzungen auszulegen. Die Nacht bricht herein, es ist warm, und ich spüre die Wärme nicht nur draußen in der Luft, sondern auch drinnen, in meinem Bauch und in meinem Herzen. Wenn es ein Glücksmessgerät gäbe, würde sein Zeiger gerade deutlich ausschlagen.

Ich denke zurück – an das, was Madan Kataria uns am Anfang der Woche versprochen hat: »Diese Woche wird euer Leben verändern.« Aber hat die Kunst des Lachyoga mein Leben wirklich verändert?

Als ich in dem Pavillon sitze und den Klängen der Tampura lausche, fühlt es sich nicht so an. Die Woche hat mein Leben bereichert, aber nicht auf den Kopf gestellt. Darüber bin ich auch sehr froh – denn ich merke, dass ich zwar auf der Suche nach dem Glück, aber im Gegensatz zu einigen anderen aus dem Kurs im Grunde bereits relativ zufrieden bin mit meinem momentanen Leben. Ich warte gar nicht auf den »Moment des Durchbruchs«, von dem Kataria so oft spricht. Eigentlich ein ziemlich gutes und beruhigendes Gefühl. Es muss sich gar nichts Grundsätzliches ändern.

## Ein Münchner im Indienhimmel

Das Einzige, was sich jedoch ganz dringend ändern muss, ist das Alkoholverbot hier in der Schule der Weisheit. Für einen Münchner verstößt eine Woche ohne Bier eigentlich gegen die Genfer Konventionen und mehrere Menschenrechte, denke ich mir, und mir fällt der »Münchner im Himmel« ein, der droben zwar das ewige Leben und einen Stammplatz auf einer kuscheligen Schäfchenwolke bekommt – aber eben kein Bier.[28]

Als das Tampura-Konzert zu Ende ist, gehe ich mit Nihat, dem traurigen Exilgriechen, der immerzu von seiner Chefin angeschnauzt wird, mit Megumi, einer schüchternen japanischen Architektin, und mit Rumi Hallelujah Baba, dem Bäumekletterer und ewigen Studenten, zurück zu den Wohnhäusern. Einerseits bin ich froh, dass die Woche vorbei ist – ich neige bei sol-

---

[28] Für alle, die mit Ludwig Thomas Geschichte von 1911 nicht vertraut sind: Der Münchner Dienstmann Nummer 172, Alois Hingerl, kommt (nachdem ihn »der Schlag« getroffen hat) in den Himmel und vermisst dort sein Bier derart öffentlichkeitswirksam, dass er am Ende zurück auf die Erde gelassen wird.

chen Veranstaltungen schnell zum Gruppenkoller. Aber jetzt, in diesem Moment, soll der Abend noch nicht enden.

Die anderen sehen das zum Glück genauso. Als hätte er meine Gedanken lesen können, holt Rumi Hallelujah Baba einen Joint aus der Tasche seiner flatternden Weste und schickt ihn auf die Reise durch unsere kleine Gruppe. Ich habe seit Jahren nicht mehr Gitarre gespielt, aber als er mir seine in die Hand drückt, mir ein paar Akkorde ansagt und sich selbst die Ukulele schnappt, klingt es gar nicht mal schlecht. Nicht so schön wie bei den Profis vorhin am Teich, aber das ist egal. Die anderen beiden singen. Wir spielen Klassiker wie »With A Little Help From My Friends« und ausgedachte Lieder. Die ausgedachten machen mehr Spaß.

Irgendwann hören wir auf zu spielen und unterhalten uns über die vergangene Woche und darüber, wie es für jeden von uns ab morgen weitergeht. Es ist eine lustig zusammengewürfelte Gruppe, die nur in diesem Moment an diesem Ort zusammenkommen konnte, da uns nichts sonst verbindet. Aber das macht nichts – im Gegenteil. Ganz ohne Eingangsübung und ohne jedes »Veeerygood, veeerygood, yay!« fangen wir gemeinsam an zu lachen und können nicht mehr aufhören, und unser Lachen steigt wie ein aufgescheuchter Vogelschwarm empor durch die Bäume voller Mangos und Grillen, immer weiter nach oben bis zum beinahe vollen Mond, der weise den Kopf zu schütteln scheint über uns glückliche Narren.

## Morgens im Park

Als das Lachyogacamp zu Ende ist, jeder sein Diplom erhalten hat und alle Gruppenfotos gemacht sind, kehre ich nach Bangalore zurück. Mir bleiben noch zwei Tage bis zu meinem Rückflug nach Deutschland. Ich habe gehört, dass sich jeden

Morgen um sechs Uhr ein Lachyogaclub im stadtbekannten Cubbon-Park trifft. Das kann ich mir natürlich nicht entgehen lassen, und so stehe ich am nächsten Morgen um halb fünf auf und mache mich auf den langen Weg durch die Stadt. Als ich dort eintreffe, bin ich baff: Ich brauche mir gar nichts auf mein frühes Aufstehen einzubilden, denn der Park ist bereits voll mit Menschen – und das an einem Sonntagmorgen um Viertel vor sechs! Jungs spielen Cricket, Rentner führen ihre Hunde aus, Ehepaare in Jogginganzügen machen Dehnübungen. Die ganze Stadt scheint auf den Beinen – was es leider erschwert, den Lachyogaclub zu finden.

So kompliziert kann es eigentlich nicht sein, denke ich mir und erinnere mich an die Geschichte der »Monsoon Wedding«-Regisseurin Mira Nair: Nach eigenen Angaben hatte die Inderin gerade eine Art Schreibblockade und wusste nicht, wovon ihr nächster Film handeln sollte, als sie eines Tages in Mumbai mit dem Taxi im Verkehr steckenblieb. Der Grund: Hunderte von Frauen strömten ganz in Weiß gekleidet über die Straße und brachten den Verkehr zum Erliegen. Neugierig stieg die Regisseurin aus und folgte dem Menschenstrom. Was sie schließlich fand, war Madan Katarias erster Lachclub, der inzwischen auf rund zweitausend Mitglieder angewachsen war – und das Thema für Mira Nairs nächsten Dokumentarfilm, »The Laughing Club of India«.

Die Geschichte ist ein schönes Beispiel dafür, dass es sich oft lohnt, sich auf etwas einzulassen und seiner Neugierde nachzugehen, statt genervt in den Verkehrsstaus des Lebens sitzen zu bleiben.

Mir jedoch bleibt ein Menschenstrom, der mich zum Ziel lotst, heute leider verwehrt. Der Park erweist sich als riesig und die Beschreibung »in der Mitte bei dem großen Gebäude« als wenig hilfreich. Es gibt mehrere Gebäude, alle sind groß, und um alle ist noch genug Park drum herum, um sie als »in der Mitte« bezeichnen zu können.

# Der Ein-Mann-Lachclub

Nachdem ich eine Weile ratlos herumgelaufen bin, beschließe ich, das zu tun, was viele Inder hier auch tun: Ich setze mich auf eine Steinbank unter einen Baum und meditiere. Ich schließe meine Augen und versuche, mich ausschließlich auf die Geräusche in meiner Umgebung zu konzentrieren. Der Trick bei dieser Art von Meditation, die wir auch in den Morgensitzungen des Lachyogaseminars geübt haben, ist nicht, zwischen schönen und störenden Geräuschen zu unterscheiden. Der singende Vogel ist nicht gut und das Flugzeug nicht böse. Beides sind Geräusche, die einfach da sind. Man nimmt sie wahr, hört weiter, sucht sich schließlich eines der vielen Geräusche aus und versucht, es durch das Gewirr der Klänge zu verfolgen. Wenn man ein neues Geräusch wahrnimmt, konzentriert man sich darauf, bis wieder ein anderes zu einem vordringt.

Im Gegensatz zu manchen anderen Meditationstechniken hat diese bei mir immer relativ gut funktioniert, und auch diesmal versinke ich in der Welt der Geräusche. Vielleicht bin ich doch nicht so unbegabt, wenn es um Meditation geht, denke ich mir. Doch dann merke ich, dass schon allein der Gedanke daran, wie gut meine Meditation funktioniert, eigentlich beweist, dass sie nicht funktioniert. Ich muss meinen Fokus wieder auf die Geräusche legen, auf den Moment – nicht auf Grübeleien.

Weit in der Ferne höre ich eine vielbefahrene Straße, in regelmäßigen Abständen pocht ein Ball gegen einen hölzernen Cricketschläger. Und plötzlich höre ich das, wonach ich die ganze Zeit so krampfhaft gesucht habe: ein lautes, herzhaftes Lachen! Es reißt mich aus meiner meditativen Ruhe. Sofort bin ich hellwach: Wo kam es her? Ist der Lachyogaclub also doch in der Nähe? Oder hat nur ein Cricketspieler einem anderen einen Witz erzählt? Nein, da ist es wieder!

Ich springe von der Bank und gehe in die Richtung, aus der es gekommen war.

Ich springe über eine kleine Hecke, schlängle mich durch eine Gymnastikgruppe leicht übergewichtiger Herren mit eindrucksvollen Bartbinden und folge einem Weg, der mich schließlich um eine Ecke führt. Doch statt einer Gruppe, die gemeinsam lacht, »Hoho! Hahaha!« ruft und »Veeerygood, veeerygood, yay!«, finde ich nur einen älteren Mann mit wirrem Haar und entrücktem Blick, der eine schlabberige Anzughose trägt. In der einen Hand hält er eine Plastiktüte, in der anderen eine Schnapsflasche. Er brabbelt vor sich hin, zeigt auf irgendetwas Unsichtbares neben sich, kommt kurz ins Straucheln, fängt sich dann aber wieder. Dann bricht er in das schallende Gelächter aus, das ich aus der Ferne gehört habe. Kein Lachclub, sondern ein fröhlicher Verrückter. Oder ein betrunkener Ein-Mann-Lachclub mit ausgefallenen Kleidungsvorschriften?

Vielleicht ist es die Wehmut an meinem letzten Tag in Indien, vielleicht bin ich das viele Lachen inzwischen auch einfach überdrüssig – aber mir ist nicht danach herauszufinden, was genau der lachende Alte treibt. Lieber erkunde ich noch ein wenig die Stadt – der Tag ist schließlich noch jung.

# Zehn kleine Glücksmomente

- Der Fahrer des Busses oder der Straßenbahn, die man eigentlich verpasst hätte, macht die Tür doch noch mal auf

- Beim Camping-Urlaub feststellen, wie lange man schon nicht mehr in einem Schlafsack geschlafen hat – und den Reiz daran wiederentdecken

- Sich ein Shooter's Sandwich zubereiten (notfalls vorher googeln, was ein Shooter's Sandwich ist)

- Ein Baby, das zu schreien aufhört, nachdem man es ein bisschen auf dem Arm hin- und hergewiegt hat

- Über den Kauf eines Kleidungsstücks nachgrübeln und, sowie man sich endlich dafür entschieden hat, feststellen, dass der Preis inzwischen sogar reduziert wurde

- In einer Diskussion dem beispringen, auf den sich gerade alle anderen genüsslich eingeschossen haben

- Frische Kräuter verwenden statt getrocknete – sogar dann, wenn man den Unterschied nachher nicht schmeckt

- Der Moment bei der Urlaubsanreise, in dem man den ersten Blick aufs Meer erhascht

- Ohne neue Füllung vom Zahnarzt nach Hause kommen

- In eine kurze Parklücke perfekt hineinmanövrieren, während hinter einem die Straßenbahn angeklingelt kommt und der halbe Bürgersteig zusieht

# Juni

Warum ein Lottogewinn nicht lange glücklich macht

Wieso das eine gute Nachricht ist

Weshalb wir im Restaurant nie das Gleiche
bestellen sollten wie die anderen

*»Tja«, sagt Pu, »was ich am liebsten tue…« Und dann
musste er innehalten und nachdenken. Denn obwohl
Honigessen etwas sehr Gutes war, was man tun konnte,
gab es doch einen Augenblick, kurz bevor man anfing
den Honig zu essen, der noch besser war als das Essen,
aber er wusste nicht, wie der hieß.*

A. A. Milne

Als ich aus Indien zurückkomme und die E-Mails durchsehe, die ich dort vor dem Ende meiner Reise nicht mehr abrufen konnte, besteht die Arbeit fast ausschließlich aus Löschen, Löschen, Löschen. Werbemails, Newsletter, Spam. Auch als ich die Betreffzeile »Sie haben im Lotto gewonnen!« lese, denke ich zuerst automatisch an eine der üblichen Schwachsinnsnachrichten, mit denen leichtgläubige Mütterchen abgezockt werden sollen.

Ich will die E-Mail gerade in den virtuellen Papierkorb klicken. Aber Moment! Der Absender kommt mir bekannt vor. Die Nachricht stammt tatsächlich von dem Anbieter, bei dem ich seit Jahren einen Online-Dauerschein habe.

Manche sagen ja, Lottospielen wäre so etwas wie eine Idiotensteuer, da jeder, der mitspielt, nicht alle Tassen im Schrank hätte. Ich weiß, dass das im Prinzip richtig ist. Trotzdem hat es für mich eher etwas mit Optimismus als mit Dummheit zu tun, wenn ich die zehn Euro im Monat, die ich für den Dauerschein ausgebe, nicht seriös und vernünftig für eine bessere Altersversorgung anlege, sondern darauf hoffe, dass es irgendwann klingelt und Glücksbote Willers bei mir vor der Tür steht, mit dem ich immerhin schon telefoniert habe.

Ein Millionengewinn ist es nicht geworden, das verrät mir die E-Mail, aber immerhin fünftausend Euro. Bisher hatte ich höchstens einmal im Jahr einen »Dreier« gehabt, was meist einem Gewinn von etwa zehn Euro entsprach. Ich glaube es erst, als ich zwei Tage später, nachdem ich meinen Personalausweis gescannt und eingeschickt habe, das Geld auf meinem

Konto habe. Wer Hugh Grant in dem Film »Love, Actually« als Premierminister durch die Downing Street Nummer zehn hat tanzen sehen, hat eine ungefähre Vorstellung davon, wie ich durch die Wohnung hüpfe, als auch der letzte Zweifel verflogen und das Geld tatsächlich da ist.

## Schreibtischtäter im Glück

Macht so ein Gewinn also glücklich? Für den Moment definitiv.

Sicher, die Summe ist überschaubar, aber vielleicht ist das sogar von Vorteil: Ich muss keine grundlegenden Entscheidungen treffen, mein Leben wird sich nicht wirklich ändern, für eine kurze Zeit nur ein kleines bisschen leichter und angenehmer werden. Die Last, die ein großer Gewinn auch bedeuten kann – wie anlegen? Im Job bleiben? Endlich kaufen statt mieten? –, bleibt mir erspart.

Aber eine kleine Sache möchte ich mir von dem Geld gönnen. Irgendetwas, das eigentlich nicht nötig ist und das ich mir sonst nicht leisten würde. Einfach so. Ohne lange nachzudenken und Preise zu vergleichen. Was kostet die Welt?

Die Entscheidung, was es sein wird, ist schnell getroffen: Ein neuer Schreibtisch! An meinem jetzigen sitze ich schon, seit ich ihn vor fünfzehn Jahren bei IKEA gekauft und in meinem Zimmer des Studentenwohnheims zusammengeschraubt habe. Ich habe ihn seitdem bestimmt ein Dutzend Mal auseinandergeschraubt und in einem anderen Zimmer und mitunter in einer neuen Stadt wieder aufgebaut. Er würde wohl noch ein Dutzend weitere Umzüge und weitere fünfzehn Jahre durchhalten. Aber mit einem Mal kann ich ihn nicht mehr sehen.

Der neue Luxusschreibtisch aus dem Lottogewinn ist im

Gegensatz zu dem Fünfzig-Mark-IKEA-Möbel eine Maßanfertigung. Es macht Spaß, Gestell, Plattengröße, Farbe und Beschichtung auszuwählen und nicht wie sonst bei solchen Anlässen immer die Preisspalte im Auge behalten zu müssen. Von meinem alten Schreibtisch kann ich mich trotzdem nicht ganz trennen: Er wandert als Arbeitstisch und Ablagefläche in den Keller.

Werde ich an dem neuen Schreibtisch jeden Tag meine Arbeit frohlockend und glücklich verbringen statt wie sonst so oft mürrisch und müde? Sicherlich nicht. Aber es macht Spaß, sich auch mal etwas Unvernünftiges zu gönnen – egal wie schnell man sich daran gewöhnt. Und egal wie schnell auch der deutlich größere Schreibtisch wieder unter Zetteln, Büchern und Unterlagen versinkt – sodass man gar nicht mehr sehen kann, was für ein Schmuckstück sich darunter verbirgt.

Auch als ich am Abend nach dem Schreibtischkauf Jessica in ein teures Restaurant einlade, fühlt es sich außergewöhnlich und besonders an. Wie ein unerwartetes Geschenk – eben die andere Bedeutung von Glück. Der glückliche Zufall, das Glück im Spiel, der Glückstreffer, das Chancenglück. Das Deutsche ist interessanterweise eine der wenigen Sprachen, die dafür das gleiche Wort benutzen wie für die dauerhafte Zufriedenheit, um die es in diesem Buch vorwiegend geht. Engländer und Amerikaner unterscheiden zwischen »luck« (Zufallsglück) und »happiness« (Zufriedenheitsglück), die Franzosen zwischen »chance« oder »fortune« einer- und »bonheur« andererseits.

Für das längerfristige Lebensglück und meine innere Zufriedenheit sind dagegen die Besuche im Seniorenheim zu einem wichtigen Bestandteil geworden. Ich seufze immer noch jeden Dienstag, wenn ich versuchen muss, die Arbeit eines ganzen Tages in den Vormittag zu quetschen, damit ich nachmittags in die Straßenbahn Richtung Seniorenheim steigen kann. Aber wenn ich zurückkomme, merke ich jedes Mal, dass es den Aufwand wert war. Neben Frau Knapp besuche ich dort im Wechsel jede zweite Woche Herrn Regner. Die beiden abwechselnd zu besuchen, war die Idee der Heimleitung, und diese erweist sich als sehr praktisch. Falls der eine beim Arzt oder anderweitig verhindert ist, besuche ich einfach den anderen. Herr Regner ist ebenfalls schon über neunzig, aber ein ganzes Stück sanftmütiger als die freche Frau Knapp. Lustig und liebenswert sind beide.

## Karl, det bin ick.

Herr Regner ist schon seit fast zwanzig Jahren verwitwet, die letzten Jahre hatte er wieder eine Freundin. »Wir haben uns in der Volkssolidarität kennengelernt«, hat er mir bei unserem ersten Treffen im Januar erzählt. »Später ist sie dann auch hierher ins Seniorenstift gezogen. Sie hat gesagt: ›Ich will da wohnen, wo Karl ist.‹« Lange Pause. Schlucken. Tränen in den Augen. »Karl, det bin ick. Vor einem Monat ist sie gestorben. Und ick bin sehr traurig.«

Auch Herr Regner legt keinen großen Wert auf meinen ursprünglichen Plan vom Vorlesen. »Lassen Sie mal«, sagt er. »Aber wenn Sie mit mir spazieren gehen und sich unterhalten würden, det würde mir freuen.«

Auch gut. Während ich mit Frau Knapp alle zwei Wochen eine kleine Einkaufsrunde durch die umliegenden Geschäfte mache, spaziere ich mit Herrn Regner und seinem Gehwagen durch den Garten. Er zeigt mir den kleinen Streichelzoo, in dem ein paar Ziegen, Schweine und Meerschweinchen von den Bewohnern getätschelt und versorgt werden, und den Kräutergarten hinter dem Haus. Ich zerreibe jeweils ein paar Blätter Salbei, Pfefferminze und Basilikum zwischen den Fingern und halte sie ihm unter die Nase. Wie Frau Knapp kann er kaum noch sehen, aber sein Geruchssinn funktioniert noch – nur gibt es in der Seniorenwelt nicht mehr allzu viel zu riechen, von Desinfektionsmittel und Großküchenessen einmal abgesehen.

Herr Regner geht das Altern sehr diszipliniert an. Jeden Vormittag geht er nach unten in den großen Saal zu den wechselnden Gruppenveranstaltungen. »Montags ist Gedächtnistraining, Dienstag Tanzen. Mittwoch singen wir, Donnerstag gibt es Gymnastik. Und jeden Freitag bade ich«, zählt er auf. Zuvor geht er jeden Morgen zwei Runden durch den Garten: »Man muss ja in Bewejung bleiben. Wissen Se, ick war nie'n Stubenhocker.«

Nachdem er am Dienstagnachmittag mit mir seine Runden gedreht hat, setzen wir uns auf eine Bank im Schatten. Herr Regner erzählt mir von seinem Leben, das sich nahezu komplett in diesem Teil von Berlin abgespielt hat, bis auf die Kriegsjahre und die anschließende dreijährige Gefangenschaft in einem französischen Lager. »Ich kann Ihnen gar nicht sagen, wie sehr ich den Militarismus verabscheue«, sagt er bei jedem einzelnen unserer Treffen. Ich frage ihn über die Zeit damals aus, über sein fast einhundertjähriges Leben. Im Gegenzug will er von mir wissen, wie es in Detroit zugeht und wie in Indien. Wie ich arbeiten kann und trotzdem am Dienstagnachmittag Zeit habe, mit ihm hier auf der Bank zu sitzen. Als ich ihm erkläre, dass ich freiberuflich schreibe, kommt er ins Grübeln. »Davon kann man leben?«, fragt er nach einer Weile und sieht mich ungläubig an. Als ich bejahe, kneift er die Augen zusammen und fragt: »So wie die Frau, die Harry Potter schreibt?«

Wir müssen beide lachen, als ich ihm erkläre, dass Joanne K. Rowling zigfache Millionärin ist, ich hingegen seit zwei Monaten nicht mal mehr ein Auto habe. »Macht ja nüscht«, sagt er. »Hauptsache, Sie sind gesund.«

An einem sonnigen Dienstag im Juni fahren wir zusammen

mit anderen Heimbewohnern in den Tierpark. Herr Regner kann so gut wie nichts mehr sehen, aber er kennt den Tierpark trotzdem fast genauso gut wie den Garten hinter dem Seniorenheim und kündigt mir schon vorher an, an welchem Gehege wir als Nächstes vorbeikommen. Bei den Elefanten hoffe ich, dass wenigstens die groß genug sind, dass Herr Regner sie noch sehen kann. Wir fahren mit dem Rollstuhl, in dem er heute ausnahmsweise sitzt, so nah wie möglich an einen grauen Koloss heran.

»Können Sie ihn sehen?«, frage ich ihn.

»Nee, nüscht«, sagt er. Der riesige Elefant trottet nach rechts.

»Doch, ick gloobe, da hat sich wat bewegt.«

Obwohl er nichts von den Tieren und der Umgebung sieht, genießt Herr Regner den Ausflug trotzdem jede Minute, das sieht man ihm an. Ich muss an eine Studie denken, in der einerseits Sehende gefragt wurden, wie viel Geld sie bezahlen würden, um ihr Augenlicht zu behalten. Andererseits wurden erblindete Menschen gefragt, wie viel sie bezahlen würden, um ihr Augenlicht wiederzuerlangen. Interessanterweise war der Durchschnittsbetrag, den die Sehenden bezahlen würden, viel höher als der Durchschnitt bei den Blinden. Den Sehenden war es den Wissenschaftlern zufolge also wichtiger, ihr Augenlicht zu behalten, als es den Blinden war, es wiederzuerlangen. Befragungen von Menschen mit verschiedenen anderen körperlichen Einschränkungen führten zu vergleichbaren Ergebnissen – und dies legt nahe, dass wir mögliche negative Konsequenzen in ihrer Drastik oft überschätzen und gleichzeitig unterschätzen, wie glücklich Menschen sein können, die nicht zu hundert Prozent gesund sind. Oder wie es der Harvard-Psychologe Daniel Gilbert in seinem Buch »Stumbling On Happiness«[29] schreibt: »Wir überschätzen, wie glücklich wir an unserem Geburtstag

---

[29] Auf Deutsch unter dem Titel »Ins Glück stolpern: Suche dein Glück nicht, dann findet es dich von selbst« (Goldmann Verlag, München 2008)

sein werden, und wir unterschätzen, wie glücklich wir an einem normalen Montagmorgen sein werden – und wir machen diesen Fehler immer und immer wieder, egal wie oft uns die Realität eines Besseren belehrt.«

Natürlich ist es nicht wünschenswert, blind oder querschnittsgelähmt zu sein. Aber diejenigen, die es sind, zeigen uns, dass es nicht annähernd so furchtbar ist, wie wir Unversehrten es uns in unseren pessimistischsten Träumen ausmalen.

Das belegt auch eine weitere Studie, in der gesunde Menschen gefragt wurden, wie schlimm sie verschiedene Krankheitszustände einschätzten. Insgesamt dreiundachtzig Krankheitsbilder oder Behinderungen wurden als »schlimmer, als tot zu sein« eingestuft.

Nun gibt es leider zahlreiche Menschen, die tatsächlich an einer jener dreiundachtzig Krankheiten leiden, die den Gesunden so große Angst machen, dass sie das Leben mit einer solchen Krankheit für nicht mehr lebenswert halten. Und dennoch ist die Selbstmordrate unter genau denjenigen Menschen, die an diesen Krankheiten oder Behinderungen leiden, kaum höher als unter gesunden Menschen.

Vermutlich überschätzen wir die negativen Folgen einer chronischen Krankheit oder Behinderung derart, weil wir, wenn wir sie uns vorstellen, nichts anderes mehr sehen können. Wir glauben, dass neben dieser Krankheit kein Platz mehr für Schönes im Leben ist. Denken wir an Querschnittslähmung, sehen wir nichts als den Rollstuhl. Dass wir uns trotzdem verlieben, gute Bücher lesen, Freunde haben, beruflich erfolgreich sein, ja sogar Sport treiben könnten – kurzum: dass wir ein glückliches Leben führen könnten, kommt uns dabei nicht in den Sinn.

So ähnlich ist es auch mit Herrn Regner und mir: Ich kann mir zunächst nicht vorstellen, dass man einem Besuch im Tierpark etwas abgewinnen kann, wenn man nicht einmal mehr einen Elefanten erkennen kann – selbst wenn er direkt vor einem steht. Dabei gibt es unzählige andere Dinge, die Herr Regner an unserem Ausflug genießt: den Kontakt mit anderen Zoobesuchern, lachende Schulklassen, die an uns vorbeilaufen, die verschiedenen Gerüche – auch wenn sie je nach Tier und Verdauung nicht immer angenehm sind –, die Wärme der Sonne auf der Haut, die Abwechslung zum Alltag in der räumlich begrenzten Welt des Wohnheims.

Nach einer Weile setzen wir uns in den Schatten und packen die kleine Brotzeit aus, die wir aus dem Seniorenheim mitgenommen haben. Herr Regner schenkt mir seine Banane. (»Die stopft immer so – so wat können Sie in meinem Alter nicht mehr essen!«) Ich gebe ihm dafür etwas von meinem Nachtisch. Schweigend sitzen wir beide da und kauen. Wir haben nichts gemeinsam, kommt es mir in den Sinn. Wir leben in zwei komplett unterschiedlichen Welten. Ich behaupte, es gibt kein einziges Buch, das wir beide gelesen haben, kein Lied, das wir beide kennen, unsere Biografien sind komplett unterschiedlich. Die Chance, dass wir uns zufällig kennengelernt hätten, liegt bei null. Vielleicht empfinde ich diese Freundschaft gerade deshalb als etwas Besonderes.

Am Ende des Tierparkausflugs, als wir uns verabschieden, nimmt er mich zum Abschied statt unseres üblichen Handschlags in die zittrigen Arme. »Kommen Sie mich eigentlich gerne besuchen?«, fragt er mich.

»Sehr gerne«, sage ich. »Sonst würde ich es nicht tun.«

Es stimmt tatsächlich. Mit meinen ursprünglichen Glücksexperimenten haben die Besuche bei ihm und bei Frau Knapp schon lange nichts mehr zu tun.

»Ich bin jedenfalls immer sehr froh, wenn Sie zu mir kommen«, sagt Herr Regner zum Abschied. Jetzt bin ich es, dem beinahe die Tränen kommen.

Auf dem Nachhauseweg sitzen mir in der Straßenbahn zwei Schulmädchen gegenüber. Sie waren am Nachmittag einkaufen, jetzt fahren sie zusammen nach Hause. Kichernd stecken sie die Köpfe zusammen. Als die nächste Haltestelle gekommen ist, steigt eine der beiden aus.

»Ich renn dir nach«, ruft sie durch die sich schließende Tür, ihre Freundin drinnen lacht glücklich und saust, als die Straßenbahn losfährt, den Gang entlang nach hinten, während ihre Freundin draußen auf dem Bürgersteig mitläuft. Irgendwann wird die Bahn doch zu schnell, und das Mädchen draußen fällt immer weiter zurück. Beide lachen und winken, glücklich miteinander und so froh über ihre Freundschaft, dass um jede Sekunde, die sie noch länger zusammen verbringen können, gekämpft wird.

Ich denke an den Liedermacher Funny van Dannen und seinen schönen Satz: »Freundinnen müsste man sein.« Am besten sogar beste.


## Hallo, Nachbar!

Das triste Quadrat grauer Erde, das wir zu unserem Garten erklärt haben, ist in den letzten Wochen zu einer grünen Oase geworden. Im hinteren Bereich leuchtet eine kniehohe Blumenwiese in allen Farben. Hummeln und Bienen fliegen emsig zwischen den Blüten hin und her. Im vorderen Teil haben wir unser Glück mit Sauerampfer und Melisse versucht, aber dort hat sich Unkraut breitgemacht, das wir als unerfahrene Gärtner leider nicht sofort erkannt haben. Deshalb ist jetzt Jäten angesagt.

Auf allen vieren kriechen wir in der prallen Sonne über den Boden, zupfen und ziehen, und ich frage mich, ob es wirklich eine so gute Idee war, sein Glück in etwas so Eigensinnigem zu suchen wie in einem Garten. Doch die Zweifel verschwinden, als die kleine Tochter unserer Nachbarin uns vom Balkon aus zuwinkt. »Huuhuu!«, ruft sie. »Darf ich auch mal in euren Garten?«

»Klar«, rufen wir zurück. »Aber bring eine Gießkanne mit!«

Seit wir unseren geheimen Garten haben und pflegen, kennen wir plötzlich fast alle unsere Nachbarn. Vorher ging man, wie in den meisten Großstadt-Mietshäusern, nickend und knapp grüßend aneinander vorbei. Von den meisten Nachbarn wusste ich weder den Namen, noch in welchem Stockwerk sie wohnen. Doch plötzlich winkten die einen vom Balkon, von anderen wurden wir im Treppenhaus angesprochen, wenn wir mit Gieskanne und Wassereimer bewaffnet nach unten gingen.

Ich erinnere mich, dass Katherine Alaimo, die Forscherin von der Michigan State University, genau dies als Argument für »Urban Gardening« und »Urban Farming« anführte, als ich sie auf meiner Detroit-Reise besuchte: »Wenn in einer Straße ein Garten angelegt wird«, sagte sie, »kommen die Menschen miteinander ins Gespräch. Sie lernen ihre Nachbarn kennen und haben plötzlich weniger Angst. Ihre Lebensqualität steigt. Sie können sich auch über andere Themen austauschen und merken, dass sie nicht alleine sind.«

Die Plagerei hat also tatsächlich ihr Gutes, denke ich mir und wische mir mit von Erde schwarzer Hand den Schweiß von der Stirn. Durch den Garten habe ich die Menschen besser kennengelernt, die nur wenige Meter von mir entfernt leben. Ich habe etwas über mich selbst gelernt: Zum Beispiel dass es mehr Spaß macht, literweise Wasser durch die Gegend zu tragen, als ich es je für möglich gehalten hätte. Und ich habe gelernt, Nutzpflanzen von Unkraut zu unterscheiden. Das ist doch schon mal was.

Ich stoße auch noch auf eine andere Erklärung, warum der Geheimgarten derart zu meinem Glück beiträgt. Der Biologe und Naturforscher Edward Osborne Wilson nennt dieses Gefühl »Biophilie«. Er schreibt von einer »angeborenen emotionalen Verbindung« zwischen uns Menschen und der Natur, die evolutionär tief in uns verwurzelt sei.

In meinen Ohren klingt das Wort »Biophilie« immer ein wenig schmutzig, so als würden schwitzende, bleiche Männer sich heimlich an Pflanzen reiben oder als träfen sich Swingerclubs im Wald, um Sex auf Moospolstern zu haben. Aber vielleicht sagt das auch mehr über meine Fantasie aus als über E. O. Wilsons Theorie, die übrigens auch einer wissenschaftlichen Überprüfung standhält. So untersuchte zum Beispiel der Psychologe Roger Ulrich, wie sich unterschiedliche Patienten eines Krankenhauses in Pennsylvania von einer Gallenblasenoperation erholten. Diejenigen, die von ihrem Zimmer einen Ausblick auf eine Reihe von Laubbäumen hatten, erholten sich signifikant schneller und benötigten weniger Schmerzmittel als die Patienten, die nach einem identischen Eingriff auf eine Ziegelsteinmauer blickten.

## Das Glück in die Hand nehmen

Vielleicht ist es neben der Nähe zur Natur und unserer angeborenen Begeisterung für Tiere und Pflanzen aber auch die körperliche Gartenarbeit mit meinen sonst eher unterforderten Händen, die mich so überraschend froh werden lässt.

Die Psychologieprofessorin Kelly Lambert, die sich seit fünfundzwanzig Jahren mit Verhaltensforschung, geistiger Gesundheit und Neurowissenschaft beschäftigt, hat sich in ihrem Buch »Lifting Depression« der Frage gewidmet, wie wir mit Handarbeit Depressionen vermeiden und nicht nur unsere Laune, sondern unser ganzes Leben verbessern können. Ihre These: Je weniger Arbeit wir uns von Maschinen abnehmen lassen und je mehr wir mit unseren eigenen Händen tun, umso glücklicher sind wir.

Ich erinnere mich an die Phase in meinem Leben, in der ich noch keine Spülmaschine besaß und jeden Teller und jede Tasse mit der Hand abwaschen musste. Ich war zu dieser Zeit bestimmt vieles – unter anderem sparsamer mit Geschirr und sauberer unter den Fingernägeln –, aber nicht glücklicher. Ich beschließe also, Kelly Lambert anzurufen und mit ihr über ihre These zu sprechen.

»Wenn man die Anatomie unseres Gehirns betrachtet, wird dort unseren Bewegungen eine Menge ›Platz‹ gewidmet«, erklärt mir die freundliche Forscherin mit einem leichten Südstaatenakzent. »Vor allem die Steuerung unserer Hände nimmt sehr viel Raum ein. Der Bereich der Hirnrinde, der unsere Daumen steuert, ist beispielsweise größer als der für unseren gesamten Rücken. Die Bereiche, die für motorische Fähigkeiten zuständig sind, sind außerdem verknüpft mit denen für Freude und für das Lösen von Problemen.« Das Problem sei heutzutage jedoch, dass unsere Arbeit fast nur noch geistig stattfinde. Wir nutzen unsere Hände allenfalls noch zum Tippen, aber nicht mehr, um damit greifbare Dinge herzustellen, die für unser Gehirn einer handfesten Belohnung gleichkommen. Ein selbst gekochtes Essen, eine Schnitzerei oder ein gestrickter Pullover, so Lambert, aktiviere eine größere Zahl solcher Belohnungsleitungen in unserem Kopf als ein Word-Dokument, an dem man stundenlang geschrieben habe. »Unser Gehirn speichert die Zusammenhänge zwischen der Arbeit und den daraus entstehenden Belohnungen. Etwas mit unseren Händen zu erschaffen, gibt uns ein Gefühl von Kontrolle, und das wiederum verhindert Stress und Angst. Wir beklagen uns heute ja schon, wenn der Kühlschrank leer ist und wir einkaufen gehen müssen – dabei hieß Essen noch vor gut hundert Jahren, dass man es jagen oder selbst anbauen musste! Wenn wir Kulturen wie die Amish People betrachten, die auf allen technologischen Fortschritt verzichten, stellen wir fest, dass es bei ihnen seltener Probleme mit Depression gibt. Ebenso wie bei der chinesischen Landbevölkerung, die ebenfalls noch viel Handarbeit verrichtet.«

Einerseits verstehe ich sehr gut, was Kelly Lambert meint,

und möchte ihr zustimmen. Auch mein Beruf spielt sich – wie der von immer mehr Menschen – größtenteils im Sitzen vor einem Computer ab. Tippen, klicken, lesen, grübeln, Kaffee trinken. Wir werden fürs Denken bezahlt, für das Erschaffen abstrakter Dinge, für Ideen und Lösungen. Natürlich kann das in guten Momenten auch sehr befriedigend sein. Aber ich merke auch, wie stolz es mich macht, den tropfenden Wasserhahn zu reparieren oder auf dem Balkon einen Schrank für die Getränkekisten zu bauen. Die daraus resultierende glücklichwarme Zufriedenheit ist manchmal größer als die nach einem fertig geschriebenen Artikel und erst recht als nach einem ganzen Tag voller dringender und wichtiger, aber wahnsinnig unergiebiger E-Mails und Telefonate. Aber deswegen Installateur oder Schränkeschrauber werden? Höchstwahrscheinlich würde das Glücksgefühl in dem Moment ausbleiben, in dem ich das, was mich vorher heimwerkerstolz gemacht hat, als Broterwerb machen *muss*.

Trotzdem: So ganz bin ich von Kelly Lamberts Theorien immer noch nicht überzeugt. Hat der Gemütszustand der Amish People oder der chinesischen Bauern vielleicht weniger damit zu tun, dass sie mit den Händen arbeiten, als mit ihrem Familienzusammenhalt und Gemeinschaftsgefühl? Oder mit ihrem Glauben, der ihnen Ruhe und Zufriedenheit beschert?

Kelly Lambert sagt, das wären auch Faktoren, die zum Lebensglück beitragen. Dennoch glaubt sie, dass körperliche Anstrengung und Handarbeit der wesentliche Schlüssel zu unserer geistigen Gesund- und Zufriedenheit sind. »Indem wir praktische Probleme lösen – auch wenn es nur kleine handwerkliche Projekte sind –, bekommen wir das Gefühl, unser Leben im wahrsten Sinne des Wortes selbst in der Hand zu haben. Dadurch sind wir besser vorbereitet, wenn uns das Schicksal einen großen Brocken hinwirft«, begründet sie ihre These. »Wir haben das mit Laborratten überprüft: Eine Gruppe von Ratten bekam ihr Futter erst, nachdem sie es sich aus einem Haufen

Holzwolle herausgegraben hatte. Die andere Gruppe bekam ihr Futter einfach so, ohne Anstrengung. Nach sechs Wochen stellten wir beide Gruppen vor eine unlösbare Aufgabe: Sie sollten ihr Futter aus einem Plastikbehältnis herausholen. Dabei stellten wir fest, dass die ›verwöhnten‹ Ratten viel schneller aufgaben als jene, die sich zuvor ihr Futter hatten erarbeiten müssen.«

## Der Trick ist zu atmen

Eine Ratte, die beim Kampf um Futter als Letzte aufgibt, erscheint mir eine etwas triste Definition von Glück zu sein. Aber genau so scheint es zu funktionieren. Im New York Times Magazine lese ich kurz darauf, wie die Wirksamkeit von Antidepressiva an Ratten getestet wird. Die Tiere, so der Artikel, werden in einen Wasserbottich gesetzt, aus dem sie nicht hinausklettern können. Beobachtet wird, wie lange sie es zumindest versuchen, bevor sie irgendwann aufgeben. Eine andere Gruppe Ratten erhält das zu erprobende Antidepressivum, bevor sie dem gleichen Test unterzogen wird. Wenn die Ratten länger versuchen, aus dem Wassertopf hinauszuklettern, und nicht so schnell aufgeben wie ihre ungedopten Kollegen, sehen die Forscher darin einen Beweis für die Wirksamkeit des Medikaments.

Zunächst finde ich diesen Gedanken extrem deprimierend: Geht es am Ende im Leben wirklich nur darum, möglichst lange weiterzurackern? Nicht aufzugeben, auch wenn es im Grunde sowieso egal ist – weil wir alle in einem großen Wasserbottich sitzen, aus dem herauszuklettern uns unmöglich ist? Aber am Ende stimmt es zumindest im Kern: Das Leben ist ein ewiges Ankämpfen gegen Widerstände, ein Aushalten von Rückschlägen und ein Sich-nicht-unterkriegen-Lassen. Niemand ist gegen Schicksalsschläge gefeit, und selbst die, die davon verschont bleiben und sich niemals unglücklich verlieben, keine Todesfälle bedauern müssen und niemals ihren Job verlieren, werden trotzdem den Zustand des perfekten, hundertprozentigen Glücks nicht erreichen. Denn dazu sind unsere Ziele meist zu widersprüchlich. Oft schließen sie sich gegenseitig aus: Wer viel Zeit mit der Familie verbringen will, wird es schwer haben, viel Geld zu verdienen. Wer viele unterschiedliche Sexualpartner haben will, muss auf Treue und Geborgenheit verzichten. Wer Erfolg haben will, muss in Sachen Bequemlichkeit und Müßiggang zurückstecken. Wer auf dem Land leben will, kann nicht die Annehmlichkeiten der Großstadt genießen. Das ist alles überhaupt nicht schlimm – und vielleicht sogar das etwas angenehmere Bild: Statt Ratten, die ein Leben lang aus Wasserbottichen klettern wollen, sind wir eher jonglierende Hamster, die auf einem Brett balancieren und dabei versuchen, möglichst viele Bälle gleichzeitig in der Luft zu halten. Es klappt nicht immer perfekt. Aber es gar nicht erst zu versuchen, wäre erst recht keine Lösung.

## Einmal Ehepaar mit Beilagenwechsel

Jessica und ich sind inzwischen über ein halbes Jahr verheiratet. Vielleicht klingt es vermessen, aber ich glaube, die meiste Zeit bin ich als Ehemann einigermaßen in Ordnung. Okay, ich lese zu lange auf dem Klo, ich spiele auch an einem Sonnentag manchmal lieber »Killzone 3«, als spazieren zu gehen, und ich lasse mich zwar überreden, Obst und Salat zu essen – nicht jedoch, das ganze Zeug auch noch zu waschen. Im Großen und Ganzen aber, so glaube ich, mache ich meine Frau tendenziell eher glücklich als unglücklich und gehe ihr nur manchmal auf die Nerven. Außer mit einer Sache. Denn womit ich sie zur

Weißglut bringen kann, ist meine zwanghafte Angewohnheit, dass wir im Restaurant nie das Gleiche bestellen dürfen. Oft läuft es so ab:

EHEFRAU: »Was nimmst'n du?«
EHEMANN: »Ich glaub, das Hirschgulasch mit Spätzle…«
EHEFRAU: »Das hab ich auch schon gesehen. Klingt toll, das bestelle ich auch.«
EHEMANN: »Super, dann nimm du das – dann esse ich das Lammcarré mit den Rosmarinkartoffeln.«
EHEFRAU: »Das ist doch doof! Du sollst doch das essen, was du essen willst.«
EHEMANN: »Aber ich finde beides toll. Und wenn ich was anderes bestelle als du, dann können wir ein Stück tauschen, und ich kann beides probieren.«
EHEFRAU sagt: »Ah, verstehe…« – denkt aber in Wahrheit: »#*%§$§!!!«

Mir macht es in solchen Fällen wirklich nichts aus, das Gericht zu wechseln. Ich behaupte, auf jeder normalen Speisekarte mit mehr als zehn Positionen (die nicht aus Insekten oder Tieren bestehen, die in Europa als Haustiere gelten) mindestens fünf Gerichte zu finden, auf die ich Appetit habe. Bei dieser Auswahl zweimal das Gleiche zu bestellen, erscheint mir als Verschwendung der Möglichkeiten.

Was das alles mit Glück zu tun hat? Ich bilde mir ein, glücklicher zu sein, wenn ich etwas anderes bestelle, da ich dann verschiedene Dinge probieren kann. Jessica denkt, ich bin weniger glücklich, weil ich dann nicht das esse, was ich eigentlich will.

Doch wer hat nun recht?

Bei meiner Recherche stoße ich auf eine Studie, bei der es wieder einmal um Studenten geht. Diesmal wurden sie von ihren Professoren – Daniel Read und George Loewenstein – zuerst nach ihren Lieblingssnacks gefragt. Danach wurden sie über mehrere Monate jede Woche unter dem Vorwand einer anderen Studie ins Labor bestellt und bekamen dabei einen Snack serviert. Bei der einen Gruppe handelte es sich dabei um ihren Lieblingssnack, die anderen bekamen mal ihren Lieblingssnack, mal ihren zweitliebsten. Am Ende der Studie wurde ausgewertet, welche Studenten zufriedener waren. Es waren diejenigen, die immer ihren Lieblingssnack bekommen hatten – also auf jedwede Abwechslung verzichtet hatten.[30]

Ist Abwechslung also schlecht, und bin ich als Glückssucher besser beraten, wenn ich (statt mich im letzten Moment umzuentscheiden) einfach das nehme, worauf ich am meisten Appetit verspüre? Mit anderen Worten: Hat meine Frau am Ende recht?

So einfach gebe ich jedoch nicht auf. Zum Glück finde ich auch jemanden, der sich in meine Ecke stellt. In seinem bereits erwähnten Buch schreibt der Harvard-Psychologe Daniel Gilbert, dass wir gegenüber allem Schönen, das uns widerfährt, zwangsläufig abstumpfen: »Psychologen nennen das *Gewöhnung*, Wirtschaftsforscher nennen es *abnehmender Grenznutzen*, und der Rest von uns nennt es *Ehe*. Doch der Mensch hat zwei Rezepte gegen diese Gewöhnung entdeckt: Vielfalt und Zeit.«

Das mit der Vielfalt ist einfach und bei uns allen zu beobachten: Fast niemand würde an einem großen Frühstücksbüfett seinen Teller nur mit weichgekochten Eiern vollmachen, egal wie gerne er sie isst. Es wäre einfach zu langweilig. Deshalb mischen wir die Zutaten auf unserem Teller und legen auch noch

---

[30] Es gab übrigens in diesem Zusammenhang noch eine andere Studie, bei der sich die Studenten vorab aussuchen konnten, welchen Snack sie in den verschiedenen Folgewochen serviert bekommen wollten. Die allermeisten entschieden sich für Abwechslung – also das, was sie am Ende unzufriedener machen würde. Ähnlich wie bei dem Experiment mit den in Eiswasser getauchten Händen wissen wir also erstaunlich selten, was gut für uns ist und was uns am Ende wirklich zufrieden macht.

ein wenig Brot, Käse oder Obstsalat dazu. Wenn wir aber am vergangenen Sonntag ein Frühstücksei gegessen haben, dann denken wir am nächsten Sonntag nicht: »Oh, schon wieder ein Frühstücksei, wie langweilig!« Oder wie es Gilbert formuliert: »Mit Champagner anzustoßen und seinen Partner genau um Mitternacht zu küssen, würde relativ schnell an Reiz verlieren, wenn man es jeden Abend täte. Wenn man es aber nur an Silvester tut und dann wieder ein Jahr wartet, wird einem das Erlebnis immer wieder aufs Neue Freude bereiten.«

Klar, ein Jahr Pause ist viel zu lang, um sich an den Countdown zum neuen Jahr, an das Feiern und den Kuss um Mitternacht gewöhnen oder der ganzen Sache sogar überdrüssig werden zu können. Müsste jemand jeden Tag Silvester feiern, könnte es jedoch durchaus passieren, dass er irgendwann dankend abwinkt und sagt: »Heute bitte mal ohne mich.«

Vielfalt und Zeit sind laut Gilbert jedoch zwei völlig unterschiedliche Strategien, um Gewöhnung zu verhindern. Wir benötigen nicht jedes Mal beides, ganz im Gegenteil: »Wenn Erlebnisse zeitlich weit genug auseinanderliegen, ist Vielfalt nicht nur unnötig, sie kann sogar kontraproduktiv sein.« Vielleicht kann man es am Beispiel der Frühstückseier verdeutlichen: Selbst dem größten Fan würde sich der Magen umdrehen, wenn er sich vorstellt, zweiundfünfzig an einem Tag essen zu müssen. Wir wollen Vielfalt. Sollten wir jedoch als Eierliebhaber in die Situation kommen, dass unsere Kinder, Partner oder Mitbewohner uns anbieten, ein Jahr lang jeden Sonntag das Frühstück zu machen, sollten wir unbedingt für jeden Sonntag ein Frühstücksei bestellen. Dann haben wir zwar keine Vielfalt, aber dafür jeden Sonntag unser Lieblingsfrühstück. Der zeitliche Abstand sorgt dafür, dass wir uns jeden Sonntag wieder aufs Neue darüber freuen. Wenn wir aus Angst, uns zu langweilen, nur für jeden zweiten Sonntag ein gekochtes Ei bestellen und die anderen Wochen Pfannkuchen (obwohl wir die gar nicht so gern mögen), haben wir eine schlechte Entscheidung getroffen. Denn dann verzichten wir jede zweite Woche auf das bestmögliche Frühstückserlebnis.[31]

Vom Frühstück zurück zum Abendessen im Restaurant: Es ist also durchaus sinnvoll und der Zufriedenheit zuträglich, etwas anderes zu bestellen als die Begleitung. Aber man muss nicht jedes Mal, wenn man nach einigen Wochen wieder in das Restaurant zurückkehrt, um jeden Preis etwas anderes bestellen als beim letzten Mal. Ich bin mit meinen Umentscheidungen in letzter Minute also bisher in Sachen Glück und Zufriedenheit ganz richtig gefahren. Wenn auch zu dem Preis, meine Frau damit zur Weißglut zu treiben. Vielleicht sollte ich in Zukunft also doch einfach bei dem bleiben, was ich mir ausgesucht habe.

---

[31] Ohne das Frühstücksbeispiel überstrapazieren zu wollen, noch kurz die Erklärung, warum wir uns selbst dann so häufig für Vielfalt entscheiden, auch wenn sie durch die zeitlichen Abstände gar nicht nötig wäre: Zeit ist für uns eine schwer vorstellbare Dimension. Wenn wir uns etwas in der Zukunft vorstellen, nehmen wir automatisch die Gegenwart als Ausgangspunkt und justieren dann nach Gutdünken nach. Deshalb fällt es uns auch so schwer, uns nach einem üppigen Essen vorzustellen, dass wir je wieder hungrig werden. Oder wir halten es als Studenten, die gerade in die Großstadt gezogen sind, für völlig ausgeschlossen, je wieder auf dem Land leben zu wollen.

## Zehn kleine Glücksmomente

- Nach einer langen Reise zu Hause ankommen

- Gemüse aus dem eigenen Garten essen – auch wenn es nicht so makellos ist wie das aus dem Supermarkt

- Abends in ein Bett steigen, von dem man vergessen hat, dass man es am Morgen frisch bezogen hat

- Der Geruch eines rauchenden Grills

- Einen freien Platz in einem voll besetzten Biergarten finden

- Etwas Zerbrechliches, das einem herunterfällt, gerade noch mit dem Fuß auffangen – oder zumindest ausreichend bremsen können

- Merken, dass man den Geldbeutel doch nicht verloren, sondern nur vorübergehend verlegt hat

- Die Sicherheitskontrolle am Flughafen passieren – ohne Piepsen und ohne langsame Leute vor einem

- Von einem Katzenbaby die Hand abgeschleckt bekommen

- Der erste Tag im Frühling, an dem man ohne Jacke aus dem Haus gehen kann

# Juli

Was man auf einem Glückskongress erfährt

Was Durchhaltevermögen mit Zufriedenheit zu tun hat

Warum Gesang sowohl glücklich als auch
unglücklich machen kann

*Seitdem weiß ich, es gibt keinen Ort namens Ruhe.*
*Es gibt nur Wege zu gehen – und gute Schuhe.*

Die Hamburger Band Stella in ihrem Lied »Americ«

Das Erste, was einem an Heidelberg auffällt, sind die vielen Porsches in den verschlafenen Straßen. Ob das der Grund ist, warum die Stadt als Austragungsort für das 2. Symposium für Positive Psychologie unter dem Titel »Wege zu Glück und Wohlbefinden« ausgewählt wurde? Auf der Zugfahrt nach Heidelberg habe ich noch in Martin Seligmans Buch »Authentic Happiness« gelesen, gewissermaßen dem Standardwerk der sogenannten Positiven Psychologie. Die Forschungsrichtung heißt so, weil Seligman – damals Präsident des größten US-Psychologen-Verbandes, der American Psychology Association – 1998 erkannte, dass sich die Psychologie zu einseitig mit Krankheiten und Störungen befasste. Man betrachte, so Seligman, nur die Depressiven, die Schizophrenen, die Unglücklichen, anstatt sich vielmehr damit auseinanderzusetzen, warum diejenigen, die stabil, gesund und glücklich waren, eben genau das waren: stabil, gesund und glücklich.

Gemeinsam mit der Psychologin Barbara Fredrickson und dem Flow-Forscher Mihaly Csikszentmihalyi begründete er in den folgenden Jahren die Positive Psychologie und erntete dafür viel Zuspruch – aber auch Kritik. So bemängeln einige Forscher zum Beispiel die wissenschaftliche Methodik der Positiven Psychologie und werten sie eher als eine Bewegung denn als seriöse Forschungsrichtung.[32]

---

[32] Die Journalistin Barbara Ehrenreich greift in ihrem Buch »Smile or Die. Wie die Ideologie des positiven Denkens die Welt verdummt« die Positive Psychologie besonders scharf an und kritisiert zum einen man-

Ich habe mich auf den Weg nach Heidelberg gemacht, weil ich mehr über diese wissenschaftliche Seite des Glücks erfahren will, über die Positive Psychologie und ihre neuesten Erkenntnisse, selbst wenn sie umstritten sind. Außerdem freue ich mich darauf, Martin Seligman einmal live zu erleben, ebenso wie die anderen Teilnehmer, die ich mir als eine Mischung aus Glücksjägern, Psychologen und Esoterikern vorstelle.

## Angst essen Seele auf

Auf der Reise nach Heidelberg erreicht mich jedoch eine Nachricht, die gewissermaßen das schicksalhaft gerechte Gegenstück zu meinem Lottogewinn darstellt: Mein Steuerberater informiert mich darüber, dass das Finanzamt mich für eine Betriebsprüfung ausgewählt hat. Dass das »bei Freiberuflern wie Ihnen eigentlich nur sehr selten« vorkommt, versöhnt mich ebenso wenig wie die Tatsache, dass ich eigentlich nichts auf dem Kerbholz habe. Eigentlich. Ein wenig ist es wie mit einem Polizeifahrzeug, das beim Autofahren plötzlich im Rückspiegel auftaucht. Selbst wenn man kein volltrunkener Bankräuber ist, erschrickt man. Prüft Tacho, Gurt und Licht und versucht, sich zu erinnern, wo der Verbandskasten ist und ob man letztes Mal im Baumarkt diese leuchtroten Warnwesten für einen Euro mitgenommen hat. Fast niemand ist gegen dieses Instantschlechte-Gewissen immun.

Meine Reaktion auf die angekündigte Steuerprüfung speist

gelnde Mess- und Nachweisbarkeit sowie geschäftliche Interessen der Beteiligten, denen es vor allem darum gehe, Coachings und Seminare an Firmen und Führungskräfte zu verkaufen. Zum anderen führe die Positive Psychologie und die Fokussierung auf die Allmacht des positiven Denkens zu unrealistisch hohen Erwartungen bzw. zu falschen Schuldgefühlen, falls im Leben doch mal etwas schiefgeht.

sich aus einem ähnlichen Grundgefühl. »Irgendwas finden die immer… immer… immer«, hallt es durch meinen Kopf, und ich sehe vor meinem geistigen Auge, wie ein behelmtes Sondereinsatzkommando die Wohnungstür aufbricht, eine Rauchbombe wirft und jedes einzelne Buch aus den Regalen meines Arbeitszimmers zieht. Irgendwann hält ein Mann im schwarzen Ledermantel mir eines davon unter die Nase und sagt mit schneidender Stimme: »Soso… Harry Potter also. Das ist aber keine Fachliteratur, mein Herr! Außerdem haben wir auf Ihrem Computer, den Sie angeblich als Arbeitsgerät benutzen, auch private E-Mails gefunden… *Das! Wird! Folgen! Haben!*« Kurzum: Als ich in meinem kleinen Heidelberger Hotelzimmer sitze, vor dem die Porschefahrer ihre Runden drehen, habe ich die Hosen voll. Gleichzeitig spüre ich neben Angst noch eine weitere wichtige Zutat zum Unglücklichsein: Machtlosigkeit. Je weniger ein Mensch glaubt, über sein Schicksal selbst bestimmen zu können, umso stärker ist erwiesenermaßen seine Neigung zu depressiven Zuständen.

Mein erster Gedanke ist: »Erst mal einen Schnaps.« Doch sich bereits nachmittags an den Tresen einer Hotelbar zu setzen, macht alles, aber ganz bestimmt nicht glücklich. Ich bin froh, dass ich meine Laufschuhe mitgenommen habe. Vielleicht bringt mich eine Joggingrunde an der frischen Luft des Neckarufers auf positivere Gedanken. Doch selbst die malerische Szenerie und die Sonne auf dem Wasser und auf den umliegenden Hügeln können die dunklen Wolken in meinem Kopf nicht vertreiben. Ein Gewitter aus horrenden Nachzahlungen, aus jahrelangen Zinsen und Zinseszinsen türmt sich auf. Schließlich soll ein Zeitraum geprüft werden, der schon so weit zurückliegt, dass ich mich kaum noch daran erinnern kann.

Ich versuche, mich zu beruhigen, indem ich mir sage, dass diese Gefühle ganz normal sind. Denn nicht nur das Gefühl von Ohnmacht macht uns unglücklich. Fast alle Menschen lassen sich von einem möglichen Verlust auch viel stärker negativ beeinflussen, als sie von Gewinnen in gleicher Höhe positiv gestimmt werden. Die Wissenschaft nennt dieses Phänomen »loss aversion«.[33] Sie führt nicht nur dazu, dass der durchschnittliche Anleger seine fallenden Aktien zu lange hält und steigende zu früh verkauft – aus Angst, Geld zu verlieren –, sondern auch zu Redewendungen wie »Der Spatz in der Hand ist besser als die Taube auf dem Dach«.

Wie schlecht wir es ertragen können, etwas aufgeben zu müssen, das wir besitzen, wird durch einen Versuch deutlich, den die Wirtschaftsforscher Daniel Kahneman, Jack L. Knetsch und Richard Thaler durchgeführt haben: Sie gaben einer Gruppe von Testpersonen – wie beinahe immer in solchen Fällen Studenten ihrer Universität – jeweils einen Kaffeebecher, der im Laden sechs Dollar kostete. Die andere zufällig ausgewählte Gruppe bekam keinen. Nun sollten die Studenten, die einen Becher bekommen hatten, diesen an diejenigen verkaufen, die keinen hatten. Der Preis war dabei Verhandlungssache. Das überraschende Ergebnis: Nur sehr selten kam eine Transaktion zustande – denn in den meisten Fällen konnten sich die Studenten auf keinen Preis einigen. Während die Becherbesitzer im Schnitt 5,25 Dollar haben wollten, waren die potenziellen Käufer im Durchschnitt nur bereit, zwischen 2,25 und 2,75 Dollar zu bezahlen.

Die Becherlosen erkannten also, dass sie relativ gut ohne leben konnten. Wer aber den Becher erst einmal in Händen hielt, wollte sich nur ungern wieder davon trennen.[34] Dieses Ergebnis ließ sich mit unterschiedlichen Gütern wiederholen, hatte also nichts damit zu tun, ob jemand Kaffeeliebhaber oder

---

[33] Obwohl die wörtliche Übersetzung »Verlustaversion« wäre, wird in der deutschen Forschung meist von »Risikoaversion« gesprochen.

[34] Das Ergebnis beruht nicht alleine auf »loss aversion«, sondern auch auf anderen menschlichen Eigenheiten, die den Markt verzerren – zum Beispiel der Neigung, gerne den Status quo zu bewahren, auch genannt »inertia bias«, also in etwa »Trägheitsverzerrung«.

Wassertrinker war. Lediglich bei winzigen Geldbeträgen setzt die Angst vor Verlusten irgendwann aus. Im Schnitt, so stellten die Forscher fest, fürchten wir einen Verlust ungefähr doppelt so stark, wie wir uns über einen Gewinn freuen. Mit anderen Worten: Eine Steuernachzahlung von dreitausend Euro fühlt sich in etwa so schlimm an, wie sich ein Lottogewinn von sechstausend Euro gut anfühlt.

## Springt, wenn ihr glücklich seid

Leider verschwindet meine negative Stimmung nicht dadurch, dass ich sie mir wissenschaftlich erklären kann. Ich laufe am Neckar entlang und brüte. Ich drehe meine Musik lauter und klicke von Lied zu Lied, um mich in eine bessere Stimmung zu bringen, aber weder die fröhlichen Strandhymnen der Beach Boys noch wütender Punk von Black Flag funktioniert. Da fällt mir Ashrita Furman ein, der Weltrekordsammler, den ich in New York getroffen habe. Seinen Ratschlag, regelmäßig zu meditieren, habe ich zwar befolgt – der transzendentale Durchbruch zum Glück blieb bislang aber aus. Doch kurz vor einer kleinen Fußgängerbrücke, die den Fluss überquert, fällt mir sein anderes Rezept ein: der Hopserlauf.

Erst komme ich mir doof vor, als ich von meinem gewöhnlichen Joggen in ein kindliches Hüpfen übergehe. Die Menschen auf der Brücke ziehen ihre Augenbrauen hoch und machen extra viel Platz, damit ich durchkomme. Mein Kopf glüht jetzt nicht mehr nur vor Anstrengung.

Als die Brücke aber hinter mir liegt, habe ich mich bereits eingehopst, und das Gefühl der Peinlichkeit schwindet. Und während ich am gegenüberliegenden Ufer in stetigem Rhythmus zurückhüpfe, fange ich an zu grinsen und kann gar nicht mehr aufhören. Die Gedanken an sadistische Steuerprüfer und

Theorien zur Verlustaversion sind plötzlich verschwunden. Die Spaziergänger machen zwar noch immer große Augen, mehrmals werde ich von japanischen Touristen fotografiert – aber es ist mir mit einem Mal egal. Und ich merke noch etwas: Ashrita Furman muss extrem fit sein. Denn so wie ein finanzieller Verlust uns doppelt so stark beeinflusst wie ein Gewinn, ist ein Hopserlauf auch mindestens doppelt so anstrengend wie normales Joggen. Er macht mir nicht nur gute Laune, sondern mich auch hervorragend müde. Ohne länger zu grübeln und mich herumzuwälzen, schlafe ich abends ein.

Ausgeruht mache ich mich am nächsten Tag auf den Weg zur Pädagogischen Hochschule Heidelberg. Im Foyer des altehrwürdigen Neogotik-Gebäudes stehen bereits zahlreiche Menschen Schlange, um sich registrieren zu lassen und die Unterlagen in Empfang zu nehmen. Es sind deutlich mehr Frauen als Männer. Die meisten von ihnen sind zwischen vierzig und fünfzig Jahre alt. Sie alle haben dreihundert Euro Seminargebühr bezahlt. Für Studenten gab es fünfzig Prozent Rabatt, aber es scheinen sich nur sehr wenige junge Menschen für das Glück zu interessieren. Wer seine Unterlagen erhalten hat, geht ein paar Meter weiter, wo eine Handvoll Helfer Kaffee in Pappbechern ausschenkt. Für einen Euro extra bekommt man auch noch einen Keks oder eine Praline dazu. Die Stimmung ist entspannt und freundlich. Nur sehr wenige der Anwesenden scheinen sich bereits zu kennen, trotzdem herrscht ein gewisses unausgesprochenes Einverständnis. Wir alle sind hier in Sachen Glück. Wir alle haben ein freies Wochenende geopfert, um etwas über Zufriedenheit und positives Denken zu lernen.

# Fortbildung in Frohsinn

Die Vorträge finden in einem großen Saal der Hochschule statt, der eine eindrucksvoll gewölbte Decke aufweist und in einem angenehmen Halbdunkel liegt. Auf der Suche nach einem Platz stelle ich jedoch fest, dass selbst Menschen auf der Suche nach der Glückseligkeit sich nicht anders benehmen als Touristen einer Ferienanlage auf Mallorca: So wie dort Handtücher am Pool liegen, ist hier bereits Reihe um Reihe durch Jacken oder sorgsam ausgebreitete Zeitungen belegt. Auf der Jagd nach dem Glück soll scheinbar nichts dem Zufall überlassen werden, jeder ist sich selbst der Nächste und will möglichst weit vorne sitzen, nah dran am Glück.

Ich lasse mich am hinteren Ende des Saals nieder. Der Vormittag geht schnell vorbei. Die Vorträge zu Themen wie »Positive Psychologie der Arbeit«, »Die Glücksfalle« oder »Positive Psychologie an deutschen Hochschulen« sind kurzweilig und angenehm abwechslungsreich. Gleichzeitig wirken sie jedoch zufällig zusammengewürfelt, ohne einen richtigen Aufbau oder roten Faden.

Als Überraschungsgast vor der Mittagspause haben die Veranstalter Eckart von Hirschhausen eingeladen, die Allzweckwaffe in Sachen Fernsehunterhaltung und Ratgeberbestseller. »Und dabei ist er ja ein echter Arzt«, werden die Menschen nicht müde zu betonen, sobald sein Name fällt. Auch hier murmelt meine Sitznachbarin den Satz leise vor sich hin – ob zu mir oder zu sich selbst, ist mir nicht ganz klar.

Hirschhausens Vortrag ist sehr gelungen: Er präsentiert wissenschaftliche Erkenntnisse zum Thema Glück und Zufriedenheit mit einem präzisen Gefühl für Dramaturgie, Timing und Pointen. Er besitzt das Entertainertalent, intuitiv zu wissen, wann er das Tempo anziehen muss, wann eine Sekundenpause wichtig und wann auch mal ein derbes Wort erlaubt ist. So warnt er beispielsweise vor dem Trugschluss, jeder Mensch wäre durch Positive Psychologie in der Lage, allein durch gute Gedanken sein Schicksal selbst zu bestimmen. »Manche Leute sagen dann so etwas wie: Vielleicht hast du dir den Krebs ja unbewusst gewünscht… oder einfach nur nicht positiv genug gedacht.« Er sieht ins Auditorium. »Klar, so was kann man sich zu Herzen nehmen. Man kann solchen Leuten aber auch ruhig mal voll eins in die Fresse schlagen.«

Dass er seinen Vortrag nicht komplett standardisiert und auswendig gelernt runterspult, merkt man unter anderem daran, dass er als bisher Einziger an mehreren Stellen auf seine Vorredner Bezug nimmt – wenn auch nicht immer voller Respekt und Demut. So macht er sich beispielsweise auf freundliche Art über einen Professor lustig, der einen großen Teil seines Vortrags darauf verwendete, stolz die großen Firmen aufzuzählen, die er bereits beraten hat.

In der Mittagspause sehe ich mir die rund dreihundert Teilnehmer des Glückssymposiums etwas genauer an. Die meisten von ihnen, so habe ich der Teilnehmerliste entnommen, sind Psychotherapeuten, Coachs oder Lehrer. Die Frauen tragen überdurchschnittlich oft asymmetrische rotgefärbte Kurzhaarfrisuren und Doppelnamen auf den kleinen Namensschildchen, die am Morgen zum Anstecken verteilt wurden. An den Männern hingegen fällt überdurchschnittlich langes, wenn auch oft schon schütteres Haar auf. Viele tragen eine Art Uniform aus Gesundheitsschuhen, Cordhose und einem Sakko mit Lederflicken an den Ellbogen. Die wenigen Raucher drehen selbst, und jetzt zur Mittagszeit werden häufig Edelstahl-Thermoskannen mit Tee sowie Tupperschüsseln mit selbst geschmierten Stullen ausgepackt.

Nicht bei allen Teilnehmern des Symposiums kommt Hirschhausens Auftritt gut an. »Unwissenschaftlich«, murren einige, andere beklagen, die »angegriffenen« Vorredner hätten die Gelegenheit zur »Verteidigung« bekommen müssen. Ich merke:

Auch Glück ist eine ernste Sache, und dabei hat Humor für viele nicht das Geringste verloren. Ich muss an meine Gruppe von internationalen Lachyogis in Bangalore denken. Obwohl wir ständig lachten, schien mir doch der Großteil der Gruppe von einer argen Ernsthaftigkeit – und beinahe von Humorfeindlichkeit durchdrungen. Auch auf dem Glückssymposium in Heidelberg möchte man manche der kopfschüttelnd Schimpfenden kurz beiseitenehmen und ihnen freundlich mit auf den Weg geben: »Macht euch mal locker!« Aber ich lasse es bleiben und sehe mich stattdessen weiter um.

Im Foyer und auf dem Flur haben sich mehrere Infostände, Büchertische und eine Glückspostkartenverkäuferin ausgebreitet. Ein Mann will eine »Glückswerkstatt« eröffnen. Was genau er anbietet, ist nicht klar, denn die Leute sollen selbst auf Karteikarten schreiben, was sie in einer »Glückswerkstatt« machen und lernen wollen, und dies an eine Stellwand pinnen. Auch ein Weg zum Glück, denke ich mir: einfach andere die gedankliche Arbeit machen lassen.

Zur Strafe für meine Gehässigkeit stolpere ich beinahe über eine Acht aus Schnüren, die jemand auf dem Boden festgeklebt hat. An den Schnüren kleben Zettel, auf denen »Rückzug«, »Wut«, »Enttäuschung« und »Frust« steht. Leider ist niemand da, der mir erklären kann, was es mit diesem Kunstwerk auf sich hat. Wer auch immer es kreiert hat, hat aber einen Stapel Broschüren dagelassen. Beim »Institut SAM« kann ich mich mit diesen Broschüren zu einem Workshop namens – Achtung, festhalten! – »acht-SAM©« anmelden. Die Wollschnurästhetik schreckt mich jedoch ab.

Lieber sehe ich mich im Foyer noch ein wenig auf den zahlreichen Büchertischen um. Auch hier viel Achtsam- und Betulichkeit. Vor allem das »innere Kind« scheint gerade ein Trendthema zu sein, denn es begegnet mir immer wieder: »Das Arbeitsbuch zur Aussöhnung mit dem inneren Kind« liegt da, unweit des Hörbuchs »Dem inneren Kind begegnen – Ressourcenorientierte Übungen« und weiterer Titel, die zumindest mein inneres Kind mit den Augen rollen lassen. Die Zunge streckt es schließlich beim Autorentext des Buchs »Das innere Kind umarmen« heraus: Die Verfasserin »weiß seit ihrer Kindheit um ihre mediale Begabung und ist bekannt durch Auftritte im TV«, kann man unter ihrem Foto lesen. Wenn ein Medium nicht nur früh entdeckt, dass es ein Medium ist, sondern dies dann auch noch unter »Beweis« stellt, indem es damit in die Medien geht, schließt sich gewissermaßen ein Kreis.

An einem Stand brummt und blinkt eine CD-Brennmaschine etwa in der Größe einer großen Stereoanlage. Hier werden die Audio- und Videomitschnitte der Vorträge direkt auf CD oder DVD gebrannt. Am Ende des Tages kann man ein Set mitnehmen, um zu Hause noch mal alles nachzuhören, anzusehen – oder einfach im Regal zu archivieren. Der Preis hat es in sich: hundert Euro für die Videoversion – und das bei Materialkosten von vermutlich rund drei Euro für Rohling und Plastikhülle. Das Glück, so scheint es, muss man sich eben manchmal auch etwas kosten lassen.

## Die Glücksindustrie

Der Nachmittag gehört gänzlich einem der größten Player der Glücksindustrie: Martin Seligman, dem Begründer der Positiven Psychologie. Europa, so setzt er an, sei durch die Denkschulen von Freud, Marx, Darwin & Co. zu sehr auf die Vergangenheit, auf negative Emotionen und Ereignisse, kurz: auf Probleme konzentriert. Ziel der von ihm mitentwickelten Positiven Psychologie sei es jedoch, stärker in die Zukunft und auf die guten Dinge und Gefühle zu schauen. »Es darf in der Psychologie nicht nur darum gehen, Schlechtes zu reparieren – mindestens ebenso wichtig ist es, Gutes zu fördern«, sagt Seligman, der einen freundlichen Eindruck macht und dessen Hemd sich über einen gemütlichen Bauch spannt.

Sich auf das Positive zu konzentrieren, so Seligman, gehe sogar so weit, dass man darauf achten sollte, in seinen Unterhaltungen erheblich mehr positive als negative Begriffe zu verwenden. Laut einer Studie von Barbara Fredrickson und Marcial Losada aus dem Jahr 2006 könne man beispielsweise allein anhand des Verhältnisses positiver zu negativen Begriffen in Firmenmeetings ablesen, wie es um die Firma bestellt sei. Kamen bei den erfolgreichen Firmen, deren Meetings ausgewertet wurden, auf mindestens 2,9 positive Wörter ein negatives, so war bei schlechter laufenden Firmen das Verhältnis etwa eins zu eins. Ähnliches förderte eine Studie des Psychologen John Gottman zutage, der unzähligen Paaren beim Diskutieren und Streiten zuhörte. Glückliche Paare, so sein Ergebnis, haben ein Verhältnis von fünf positiven Begriffen zu einem negativen in ihren Unterhaltungen. Schon ein Verhältnis von langfristig weniger als fünf zu eins signalisiere laut Gottman Probleme in der Beziehung. Bei Paaren kurz vor der Scheidung sei das Verhältnis aus positiven und negativen Begriffen etwa ausgewogen.

Einerseits deckt sich vieles davon mit meinen eigenen Erfahrungen: Menschen, die ständig nur darüber reden, wie schlecht alles ist und wie schrecklich diese oder jene Person, ziehen mich irgendwann so runter, dass ich keine Lust mehr habe, Zeit mit ihnen zu verbringen – und ziehe mich schließlich zurück, wodurch ich ihnen einen weiteren Grund gebe zu nörgeln und zu meckern. Positiv gestimmte Menschen wiederum wirken mit ihrer Art ansteckend: Selbst wenn man selbst vielleicht vor dem Treffen schlechte Laune hatte und Probleme wälzte, geht man danach positiv gestimmt nach Hause.

Trotzdem ist die Beobachtung aus den Firmenmeetings, von der Seligman berichtet, nicht so wahnsinnig überraschend: Ist es zum Beispiel nicht logisch, dass in Meetings einer erfolglosen Firma auch mehr negativ besetzte Wörter fallen? Wer kurz vor dem Konkurs steht, muss zwangsläufig über unerfreuliche Themen reden – ebenso ist es nicht sehr überraschend, dass in einer Ehe, die vielleicht aus einem ganz konkreten Grund gescheitert ist, eher negative Begriffe fallen. Eine wirkliche Kausalität, das sagt auch Seligman, besteht nicht – aber ohne eine solche Kausalität ist auch der Ratschlag, darauf zu achten, viele positive Begriffe zu verwenden, relativ sinnlos.

Doch Seligman hat noch andere Theorien im Gepäck. Eine, die ich bemerkenswert finde, hat mit Durchhaltevermögen zu tun. Glück, so Seligman, basiere neben der Konzentration auf das Positive, neben Flow-Erlebnissen und neben stabilen Beziehungen zu anderen Menschen auch auf dem Gefühl, etwas zu schaffen. Dieses »Accomplishment«, so der englische Begriff, meint dabei nicht unbedingt beruflichen Erfolg, sondern allgemein das Erreichen von Zielen, die einem wichtig sind. Ob jemand solche Aufgaben bewältige und seine selbst gesteckten Ziele erreiche, so Seligman, hänge jedoch weit weniger von Faktoren wie Talent oder Intelligenz ab, als wir bisher annahmen. Eine viel wichtigere Eigenschaft, wenn es darum geht, solche Leistungen vorherzusagen, sei »Grit« – zu Deutsch so viel wie Mumm, Durchhaltevermögen, vielleicht auch Biss.

»Viel Grit haben heißt: nicht so schnell aufgeben«, erklärt Seligman. »Und Grit ist ungefähr doppelt so wichtig für das Erreichen von Zielen wie unser Intelligenzquotient oder unser Talent in diesem Bereich.«

Er und seine Mitarbeiter haben zwei Jahre lang die nationalen Ausscheidungen des in den USA beliebten Buchstabierwettbewerbs beobachtet, an dem Schulkinder aus dem ganzen Land sich über Stadt, Bezirk und Bundesstaat bis zum großen Finale in der Hauptstadt Washington hochbuchstabieren können. »Wir haben im Vorfeld verschiedene Eigenschaften der Teilnehmer gemessen«, so Seligman, »und konnten die späteren Sieger schon vorher erkennen: Es waren nicht die mit dem höchsten Intelligenzquotienten oder den besten Schulnoten, sondern die mit den besten Werten im Bereich Durchhaltevermögen.«

## Tanz auf der Bühne

Mindestens ebenso faszinierend wie Seligmans Vortrag ist die tänzerische Darbietung, die er und die Simultanübersetzerin zum Besten geben. Denn nicht nur Seligman läuft auf der Bühne auf und ab; auch die Übersetzerin glaubt aus unerfindlichen Gründen, sie wäre nur zu hören, wenn sie unmittelbar neben dem Professor steht und ihm auf Schritt und Tritt folgt. Harte Manndeckung würde man das beim Fußball nennen. Bei einem Vortrag war mir ein solches Schauspiel noch nie vergönnt. Seligman wandert von links nach rechts, von seinem Stehpult zum Bühnenrand – und die Übersetzerin flitzt hinterher, stößt manchmal beinahe mit ihm zusammen, wenn Seligman sich spontan für eine andere Richtung entscheidet, und kommt vor lauter Kreuz und Quer im Lauf des zweistündigen Vortrags sogar ein wenig außer Atem.

Auch Seligman verwendet mehr als genug Zeit darauf, ausführlich darzulegen, welche großen Firmen er berät und welche wichtigen internationalen Institutionen ihn bereits um Rat gefragt haben. Praktische Ratschläge für mein Glücksexperiment bekomme ich kaum zu hören – aber das ist nicht schlimm, mein Anliegen ist ja auch ein eher spezielles.

Einen konkreten Ratschlag hat er jedoch. Im Laufe seiner jahrelangen Forschung und seiner Studien an Tausenden von Studenten, Konzernmitarbeitern und Nachwuchsführungskräften hat er herausgefunden, dass »eines der einfachsten und wirkungsvollsten Mittel, seine Lebenszufriedenheit dauerhaft zu steigern, eine Art Tagebuch der Dankbarkeit ist«. Jeden Abend, so sein Ratschlag, solle man drei Dinge aufschreiben, die an diesem Tag gut gelaufen sind. Dinge, die einen glücklich gemacht haben und für die man dankbar ist. »Das sollte nicht länger als fünf Minuten in Anspruch nehmen«, sagt er. »Aber Sie werden merken, dass Sie sich schon nach zwei Wochen glücklicher fühlen.«

Ich hatte schon mehrfach von diesem Ansatz gelesen. Manche Ratgeber nennen ihn »Dankbarkeitstagebuch«, andere sprechen davon, seine »Segnungen« (im Englischen: blessings) zu zählen. Ausprobiert habe ich es bisher nicht. Dabei leuchtet das Konzept absolut ein: Sich am Ende des Tages auf die positiven Dinge in seinem Leben zu konzentrieren, statt über die kleinen Widrigkeiten und Ärgernisse nachzugrübeln, sorgt sicherlich nicht nur für einen besseren Schlaf, sondern auch für eine generell zufriedenere Einstellung gegenüber dem eigenen Leben. Gleich morgen, nehme ich mir vor, kaufe ich mir ein kleines Notizbuch und beginne mit dem Dankbarkeitstagebuch!

Vor der abschließenden Podiumsdiskussion wird darauf hingewiesen, Martin Seligman würde am folgenden Tag gerne ein paar Studentinnen im kleinen Kreis treffen. Zuerst denke ich mir: »Hey, welcher Mann in seinem Alter würde das nicht? Doch mutig, das so offen auf der Bühne auszusprechen.« Bis es mir wenige Momente später dämmert: Es handelte sich nicht um ein zweideutiges Angebot. Natürlich waren »StudentInnen« gemeint, also die politisch korrekte und geschlechtlich neutrale Form. Nur dass das große i eben nicht durch ein Mikrofon passt.

## Rennauto-Karaoke

Zurück in Berlin. Ich weiß nicht, wie oft ich inzwischen schon an dem Zettel vorbeigelaufen bin, der in meinem Viertel an mindestens jeder dritten Ampel hängt: »Sing ein Lied – sei glücklich!«, steht darauf. Genau solche Glücksversprechen zu testen, ist doch der Grundgedanke meines Experiments. Trotzdem habe ich es geschafft, den kleinen orangefarbenen Abschnitt mit der Telefonnummer, den ich schon mehrfach abgerissen habe, immer wieder zu verlieren. Manchmal glaube ich, mir fehlt einfach der Grit, den Seligman beschrieben hat. In manchen Dingen habe ich etwa so viel Durchhaltevermögen wie ein Stück Butter auf einem heißen Toast.

Damit ich gar keine Chance habe, den Zettel gleich wieder zu verlieren, rufe ich diesmal direkt von der Kreuzung aus an. Es meldet sich Jeanette, Sängerin, Komponistin und Gesangslehrerin. Wir verabreden eine Probestunde für zwei Tage später, und sie beschreibt mir, wo sie wohnt.

Die Wohnung der Gesangslehrerin liegt zentral, in einem Hinterhaus, und wäre normalerweise wunderbar ruhig – wenn nicht der Mieter, der in der Wohnung darüber wohnt, in der Lautstärke eines Düsentriebwerks Gitarrenrock von Mötley Crüe und Led Zeppelin hörte. »O Mann, der Typ nervt«, sagt Jeanette. »Wenn er wenigstens einen guten Musikgeschmack hätte!«

Ich nehme auf dem Sofa Platz und versuche, Verständnis für den Nachbarn aufzubringen: Vielleicht versucht er durch das Rock-Inferno einfach, das jämmerliche Krächzen von Gesangsschülern wie mir auszublenden. Denn schließlich sind die Wände sicherlich nicht nur in eine Richtung schalldurchlässig.

Als Erstes will die Gesangslehrerin wissen, wann, wie oft und wie ambitioniert ich singe. Ich sage, dass sich meine Vorkenntnisse auf ein paar betrunkene Abende in Karaokebars und das Playstation-Spiel »Singstar« beschränken. Früher habe ich noch öfter für mich alleine Gitarre gespielt und dazu gesungen. Aber irgendwann musste ich mir eingestehen, dass meine Fähigkeiten allenfalls dazu reichten, Frauen zu verjagen – aber niemals, um sie herumzukriegen. Man darf gar nicht unterschätzen, wie sehr das Leben eines jungen Mannes einzig und allein auf diese Frage ausgerichtet ist! Also schwand meine Motivation, Akkorde zu üben und »Nightswimming« von R.E.M. fehlerfrei zu lernen, rapide.

## Schwule Vögel in Australien

»Dann arbeiten wir zuerst mal an der Erweiterung deines Tonumfangs und an der Stabilität deiner Stimme«, schlägt Jeanette vor und setzt sich an das E-Piano, auf dem ein halbes Dutzend Fotos ihres kleinen Sohnes steht. Der ist offensichtlich gerade in die Schule gekommen.

Wir machen Übungen, bei denen ich zuerst Töne wie ein Rennauto mache und dabei langsam in der Tonhöhe nach oben gehe. »Prrrm-Prrrm-prrm-prrrm-prrrm« (tief). »Prrrm-Prrrm-prrm-prrrm-prrrm« (weniger tief). »Prrrm-Prrrm-prrm-prrrm-prrrm« (mittelhoch). »Prrrm-prrrch-...-*kieks*!« Relativ schnell ist Schluss, und meine Stimme stockt.

»Da müsstest du jetzt in die Kopfstimme gehen«, sagt Jeanette, die die Töne mit ihrem elektrischen Klavier vorgegeben hat. Sie sagt das ganz sachlich, trotzdem fühlt es sich komisch an, vor einer fremden Person laut zu singen – von Rennautogeräuschen ganz zu schweigen.

In der Schule mussten wir im Musikunterricht einzeln vor der ganzen Klasse vorsingen – das war mir damals schon unangenehm. Das Lied handelte vom Kookaburra, einem australischen Vogel. Der Text war englisch und vermutlich über ein halbes Jahrhundert alt. An einer Stelle wurde besungen, wie »gay« – also fröhlich – das Leben des Kookaburra war. Wir konnten zwar damals noch so gut wie kein Englisch. Aber Dimitri, der frühreife Griechenjunge, der damals schon rauchte, Heavy Metal hörte und sich rasierte, raunte uns aus der letzten Bank zu, dass »gay« eigentlich – verschwörerische Pause – »schwul« bedeute.

Ich wiederum hatte damals noch keine richtige Vorstellung, was »schwul« genau bedeutete – aber mitten in den hormonellen Wirrungen des allerbesten Stimmbruchs vor der ganzen Klasse ein Lied singen zu müssen, das offenbar auch noch von einem homosexuellen Vogel handelte, war definitiv eines der schlimmsten Erlebnisse meiner Schulzeit.

Prompt bekomme ich dieselben schweißnassen Hände wie damals, als ich nach den Rennautogeräuschen nun richtig singen soll. Wieder werden die Töne nach und nach immer höher, diesmal in einer kleinen Fünftonmelodie von »Ning-Ning-Ning-Ning-Ning«. Wieder bricht irgendwann die Stimme weg. Glücklich durch Gesang? Eher verkrampft-beschämt, würde ich sagen.

Aber Jeanette hat gute Tipps: den Mund weiter öffnen, mehr Spannung im Zwerchfell erzeugen, an den entscheidenden Stellen leiser singen: »Denk eher an ein Seufzen!«

Nach und nach klappt es besser. Als es darum geht, möglichst lange am Stück zu singen, sich also den Atem gut einzuteilen, gibt es das erste Lob. Vielleicht haben sich die Ausdauerübungen mit dem Personal Trainer Anfang des Jahres also doch ausgezahlt, und meine Lunge ist besser in Form, als ich dachte. Trotzdem – ein richtiger Spaß ist das hier nicht. Eher harte Arbeit. Aber das ist beim Lernen einer Sprache ähnlich: Das Lernen selbst ist kein Vergnügen, aber sich später in einem fremden Land verständigen zu können, die Menschen, Zeitungsschlagzeilen und Plakate zu verstehen – das ist großartig! Vielleicht ist es beim Singen auch so: Nicht der Weg ist das Ziel, wie es so oft heißt – nein, das Ziel ist das Ziel.

Am Ende der Stunde soll ich mir noch ein Lied aussuchen, das ich singen möchte. Alles, aber bitte nicht den Kookaburra, denke ich mir und entscheide mich für »Where Is My Mind?« von den Pixies. »Nicht ganz einfach«, sagt Jeanette, klappt ihren

Computer auf und sucht bei YouTube nach einer Karaokeversion des Stücks. »Früher musste ich immer alles am Klavier begleiten«, sagt sie. »Was vor allem schwierig ist, wenn man die Lieder nicht kennt, die die Leute singen wollen. Dank YouTube ist das jetzt ganz einfach.«

Ich fange an zu singen und muss plötzlich nicht mehr an das benotete Vorsingen im Unterricht denken, sondern an das Finale des Films »Fight Club«, in dem zu diesem Lied Wolkenkratzer gesprengt werden. Und an das Festival, auf dem ich das Lied zum ersten Mal live gehört habe. Ich klettere nicht auf das Sofa der Gesangslehrerin und greife mir auch nicht selbstvergessen die Stehlampe als Mikrofonersatz – aber ich gerate heute zum ersten Mal in einen Flow-Zustand. Ich höre auf, mich selbst zu beobachten, sondern höre einfach die Musik und singe mit – und es klappt ziemlich gut. Für meine bescheidenen Verhältnisse.

»Du bist warmgesungen und hast auch ein paar von den Sachen angewendet, die ich dir vorher gezeigt habe«, sagt Jeanette, als ich fertig bin. So galant sie vorhin über mein Gekrächze hinweggesehen hat, so wenig ist sie nun von meiner – wie ich finde deutlich besseren – Leistung beeindruckt. Aber die Arme muss vermutlich den ganzen Tag Kookaburra-geschädigten Hobbysängern wie mir zuhören. Da bleibt nicht mehr viel Enthusiasmus übrig. Ich bezahle die Probestunde und mache mich auf den Weg nach Hause.

Ich weiß nicht, ob mich Gesangsstunden wirklich glücklich machen können oder ob doch die Scham, der innere Widerstand und dessen ständige Überwindung mich eher fertigmachen. Aber der Unterricht war auf alle Fälle inspirierend. Zu Hause hole ich zum ersten Mal seit Ewigkeiten wieder meine Gitarre aus dem Koffer – selbst nach dem beglückenden nächtlichen Konzert in Indien mit Rumi Hallelujah Baba konnte ich mich nicht aufraffen, daheim wieder zu spielen.

Ich suche im Internet nach den Akkorden für ein Lied, das

Jessica und ich neulich auf einem Konzert gehört haben. Zum Glück sind die Akkorde selbst für einen eingerosteten Gitarristen wie mich einfach zu spielen, und als Jessica am Abend nach Hause kommt, nehme ich so viel Mut zusammen, wie ich schon seit meinem Hochzeitsantrag im November nicht mehr gebraucht habe, und singe ihr ein Ständchen: »She knows which birds are singin' / And the name of the trees where they're performin' / In the mornin' / And in January we're gettin' married / Come January let's get married.«

Eigentlich wäre das auch ein schönes Lied gewesen, um ihr damit in Las Vegas den Heiratsantrag zu machen. Aber dann wäre ich vermutlich vor Nervosität wirklich gestorben.[35]

---

[35] Der Vollständigkeit halber: Jessica und ich haben nach unserer Hochzeit in Las Vegas im Sommer noch einmal geheiratet – mit unseren Familien und all unseren Freunden in Deutschland. Um das Buch nicht zu hochzeitslastig werden zu lassen – und vielleicht auch um einen Rest an Privatsphäre zu wahren –, gibt es von der zweiten Hochzeit keine ausführliche Schilderung. Nur so viel Erkenntnis in Kurzform: Hochzeiten machen glücklich, egal wo man sie feiert. Sie machen aber umso glücklicher, mit je mehr Menschen man seine Liebe gemeinsam zelebriert, je weniger offizielle Reden und Vorträge es gibt – und je mehr Zeit man unverplant lässt, um miteinander zu reden, zu lachen und zu tanzen.

## Zehn kleine Glücksmomente

- Mit dem Auto spät dran sein – und dann eine grüne Welle haben

- Mit dem Auto spät dran sein – und trotz Vorfahrt einen anderen reinwinken

- Den alten Kinderspielplatz besuchen, auf dem man die ersten Jahre seines Lebens verbracht hat – und sich darüber wundern, wie groß es einem damals vorkam und wie winzig alles in Wirklichkeit ist

- Beim Wandern Himbeeren, Walderdbeeren oder andere unverhoffte Köstlichkeiten finden

- Am Strand genau auf dem Streifen laufen, wo der Sand noch ein bisschen feucht und fest ist

- Im Urlaub für einen Einheimischen gehalten werden

- Das Knacken von Holz in einem Kamin an einem Winterabend

- Sich, obwohl man müde ist, zum Ausgehen überwinden – und eine fabelhafte durchtanzte Nacht erleben

- Eine Abendveranstaltung, auf die man keine Lust hat, einfach absagen und sich ohne schlechtes Gewissen stattdessen mit einem Buch in die Badewanne legen

- Das Telefon in die Hand nehmen, um einen Freund anzurufen – und in derselben Sekunde klingelt es, und der Betreffende ist dran

# August

Wie Medikamente wirken, die glücklich machen sollen

Warum man nicht »richtig streiten« kann

Wie man es schafft, eine Freundschaft zu erhalten

*»Werbung basiert auf einer Sache: Glück. Und wissen Sie,*
*was Glück ist? Glück, das ist der Geruch eines neuen Autos.*
*Es ist die Befreiung von Angst. Glück, das ist eine Werbetafel*
*am Rande der Straße, die dir beruhigend entgegenschreit,*
*dass alles, was du tust, in Ordnung ist. Alles ist okay.«*

Don Draper in der TV-Serie »Mad Men«

Übelkeit. Vermehrte Schweißbildung. Herzbeschwerden. Erbrechen. Schwindelanfälle. Impotenz. Schlaflosigkeit. Sehstörungen. Durchfall…

Die Liste der Nebenwirkungen, die auf dem dünnen Papier stehen, ist lang.

Mehrere Minuten lang versuche ich, den Beipackzettel wieder so zusammenzufalten, wie er in der Tablettenschachtel steckte – ohne Erfolg. Doch das ist bloße Zeitschinderei. Dann überwinde ich mich. Ich drücke eine der Kapseln durch die Folie in meine Handfläche. Die eine Hälfte der länglichen Kapsel ist gelb, die andere durchsichtig, in ihrem Inneren rasseln kleine weiße Kügelchen. Ich zucke mit den Schultern, obwohl niemand da ist, der das sehen könnte, werfe mir die Kapsel in den Mund und beuge mich unter den Wasserhahn, um sie hinunterzuspülen. Danach betrachte ich mich im Spiegel und horche in mich hinein, ob sich Übelkeit, Impotenz und Durchfall schon ankündigen. Natürlich passiert erst mal rein gar nichts.

Das Medikament, das ich mir an diesem Sommermorgen zum ersten Mal verabreicht habe, heißt Venlafaxin, und laienhaft würde man es vermutlich als eine moderne, verbesserte Variante von Prozac bezeichnen. Chemisch handelt es sich bei Venlafaxin um einen sogenannten »selektiven Serotonin-Noradrenalin-Wiederaufnahmehemmer« (SSNRI[36]). Diese Art von

---

[36] Vom englischen »Selective Serotonin-Noradrenalin Re-Uptake Inhibito«. SSRI steht für »Selective Serotonin Re-Uptake Inhibitor«; hier wird also nur in den Serotonin-, nicht in den Noradrenalin-Haushalt eingegriffen.

Psychopharmaka, die auch unter den Markennamen Trevilor, Yentreve oder Cymbalta vertrieben werden, leistet durch Manipulation des Serotonin-Haushalts überaus effektiv das, was viele andere Dinge, die ich für dieses Buch ausprobiert habe, auch versprechen: einen Menschen glücklicher zu machen.[37] Etwas weniger laienhaft ausgedrückt funktionieren SSNRIs folgendermaßen:

- Sie wirken nur an denjenigen Synapsen, die Serotonin als Neurotransmitter verwenden (daher »selektiv«).

- Sie verhindern, dass die Neuronen das in die Synapsen abgegebene Serotonin wiederaufnehmen (also den »Re-Uptake«, für den das R in der Abkürzung steht).

- Dadurch entsteht eine erhöhte Konzentration an Serotonin (und in geringerem Maß auch Noradrenalin) in der Gewebeflüssigkeit des Gehirns.

- Wie genau das erhöhte Serotonin-Level die Depressionen oder Angststörungen verschwinden lässt, dafür gibt es mehrere unterschiedliche Theorien, von denen sich bislang keine endgültig durchgesetzt hat. Noch schwieriger wird es, wenn man berücksichtigt, dass Menschen, bei denen man die Serotoninmenge künstlich absenkt, nicht in Depressionen verfallen. Die grundsätzliche Wirksamkeit von SSRIs und SSNRIs wurde jedoch in zahlreichen kontrollierten Studien nachgewiesen.

---

[37] Zeit für einen kurzen Warnhinweis: Psychopharmaka wie das im Text beschriebene Venlafaxin sind verschreibungspflichtige Medikamente, die in ihrer Wirkung nicht zu unterschätzen sind. Sie sollten nicht zum Spaß und bei gegebener Indikation nur in Absprache mit einem kompetenten Arzt eingenommen werden. Ich befand mich während meines Medikamenten-Selbstversuchs in kompetenten Händen – diese Hände baten jedoch um Anonymität. Gleichzeitig soll dieser Erfahrungsbericht an keiner Stelle als Werbung für irgendein Medikament verstanden werden. Mit anderen Worten: Bitte nicht einfach so zu Hause nachmachen!

# Glück in Kapseln

Ich leide weder an Depressionen noch an Angststörungen oder anderen Dingen, gegen die das Medikament üblicherweise eingesetzt wird. Gleichzeitig ist seine generelle Wirksamkeit inzwischen anerkannt. Natürlich gibt es immer Ausnahmen, aber in den meisten Fällen ist es den Forschern inzwischen gelungen, die Justierungsrädchen unserer Hirnchemie so genau einzustellen, dass Menschen, die zuvor nur Krankheit und Leid kannten, wieder neue Lebensfreude und Kraft schöpfen können.[38] Doch wäre es möglich, dass diese kleinen weißen Kügelchen, die in der gelb-durchsichtigen Kapsel rasseln, nicht nur die Traurigkeit eines depressiven Menschen lindern, sondern auch einen nichtdepressiven Menschen glücklicher machen?

Einmal gefasst, lässt mir dieser Gedanke keine Ruhe. Meine Recherche ergibt Widersprüchliches zu der Frage, ob moderne Antidepressiva bei gesunden Menschen überhaupt wirken können. Nein, lautet die Antwort der einen Seite, kurz und auch für den Laien relativ gut zu begreifen. Ähnlich wie Aspirin, das zwar Schmerzen lindert, wenn man welche hat, das Wohlbefinden aber nicht weiter steigert, wenn man schmerzfrei ist. Antidepressiva, so die eine gängige Meinung, wirken eben auch nur bei Depressiven.

Doch es gibt auch andere Stimmen. Der amerikanische Psychologieprofessor Jonathan Haidt, der für eine Weile probeweise das SSRI-Präparat Paxil einnahm, obwohl auch er nicht an Depressionen litt, berichtet in seinem sehr lesenswerten

---

[38] Dass solche Medikamente dann stets als »Dauerlösung« bis ans Lebensende genommen werden müssen, kann zwar in manchen Fällen ratsam sein, ist aber nicht zwangsläufig so. Oft, so ein von mir befragter Psychotherapeut, reicht es auch, eine Krisensituation durch Psychopharmaka zu überwinden, sodass anschließend wieder auf das Medikament verzichtet werden kann.

Buch »The Happiness Hypothesis« Folgendes: »Doch dann, eines Tages (…), änderte die Welt die Farbe. Ich wachte eines Morgens auf, und meine Sorgen über mein hohes Arbeitspensum und meine ungewisse Zukunft als Wissenschaftler ohne Festanstellung waren verschwunden. Es war wie Zauberei. Eine ganze Reihe von Veränderungen, an denen ich jahrelang erfolglos gearbeitet hatte – lockerer zu sein, fröhlicher zu sein, weniger über meine Fehler nachzugrübeln –, waren einfach über Nacht eingetreten.«

Haidt beschreibt jedoch eine Nebenwirkung, die schließlich dazu führt, dass er das Medikament wieder absetzt: Sein Gedächtnis verschlechtert sich rapide. Nicht nur neue Dinge kann er sich auf einmal nicht mehr merken. Auch bereits lang Gespeichertes, wie der Name eines alten Freundes, entfällt ihm plötzlich. »Ich entschied, dass ich als Professor mehr auf mein Gedächtnis angewiesen war als auf meinen Seelenfrieden. Und hörte deshalb [nach acht Wochen] wieder auf, Paxil zu nehmen.« Nach einigen Wochen, so schreibt er, »kehrten meine Erinnerungen zurück, ebenso wie meine Sorgen. Was blieb, war die Erfahrung aus erster Hand, wie es war, die Welt nicht nur durch eine rosarote Brille, sondern mit gänzlich neuen Augen zu sehen.« Am Ende fasst Haidt zusammen: »Das Medikament verwandelte mich in etwas, das ich nicht war, aber gerne sein wollte: einen Menschen, der sich weniger Sorgen macht und der die Welt voll von Möglichkeiten sieht anstatt voller Bedrohungen. (…) Hätte es keine Nebenwirkungen gegeben, würde ich es heute noch nehmen.«

# Gähn dich glücklich

Wer hat nun recht? Die Leute, die sagen, als Nichtdepressiver könne man genauso gut Smarties essen statt SSNRIs? Oder jemand wie Haidt, der durchaus eine Wirksamkeit feststellen konnte – wenn auch nicht ausschließlich positiver Natur?

Manche Dinge kann man nur selbst herausfinden. Deshalb stehe ich an diesem Augustmorgen im Bad, lese den Beipackzettel, schaue in den Spiegel und warte, dass die soeben geschluckte Kapsel etwas mit mir macht. Mindestens zwei Wochen dauert es, so die einschlägige Literatur, bis sich eine erste Wirkung des Medikaments einstellt. Doch bei mir geht es bereits am Nachmittag richtig los.

Mir ist nicht schwindlig, aber ich fühle mich, als hätte ich eine Art unsichtbaren Schaumstoffanzug an. Alles ist ein wenig gedämpft.

Außenstehende versichern mir, dass ich mich ganz normal bewege, es kommt scheinbar nur mir allein langsamer vor. Ich fühle mich ganz und gar nicht müde, gleichzeitig muss ich wie aus einem Reflex heraus bestimmt alle zwei Minuten gähnen. Dieses Gähnen ist zumindest in den ersten Tagen die extremste Veränderung. Nicht nur dass mich permanent Leute darauf ansprechen. Manche sind sogar gekränkt, weil sie denken, ich würde mich in ihrer Gegenwart offensichtlich langweilen.

Gleichzeitig fährt mir bei jedem Gähnen ein Schauer durch den ganzen Körper, der irgendwo zwischen dem Prickeln einer Gänsehaut, einem Orgasmus und Kreislaufschwäche angesiedelt ist.

Veränderungen in meiner Stimmung merke ich in den ersten Tagen jedoch nicht. Das Dauergähnen und das seltsame Gefühl, in Watte gepackt zu sein, nehmen nach ein paar Tagen wieder ab. Ganz verschwinden werden sie jedoch die nächsten sechs Wochen, in denen ich jeden Morgen eine Kapsel einnehme, nicht mehr. Entwarnung kann ich lediglich bezüglich

Übelkeit, Durchfall, Schweißausbrüchen, Impotenz und all den anderen gruseligen Nebenwirkungen geben, vor denen ich vorher Angst hatte.

Das liegt unter anderem daran, dass sich die Antidepressiva im Lauf der Zeit immer weiterentwickelt haben. Prozac dürfte in diesem Bereich wohl der bekannteste Name sein – ursprünglich wollte ich mein Experiment auch damit durchführen, die moderneren SSNRIs gelten jedoch als verträglicher.

Seit Prozac im Jahr 1987 auf den Markt kam, haben Antidepressiva einen weltweiten Siegeszug angetreten. Als eines der ersten Medikamente wurde Prozac nicht nur unter einem peppig klingenden Fantasienamen, sondern auch mit einer gigantischen Werbekampagne in den Markt gedrückt – der es wiederum dankbar aufnahm. Schließlich machten zu jener Zeit immer mehr Geschichten von Valiumabhängigkeit die Runde.

Prozac galt als leichter verträglich und dabei effektiver als die bisherigen, die sogenannten trizyklischen Antidepressiva. In den Neunzigerjahren wurde das Medikament des Pharmakonzerns Eli Lilly immer häufiger verschrieben und zu einer Modedroge, einer Art »pharmazeutische Fendi-Handtasche«, wie es der Guardian einmal umschrieb. Im Jahr 1999 war das Antidepressivum für mehr als ein Viertel der zehn Milliarden Dollar Umsatz des Herstellerkonzerns verantwortlich.

Kritiker wie David Healy – Verfasser des Buchs »Let Them Eat Prozac« – bemängeln vor allem die simplistische Grundhaltung, die ihres Erachtens hinter dem Medikament stecke: Lediglich den niedrigen Serotoninspiegel dafür verantwortlich zu machen, dass es jemandem psychisch schlecht geht, sei zu einfach gedacht – und oft auch schlicht falsch, auch wenn es für Betroffene oft eine gewisse Erleichterung bringe, wenn die aus der Balance geratene Chemie die »Schuld« an der Misere trägt.

Tragödien wie der Amoklauf eines Druckereiangestellten, der nach einem Monat auf Prozac erst acht Menschen und dann sich selbst mit einem Maschinengewehr tötete, lassen ebenso Vorbehalte an dem Medikament aufkommen wie die wiederholten Fälle von Teenagerselbstmorden in der Frühphase einer Therapie mit Prozac und ähnlichen Medikamenten.

Nach über zwanzig Jahren am Markt überwiegen für die meisten Wissenschaftler und Psychiater jedoch die positiven Effekte. Sie gehen davon aus, dass der Verzicht auf ein Medikament wie Prozac bei einer andauernden oder wiederkehrenden Depression mehr Risiken berge als seine Einnahme. Das kann man auch an der Anzahl der Verschreibungen ablesen: Nicht nur in der Prozac-Hochburg USA, auch in Europa ist die Zahl der Menschen gestiegen, die sich Psychopharmaka verschreiben lassen. Heute nehmen in Europa im Durchschnitt acht Prozent aller Menschen Antidepressiva. Portugal ist mit rund fünfzehn Prozent Spitzenreiter, Griechenland mit drei Prozent Schlusslicht. Deutschland liegt mit etwa fünf Prozent ein wenig unter dem Durchschnitt.

## Das doppelte Tabu

Interessant finde ich, dass man bei Antidepressiva wie Prozac oder eben auch Venlafaxin auf eine Art doppeltes Tabu stößt. Zunächst einmal wird bereits die zu behandelnde Erkrankung (also beispielsweise eine Depression oder Angststörung) in unserer erfolgsorientierten Gesellschaft noch immer misstrauisch beäugt. Auch wenn sie unter den meisten jungen Erwachsenen mittlerweile nicht mehr als Stigma gilt, wird eine solche Krankheit doch meist erst dann zugegeben, wenn sie erfolgreich überwunden wurde.

Aber es scheint mir noch ein zweites, damit eng verknüpftes Tabu zu geben. Selbst wenn man zum Beispiel an wiederkehrenden Depressionen leidet, lautet nach meiner Wahrnehmung die gängige Meinung, man habe die Pflicht, sie in notfalls jahrelanger Gesprächstherapie in den Griff zu bekommen. Wer sich stattdessen in Absprache mit seinem Therapeuten und einem Neurologen »einfach was verschreiben« lässt, nimmt in den Augen vieler eine unlautere, eine ungehörige Abkürzung. So wie Doping beim Sport verpönt ist, sehen viele Menschen auch einen Eingriff in die chemische Balance unseres Gehirns als eine unanständige Manipulation an – »ohne die es doch auch gehen muss«.

Dieses strenge Urteil mag in einer Art protestantischer Arbeitsethik begründet liegen – nur wer an sich arbeitet, wer sich seinen Ängsten stellt und sie überwindet, hat ein glückliches Leben auch wirklich verdient. Eine andere Erklärung wäre das – oft durchaus berechtigte – Misstrauen gegenüber der Pharmaindustrie und verschreibungswütigen Ärzten, die allzu schnell ihren Schrank aufmachen und die Gratisprobe herausholen, die der letzte Vertreter dagelassen hat. Doch welcher Grund auch immer dahintersteckt – am Ende bleibt das moralische Fazit: Wer an sich arbeitet, durch jahrelanges Graben irgendwann zum Kern seiner Probleme vordringt und sie »aufarbeitet«, der hat sich unseren Respekt verdient. Wer sich hingegen ein Medikament verschreiben lässt und dadurch vielleicht am Ende das gleiche Ergebnis erzielt, macht es sich zu bequem und handelt dadurch unmoralisch.

Mein für die meisten sicherlich noch unmoralischeres Experiment in Sachen Selbstmedikation geht inzwischen weiter. Im Gegensatz zu dem, was Jonathan Haidt in seinem Buch schildert, passiert bei mir nichts über Nacht. Den Tag, an dem ich morgens aufwache und die Welt durch eine rosarote Brille sehe, gibt es bei mir nicht. Dennoch merke ich, wie sich nach zwei bis drei Wochen regelmäßiger Einnahme eine gewisse Grundentspanntheit in mir ausbreitet.

Es beginnt mit kleinen Dingen: Normalerweise verwende ich schon bei unwichtigen Entscheidungen unverhältnismäßig viel

Zeit darauf, mögliche Konsequenzen, Vor- und Nachteile abzuwägen. Wenn fünf verschiedene Besorgungen zu machen sind, mache ich mir minutenlang darüber Gedanken, welche Reihenfolge die beste wäre. »Wenn ich zuerst zum Schuster und dann zur Bank gehe und dann zum Supermarkt, ist der Weg am kürzesten. Aber dann muss ich die ganze Zeit über Getränkekisten durch die Gegend tragen. Wenn ich erst am Ende Geld hole, kann ich die Reinigung nicht bezahlen...« Und so weiter und so fort. Dank der kleinen Kapseln, die ich jeden Morgen nehme, sind mir viele dieser Banalitäten, mit denen ich mich früher tatsächlich ernsthaft auseinandergesetzt habe, plötzlich herzlich egal. Alles nicht so wichtig. Ich werde nicht zum bekifften Surfer Jeff Spicoli aus »Ich glaub' ich steh' im Wald«, der sich darüber amüsiert, wie sich sein Kopf anhört, wenn er mit einem Schuh darauf herumtrommelt. Ich verpasse auch keine einzige Artikel-Deadline oder andere wichtige Termine. Ich bin einfach nur ein bisschen weniger obsessiv und halte mich seltener mit Kleinkram und Grübeleien auf. Soweit erst mal ganz angenehm.

Doch auch in schwerwiegenderen Angelegenheiten zeigt das Medikament Wirkung: Je näher die Steuerprüfung rückt, umso gelassener werde ich diesbezüglich. Es kommt, wie es kommt, scheint mir eine innere Stimme zu sagen. Du hast nichts Dramatisches zu befürchten. Selbst wenn sie dir aus einer Kleinigkeit einen Strick drehen wollen, dann ist das in einem Jahr auch nur noch eine ferne Erinnerung, über die du den Kopf schütteln wirst. Über die du höchstwahrscheinlich irgendwann sogar lachst, wenn du sie anderen erzählst.

Als ich vier dicke Aktenordner mit Unterlagen beim örtlichen Finanzamt abgebe, habe ich sogar richtiggehend gute Laune und bin kurz versucht, den Sachbearbeitern dort ein Eis zu kaufen. Die Armen sitzen bei strahlendem Sonnenschein zu viert in einem winzigen Büro. Dann belasse ich es bei größtmöglicher Freundlichkeit, die gerade noch nicht als Bestechungsversuch oder offenkundiger Irrsinn verbucht werden kann, und mache mich ohne Ordner und befreit von der Angst vor dem Prüfungsergebnis auf den Heimweg.

Im sozialen Bereich verliere ich die Schüchternheit, die mich begleitet, seit ich denken kann, und die ich oft genug verflucht habe. »Ich dachte die ganze Zeit, du wärst arrogant, weil du nie etwas gesagt hast«, war eine häufige Reaktion von Klassenkameraden, Arbeitskollegen und anderen Leuten, mit denen ich mich längere Zeit in einem Raum befand. Das Medikament macht's möglich: Ich merke, wie ich weniger unsicher und gehemmt werde, dafür jeden Tag ein wenig aufgeschlossener und gelöster. »Wo wollen Sie denn hin?«, frage ich auf einmal Leute, die mit einem Stadtplan in der Hand in meiner Straße stehen, statt wie sonst mit Kopfhörerstöpseln im Ohr einfach weiterzugehen. Als sich die Gelegenheit bietet, einen kanadischen Schriftsteller zu treffen, den ich seit zwanzig Jahren schätze, nutze ich die Gelegenheit, um ihn zu fragen, ob er Zeit und Lust hat, essen zu gehen, solange er in der Stadt ist – während ich früher vermutlich Probleme gehabt hätte, eine Frage herauszukriegen, die ich mir nicht vorher in Lautschrift auf die Hand geschrieben hatte.

Selbst meine Träume verändern sich. Während ich mich sonst höchstens einmal pro Woche an einen Traum erinnern konnte und dann auch nur sehr diffus, sind meine Erinnerungen auf einmal sehr detailliert und lebendig. Ich weiß nicht, ob ich intensiver träume oder meine Erinnerung lediglich besser funktioniert, aber wenn ich morgens auf der Bettkante sitze, kommt es mir so vor, als könnte ich gleich mehrere Träume aus der vergangenen Nacht nicht nur in HD-Qualität anschauen, sondern sogar vor- und zurückspulen.

# Streitlos glücklich

Ein weiteres Zwischenfazit, das ich nach rund einem Monat chemischer Manipulation meines Gehirns ziehen kann: Ich streite mich nicht mehr. Ich streite ohnehin nicht gerne, aber manchmal geht es dann doch einfach mit mir durch. Nach außen hin schüchtern und höflich, aber innendrin ein kleiner Choleriker. So einer bin ich. Und ab und zu bricht es eben aus mir heraus. Dann streite ich. Mit meiner Frau, mit Freunden, mit Kollegen. Hinterher ärgere ich mich. Sogar wenn ich den Streit gewonnen habe, falls es so etwas wie einen gewonnenen Streit überhaupt gibt. Weil ich Streiten bescheuert und sinnlos finde. Es gibt nichts, wirklich gar nichts, das einen Streit lohnend macht.

Das sieht man in dem Moment, in dem man streitet, natürlich ganz anders – aber da ist man eben auch nicht zurechnungsfähig. Ebenso gut kann man einen Junkie, der sich gerade einen Schuss gesetzt hat, fragen, ob er sich denn keine Sorgen um seine Gesundheit, seinen guten Leumund und seine Schufa-Auskunft macht. Wer streitet, wird emotional. Wer emotional wird, verliert die Kontrolle. Wer die Kontrolle verliert, verliert deswegen nicht unbedingt den Streit – oft sind es gerade die leidenschaftlichsten Streiter, die am Ende ihren glühenden Schädel durchsetzen. Aber oft genug verlieren sie eben auch die Selbstachtung. Wie sinnlos Streitigkeiten sind, sieht man schon allein daran, dass uns die eigenen Zankthemen zwar stets wahnsinnig bedeutend erscheinen, die von anderen Menschen jedoch meistens völlig bekloppt. »Und wegen so was streitet ihr?«, ist die Standardreaktion, wenn man Unbeteiligte in einen Disput einweiht, der schon eine Weile erbittert und ergebnislos tobt.

Ich habe jedenfalls schon wochenlang nicht mehr gestritten. Vielleicht liegt es daran, dass mir die morgendlichen Kapseln die tosenden Emotionen nehmen, die zum Streiten notwendig sind. Vielleicht liegt es aber auch einfach nur daran, dass der künstlich gesteigerte Serotoninspiegel meinen Stresslevel senkt und ich dadurch weniger anfällig bin für die Art von Wutanfällen, derentwegen man einen Streit vom Zaun bricht: Egal mit wem – wer einem als Nächstes krumm kommt, kriegt's halt ab.

Aber warum streiten wir überhaupt?

Wir streiten, weil wir etwas haben wollen oder weil uns das Verhalten anderer ärgert, stört oder verletzt. Wir streiten aber vor allem, weil wir glauben, unser Schicksal bestimmen zu können. Weil wir glauben, wenn wir unseren Kollegen, der sich im Meeting gerade mit unserer Idee gebrüstet hat, zur Rede stellen, dass er einsehen wird, wie falsch das war, und dass unser Chef unsere Fähigkeiten erkennen und uns plötzlich lieber mögen wird und wir in einem Jahr einen besseren Job bekommen und in der neuen Wohnung, die wir uns dann leisten können, endlich glücklicher sind als jetzt. Wir streiten, weil wir glauben, dass – wenn wir das jetzt einreißen lassen, dass immer wir das Altglas wegbringen – wir bald den ganzen Haushalt alleine machen, und dann tanzen uns irgendwann alle auf der Nase rum und denken, mit uns kann man's ja machen. Aber die werden schon sehen! Wir streiten, weil es »ums Prinzip geht« und weil wir »das jetzt lange genug mitgemacht« haben und weil wir »einfach nicht länger auf uns herumtrampeln lassen«.

Doch in Wahrheit stellen sich Glück und Zufriedenheit erst dann ein, wenn wir begreifen, wie egal das alles ist. Es ist egal, ob der Kollege dies und jenes hinter unserem Rücken gesagt hat oder ob er es nicht gesagt hat. Es ist egal, ob wir zu spät ins Theater kommen, weil unser Partner so lange im Bad braucht, oder ob wir pünktlich sind, weil wir ihm die letzten zwei Jahre die Hölle heiß genug gemacht haben. Herrgott, es ist sogar egal, ob wir überhaupt ins Theater gehen oder zu Hause bleiben, ob wir in diese Stadt ziehen oder in jene, ob wir gewinnen oder der andere. Dieser Gedanke ist zugegebenermaßen nur sehr schwer auszuhalten – und deshalb rackern wir uns ab und machen uns immer neue Sorgen und kämpfen und streiten mit allem, was wir haben.

Doch nicht die Gründe, derentwegen wir streiten, sind exakt so bescheuert, wie jeder außer uns sie findet. Streiten führt auch nie zu dem gewünschten Ergebnis. Ob WG-Küche, Großraumbüro oder Gaza-Streifen: Welcher Streit auf dieser weiten Welt hat schon einmal zu einem wirklich befriedigenden Ergebnis geführt? Manchmal hat sich am Ende eines Streits entweder der Stärkere durchgesetzt, oder man hat sich in der Mitte getroffen, falls es keinen Stärkeren gab – was beides auch ohne Streit möglich gewesen wäre. Aber anstatt sich freundlich zu einigen, haben beide Seiten durch den Streit alles kaputt gemacht, was ihnen eigentlich wichtig war. Haben das Gesicht verloren, das gegenseitige Vertrauen, einen Haufen Geld oder unbeschwerte Jahre ihres Lebens. Je nachdem.

»Aber was ist denn mit den wirklich wichtigen Dingen im Leben?«, werden die Streitfans fragen und gleich die ganz schweren Geschütze auffahren: fremdgehende Partner und beste Freunde, die einem den Dolch des Verrats in den Rücken rammen.

Selbst solche unschönen Dinge sind am Ende des Tages (und mit »am Ende des Tages« ist hier »am Ende eines neunzigjährigen turbulenten und erfüllten Lebens« gemeint) erstaunlich oft eines: egal. Das hilft natürlich nicht weiter, solange die Situation noch akut ist und der Schmerz noch brennt. Aber Streit rettet da auch nichts mehr. Weder in der weichen Variante, die von Streitratgebern empfohlen wird. (»Ich fühle eine gewisse Unzufriedenheit in mir, wenn ich die Kondome, die du mit jemandem anderen benutzt hast, in unserem Bett finde.«) Noch in der wutschäumenden, tellerwerfenden, brüllenden Version. Denn bei dem berühmten Fremden, den man nackt im Kleiderschrank vorfindet, handelt es sich ja nur um den Startschuss für die berühmten fünf Phasen:

- Verweigerung (»Träum ich bestimmt nur.«)
- Wut (»Wo ist die Schrotflinte, wenn man sie braucht?«)
- Verhandlung (»Na gut, dafür fahr ich nächstes Wochenende aber nicht mit zu deinen Eltern.«)
- Depression (»Warum immer ich?«)
- Akzeptanz (»Eigentlich ist's viel besser ohne die Nervensäge.«)

Gestritten wird dabei vor allem in der zweiten Phase, die man sich genauso gut sparen kann wie die erste, dritte und vierte. Kann ein Streit wirklich etwas ändern oder retten – wenn man nur genügend »Ich-Botschaften« verwendet und sich an die Regel hält, nie »immer« zu sagen? Natürlich nicht. Die eine Hälfte der Dinge ist zu banal, als dass es sich lohnt, einen Streit zu beginnen. Die andere Hälfte so verfahren, dass ein Streit am Ende keinerlei Verbesserung oder Lösung bringt.

Egal also, wie gut oder schlecht man es beherrscht, ob man sprachlich mit dem Florett oder dem Säbel kämpft: Streiten macht unglücklich. In der sträflich unterschätzten Bürokomödie »Office Space – Alles Routine« von 1999 erkennt dies auch die Hauptfigur Peter, ein frustrierter Angestellter, der von seiner Freundin betrogen wird. Statt mit den Unternehmensberatern, die sein verhasster Chef angeheuert hat, aufgeregt zu debattieren, wie unersetzlich er für die Firma ist, erklärt er ihnen entspannt und ehrlich, dass auch ein Vollidiot seinen Job machen könnte – und wird dafür befördert. Anstatt mit seiner Freundin zu verhandeln, warum sie ihn betrogen hat und wie die Beziehung noch zu retten wäre, legt er einfach den Telefonhörer auf – und verliebt sich in Jennifer Aniston. Statt sich mit seinem lauten Nachbarn wegen der hellhörigen Wände zu zerstreiten, geht er lieber mit ihm angeln. Statt voller Wut mit einem Baseballschläger auf den Kopierer einzudreschen, wie er es vorher getan hat, sieht er ruhig mit an, wie ein gedemütigter Kollege die ganze Firma abfackelt.

Im Film ist eine schiefgegangene Hypnosesitzung für Peters Sinneswandel verantwortlich – aber ein wenig kommt es mir so vor, als könnte es genauso gut auch eine stattliche Dosis Psychopharmaka sein.

## Bretter, die die Welt bedeuten

Ebenfalls ohne Streit – dafür mit einer Menge Glücksmomente – verbringe ich in diesem Monat auch einen Kurzurlaub in Spanien. Mit meinem besten Freund Dirk fliege ich für vier Tage an die Atlantikküste. Wir fahren über kurvige Straßen in ein kleines Nest, in dem es alles genau einmal gibt: ein kleines Hotel. Einen Kiosk. Ein Café. Ein Fischrestaurant. Einen Surfbrett-Verleih. Einen langen Strand, an dem sich fast ausschließlich Spanier aus dem Hinterland tummeln. Das Einzige, was es nicht gibt, ist eine Internetverbindung. Perfekt.

Wir haben beide nicht mehr auf Surfbrettern gestanden, seit unser gemeinsamer Freund Jochen an einem peruanischen Strand von einem Stachelrochen in den Fuß gestochen wurde. Das ist jetzt zehn Jahre her. Da der nächste Arzt mehrere Autostunden entfernt wohnte, griff der langhaarige Besitzer unserer Surfer-Absteige zu einer eigenwilligen Therapie: Er steckte Jochen erst ein Aspirin, dann einen Joint zwischen die Lippen, stellte den angeschwollenen Fuß in einen Topf heißes Wasser und sagte: »Jetzt erst mal eine Stunde abwarten.« Manchmal kann Medizin auch ganz einfach sein.

Ohne Angst vor Stachelrochen hechten Dirk und ich in die spanischen Wellen. Anfangs merken wir die zehn Jahre Pause. Jeder von uns schluckt ungefähr fünf Liter Salzwasser, doch nach einer Weile geht es besser. Ich stehe maximal zwei bis drei Sekunden auf dem Brett. Aber dieses kurze Gleiten in Richtung Strand kommt mir dort oben vor wie eine Ewigkeit. Jeder noch so kurze geglückte Balanceakt auf dem Brett ist ein Triumph gegen die Schwerkraft, gegen das Meer, gegen die eigenen morschen Knochen. Selbst wenn mich eine zu große Welle falsch erwischt und durchwirbelt wie eine Waschmaschine im Schleudergang, fühlt es sich großartig an – spätestens sobald ich feststelle, dass ich nicht ertrunken bin.

Ich dümple ein wenig auf meinem Brett hinter den Wellen, um Atem zu schöpfen, und beobachte Dirk. Mihaly Csikszentmihalyi – laut dessen Aussage wir am glücklichsten sind, wenn wir in einer Tätigkeit aufgehen – würde sagen: Dirk ist eindeutig im Flow. Im wörtlichen wie im übertragenen Sinne. Für ihn zählt gerade nichts anderes als die nächste Welle. Er ist ganz bei sich: wie er Ausschau hält, im richtigen Augenblick lospaddelt, aufs Brett springt, sich hinstellt, die Balance findet – und mit einem lauten »Wooohoo!« dem Strand entgegengleitet.

Auch ich habe, seit wir im Wasser sind, keine einzige Sekunde an die Steuerprüfung, an anstehende Abgabetermine, an meinen Kontostand oder an meinen unaufgeräumten Schreibtisch gedacht.

Als Teenager therapierte ich die schlimmsten Anfälle von Liebeskummer mit Computerspielen. Beim Musikhören oder im Kino kehrten die Gedanken stets wieder zurück zu den Mädchen, die meine Liebe verschmähten, mich mit italienischen Dorfdisco-DJs betrogen oder mir anderweitig Kummer bereiteten. Wer jedoch schon mal einen digitalisierten Sportwagen mit Vollgas eine kalifornische Küstenstraße entlanggesteuert oder als »Fußballmanager« per Tastatur einen kleinen Verein bis in die Bundesliga geführt hat, wird bestätigen, dass dabei kein Platz für Grübeleien und Selbstmitleid bleibt.[39] Ein gut ge-

---

[39] Dass diese Technik (»Verdrängen durch Daddeln«) nicht bei jedem funktoniert, bewies ein ebenfalls an Liebeskummer leidender Freund aus jener Zeit, der mir den schönen wie traurigen Satz schrieb: »Das ganze Wochenende ›Pirates Gold‹ gespielt – bei jedem Wrack gewünscht, ich säße drin.«

machtes Spiel lässt einen eintauchen in eine andere Welt und erfordert so viel Aufmerksamkeit, dass sich der Flow fast automatisch einstellt. So absurd es klingt: Wenn man sich komplett darauf konzentriert, einer Armada von Außerirdischen in den Hintern zu schießen, kann sich das eigene geschundene Herz in dieser Zeit ein wenig erholen.[40]

»Hey! Wie lange sind wir eigentlich schon im Wasser?«, reißt Dirk mich irgendwann aus den Gedanken. Ich kann tatsächlich nicht sagen, ob wir uns seit einer halben Stunde mit den Wellen duellieren oder schon seit zweieinhalb. Typischer Flow-Zustand.

»Keine Ahnung«, sage ich. »Aber ich würde sagen, wir bleiben noch ein bisschen.«

## Lass uns Freunde bleiben

Neben dem Flow-Erlebnis auf dem Wasser sind es vor allem die entspannten, aber dabei intensiven Gespräche während dieser kurzen Reise, die mich froh machen. Dass Freundschaften wichtig für das persönliche Glück sind, darin sind sich nahezu alle Experten einig. Freunde bringen einen zum Lachen – und nach Hause, wenn man zu viel getrunken hat. Freunde nehmen einen so, wie man ist – aber auch nicht allzu ernst. Freunde machen einem Mut, geben einem Rat – und manchmal vielleicht auch den nötigen Dämpfer. Aber wie hält man eine Freund-

---

[40] Gleichzeitig kann ein zu tiefes Abtauchen in Spielwelten infolge von Enttäuschungen im wahren Leben zu ganz eigenen (Sucht-)Problemen führen. In der ersten deutschen Ambulanz für Internet- und Computerspielsüchtige in Mainz werden Menschen behandelt, die andernfalls in Spielen Trost und Zuflucht vor einer realen Krise gesucht hätten, so die Psychologen dort. Der Flow kann einen also aus einem Loch herausholen – aber unter Umständen auch in ein neues hineinmanövrieren.

schaft am Leben, wenn man so wie Dirk und ich in zwei verschiedenen Städten wohnt? Wenn die Terminkalender immer voller werden, das Leben des Freundes durch Beruf, Partnerschaft oder Kinder einen anderen Rhythmus bekommt als das eigene?

Ich glaube tatsächlich, Regelmäßigkeit ist eine der wichtigsten Zutaten für eine gute Freundschaft, auch wenn das langweilig und spießig klingen mag. Wie viele Freundschaften sind schon in der Wüste zwischen »Ich muss mich mal wieder melden«, »Wird mal wieder Zeit, dass wir uns treffen« und »Alles Gute zum Geburtstag, Leider nur per SMS, aber melde mich bald. LG!« verdorrt?

Ich tendiere dazu, mich viel zu selten bei Freunden zu melden, denn mir ist ja »nichts Nennenswertes passiert«. Dabei geht es in einer guten Freundschaft nicht darum, nur die Siege zu feiern oder die Niederlagen zu verdauen. Es geht auch darum, die Belanglosigkeiten des Alltags zu teilen. Darum, nah an den Kleinigkeiten dranzubleiben, die das Leben des anderen eben auch ausmachen. Denn nur so entsteht die Vertrautheit, die man braucht, um über die großen Dinge des Lebens zu sprechen.

Den Alltag zu teilen, funktioniert zum Beispiel über regelmäßige Telefonate. Je regelmäßiger und je ritualisierter, umso besser. Denn die Zeit ist natürlich immer zu knapp – und auf morgen verschieben kann man alles, monatelang. Wenn man es aber schafft, einen festen Termin zu finden (sei es jeden Sonntag nach dem Tatort – oder ein gemeinsames Mittagessen jeden Dienstag, falls man doch in derselben Stadt wohnt), ist schon ein großer Schritt gegen das Versanden der Freundschaft unternommen.

Für die Gespräche über die großen Themen braucht man dann vor allem Zeit. Die hat man zum Beispiel im Urlaub, und deshalb ist die jährliche gemeinsame Reise mit Dirk ein Ritual, das mir ebenso wichtig geworden ist und von dem ich glaube, dass es meinem Glück ebenso zuträglich ist wie das wöchentliche Telefonat.

Auch an der spanischen Atlantikküste sprechen wir über unsere Pläne für die Zukunft, über unsere gegenwärtigen und vergangenen Beziehungen, über das Altern unserer Eltern und das Heranwachsen unserer Patenkinder. Es sind Gespräche, in denen es nicht darum geht, gut dazustehen oder sich in einer bestimmten Form zu präsentieren. Es sind Gespräche, in denen man weiß, dass man wirklich alles auspacken kann, alles fragen darf – und die trotzdem nie unangenehm gefühlsduselig oder therapeutisch anstrengend werden. Es sind Gespräche, die bei einer Zigarre auf dem Hotelbalkon mit Blick auf die Meeresbucht entstehen, aber auch während einer Autofahrt oder beim mittäglichen Pommes-Essen an der Strandbude. Es sind Gespräche, in denen mal der eine ganz viel redet und der andere fast gar nichts sagt. Gespräche, in denen in der einen Minute über todernste Dinge gesprochen wird, ein paar Minuten später aber auch wieder aus vollem Herzen gelacht werden darf.

Als wir nach vier Tagen wieder zurück nach Deutschland fliegen, Schrammen vom Surfen an den Knien, Sand in den Schuhen und leicht verkatert, habe ich das Gefühl, das Glücksbarometer steht fast auf Anschlag. Und das liegt ganz bestimmt nicht an den Medikamenten.

## Zehn kleine Glücksmomente

- Nach zehn Jahren durch Zufall ein Lied hören, das man früher geliebt, inzwischen aber völlig vergessen hat

- Am Bahnsteig stehen, und die U-Bahn, S-Bahn oder der ICE hält genau so, dass man vor der Tür steht

- Spät dran sein und merken, dass der Zug oder Flug, den man erwischen muss, ebenfalls verspätet ist

- Alte Landkarten ansehen, auf denen noch Seeungeheuer und Ähnliches eingezeichnet sind

- Merken, dass man etwas komplett Unwichtiges (wie Luft anhalten, Balancieren, Eier wachsweich kochen) überdurchschnittlich gut beherrscht

- Nach Kinderzimmer, Wohnheim- und WG-Zimmer endlich die Tür zur ersten eigenen Wohnung aufschließen

- Ein Gruppenfoto von Touristen machen, die sich gerade noch mit dem Selbstauslöser abgequält haben

- Pilze sammeln gehen – und tatsächlich so viele finden, dass es für ein Abendessen mit Freunden reicht

- Ganz ohne Angst vor dem Weltuntergang: ein prall gefüllter Vorratsschrank mit Köstlichkeiten

- Merken, dass man eine schlechte Angewohnheit schon vor über einem Jahr erfolgreich aufgegeben hat

# September

Wie das Internet Glück verbreitet

Wie schwierig Komplimente sein können

Warum Kinder weniger glücklich machen, als man annimmt

*Glück heißt, eine große, liebevolle, fürsorgliche Familie zu haben, die zusammenhält – und in einer anderen Stadt wohnt.*

George Burns

Vor einem halben Jahr habe ich in New York den früheren Internetmillionär Josh Harris besucht, der von seinem Loft in Williamsburg aus unermüdlich versucht, Geldgeber für sein neues Projekt zu finden. Seine Idee klingt ein wenig nach »Truman Show« für alle: Jeder, der will – und Harris ist sich sicher, dass alle wollen werden –, kann sein Zuhause mit Kameras und Monitoren ausstatten lassen und sein komplettes Leben per Livestream übertragen lassen. Und natürlich die Streams der anderen ansehen. Das Ende jeglicher Privatsphäre – aber Harris glaubt fest an den Erfolg.

Jetzt lese ich in einem amerikanischen Onlinemagazin, dass es Neuigkeiten über das Projekt gibt. Die endlosen Kaffeetermine mit den Risikokapitalgebern der Branche waren scheinbar unergiebig.

Harris versucht nun, auf der Internetplattform Kickstarter Investoren für seine Vision zu finden. Kickstarter ist ein sogenanntes Crowdfunding-Netzwerk. Crowdfunding (zu Deutsch etwa »Schwarmfinanzierung«) bedeutet, dass das Kapital für eine Geschäftsidee statt von einer Bank oder von einem einzelnen Investor von einer anonymen Masse von Internetnutzern kommt – die es vorher natürlich für die betreffende Idee zu begeistern gilt.[41]

---

[41] Beim Crowdfunding wird eingangs festgelegt, welche Zielsumme erreicht werden soll. Nur wenn genügend Spender zusammenkommen, um diese Zielsumme zu erreichen, wird das Geld auch wirklich eingesammelt. Für die Unterstützer gibt es je nach Finanzierungsbeitrag eine vorher festgelegte Prämie (zum Beispiel bei einem Filmprojekt je nach Betrag eine

Josh Harris will 25 000 Dollar auftreiben. Ein paar Dutzend Menschen haben ihre Unterstützung bereits zugesichert. Ich werfe ebenfalls einen Betrag in den virtuellen Hut, da mir Harris' Enthusiasmus bei unserem Treffen sympathisch war und ich gerne sehen würde, wie er seine nächste Idee in die Realität umsetzt.[42] Es ist ein gutes Gefühl – wie eine Mischung aus Einkaufstour und Spendengala, nur dass man kein schlechtes Gewissen hat, weil man sich das fünfzigste Paar Schuhe gekauft hat, und auch nicht diesen unangenehmen Moment einer gönnerhaften Spende verspürt, denn man bekommt ja im Gegenzug etwas für sein Geld. Man fühlt sich wie ein Förderer statt nur als Konsument oder Geldverschenker – eine sehr sympathische Rolle.

Ich verlasse die Kickstarter-Seite deshalb auch nicht gleich wieder, sondern sehe mich weiter um. Unter den verschiedenen Projekten und Ideen, für die Geld gesammelt wird, sind einige, die mich begeistern. Zwei junge Amerikaner haben eine neuartige Form der Fahrradbeleuchtung entwickelt und wollen ihren Prototypen nun zur Serienreife bringen. Ein Fotograf möchte Bilder und Lieder eines bedrohten äthiopischen Stammes in einem Fotobuch mit Audio-CD veröffentlichen. Nach einer Weile fällt mein Blick jedoch auf ein Projekt, das mir mit Abstand am besten gefällt.

Jeff Waldman, ein etwa dreißigjähriger Künstler aus San Francisco, hat vor etwa einem Jahr seine Liebe für Schaukeln entdeckt. Gemeinsam mit einigen Freunden begann er – zuerst in seiner Heimatstadt –, Schaukeln an öffentlichen Plätzen auf-

---

Dankeskarte, eine DVD des fertigen Films oder sogar eine kleine Gastrolle). Die Initiatoren verpflichten sich offenzulegen, wie das Projekt vorangeht und wofür das Geld verwendet wird.

[42] Als knapp vier Wochen später die festgelegte Zeit abläuft, in der Unterstützer gesammelt werden dürfen, ist der Gesamtbetrag leider nicht zusammengekommen. Statt der erwünschten 25 000 Dollar waren 97 Unterstützer bereit, insgesamt 7241 Dollar zu investieren.

zuhängen. Später tat er das Gleiche in Los Angeles und sogar in Panama. »Die Reaktion sowohl von Kindern als auch von Erwachsenen war jedes Mal überwältigend«, erzählt Jeff in seinem Projektvideo. »Die Leute konnten es gar nicht erwarten, bis wir unsere Schaukeln aufgehängt hatten. Später erzählten sie uns, wie ein paar Minuten auf der Schaukel ihren Tag verändert und wie sie mit ihrer guten Laune noch Stunden später Menschen angesteckt hatten.«

In dem kurzen Film sieht man, wie Jeff und seine Freunde die selbst gebauten Schaukeln an langen Seilen von Ästen, Brücken oder Werbetafeln hängen, wie Kinder und Erwachsene sie benutzen und sich darüber freuen. »Wir wollen zeigen, dass jeder Mensch Freude und Glück durch ganz einfache Mittel erzeugen und verbreiten kann«, so Jeff weiter. »Der Spaß am Schaukeln ist ansteckend, ebenso wie die Freude, die das Aufhängen macht. Durch den einfachen Akt, ein Seil über einen Ast zu werfen, entstehen neue Verbindungen und eine simple Botschaft: Wir wollen die Menschen ermutigen, sich an die Freuden ihrer Kindheit zu erinnern und ihrem Spieltrieb nachzugeben. Aber vor allem wollen wir zeigen, welchen Unterschied ein Lächeln machen kann – und wie ansteckend es auf die Menschen wirkt, die man im Lauf seines Tages trifft.«

Jeffs großes Ziel – für das er nun auch Geld über Kickstarter sammelt – ist, vier Wochen lang durch Bolivien zu reisen und dort so viele Schaukeln wie möglich aufzuhängen. Warum ausgerechnet Bolivien? Unter anderem, so Jeff Waldman, weil Bolivien das zweitärmste Land Südamerikas sei. Gleichzeitig habe es eine extrem junge Bevölkerung. »Neunundvierzig Prozent der Einwohner sind unter zwanzig«, sagt er. »Im Grunde ist Bolivien ein Land voller Kinder, die ihre Kindheit aber nie genießen konnten, weil sie oft schon im Alter von zwölf Jahren arbeiten mussten.«

Viertausendachthundert Dollar wollen sie zusammenbekommen, um nach Bolivien zu reisen, dort Hunderte von Schaukeln aufzuhängen und das Ganze auf Fotos und Videofilm festzuhalten. »Die Dokumentation und mediale Verbreitung ist wichtig, denn wir wollen so viele Menschen wie möglich ermutigen, selbst Schaukeln aufzuhängen.«

Der Gedanke gefällt mir. Ich unterstütze das Projekt mit einem Beitrag, der mich finanziell nicht ruiniert, es aber trotzdem ein Stück näher an die Marke von viertausendachthundert Dollar bringt.

Bereits einen Tag später erhalte ich ein Update per Mail: »Heilige Sch...! Wow! Ihr seid sensationell!« Jeff und seine Freunde haben binnen zweiundsechzig Stunden den gewünschten Betrag zusammenbekommen und sind außer sich vor Freude.[43]

Mindestens ebenso sehr wie über die finanzielle Unterstützung freuen sie sich über Menschen, die sich mit Reisetipps, Kontakten in Bolivien, Vielfliegermeilen oder dem Angebot gemeldet haben, ihnen für die Reise professionelles Kamera-Equipment zu leihen. Nicht nur für die Organisatoren, auch für einen simplen Unterstützer wie mich ist es ein erhebendes Gefühl zu sehen, wie das Internet – das so oft für Unpersönlichkeit, Vereinsamung und Oberflächlichkeit verantwortlich gemacht wird – dabei hilft, eine gute Idee zu realisieren und die »echte Welt« ein bisschen besser zu machen.

Ich maile in der Folge ein wenig mit Jeff hin und her und habe den Eindruck, dass er es ernst meint. Natürlich freut er sich auch, auf diese Weise mit zwei Freunden Bolivien bereisen zu können, aber das stört mich keine Sekunde. Abgesehen davon habe ich den Eindruck, dass sie ihr Reisebudget ohnehin relativ knapp kalkuliert haben und an der einen oder anderen

---

[43] Am Ende des verabredeten Zeitraums sind es 258 Unterstützer geworden, die insgesamt 11 200 Dollar spenden, also mehr als doppelt so viel wie erhofft. Das zusätzliche Geld fließt selbstverständlich ebenfalls in Schaukeln und in die Dokumentation, versichern die Organisatoren.

Stelle sicherlich genügend aus eigener Tasche werden bezahlen müssen.

Das Team bricht schließlich nach Bolivien auf, und Jeffs Freundin Molly übernimmt die regelmäßigen Updates für die rund zweihundertfünfzig Unterstützer. Sie ist in San Francisco geblieben und hat dort einen besseren Internetzugang als die Reisegruppe, die zwar mit einem iPhone loszieht, das aber nur selten Empfang hat – und nach einigen Tagen gestohlen wird.

Trotzdem erreicht die Schaukelfreunde in aller Welt bald eine erste Erfolgsmeldung aus La Paz: »Wir hatten die erste Schaukel gerade aufgehängt, als eine Mutter mit ihrem Kind vorbeikam. Wir erklärten ihr in unserem rudimentären Spanisch unsere Idee, und sie schickte ihr Kind rüber. Drew hob den Kleinen auf das Brett – sie essen offenbar ganz gut und gerne hier –, und der Junge schaukelte eine Weile begeistert vor sich hin.« Ein paar Tage später schildern sie ein ähnliches Erlebnis: In einem maroden Park installieren sie eine Schaukel und sehen, als sie sich wieder auf den Weg machen, wie zwei kleine Jungs aus einem Stein und einem Rucksack eine kleine Rampe bauen, um auf die Schaukel klettern zu können.

An manchen Orten, an denen kein geeigneter Ast oder keine andere Möglichkeit vorhanden ist, bauen sie sogar eigens Schaukelgerüste. Es ist jedoch schwieriger als gedacht, geeignete Seile und Bretter für die Schaukeln zu finden – die Reise scheint zu einem großen Teil aus der Suche nach Material zu bestehen.

Von der Hauptstadt La Paz über die Salzwüste von Uyuni[44] bis zum Amazonas hängen sie Hunderte von Schaukeln an öffentlichen Plätzen auf, manchmal auch auf Wunsch einzelner Eltern in Privatgärten. Dreißig Tage sind sie insgesamt unterwegs, achtundzwanzig davon mit Bohrer, Brettern und Seilen.

---

[44] Auch dort gibt es Felsen und Gerüste – aber ich vermute, die meisten Schaukeln hängen dennoch sinnvollerweise außerhalb der Wüste.

Als sie sich wieder auf den Heimweg machen und ich mir die zahlreichen Fotos ansehe, die sie im Internet bereitgestellt haben, beschließe ich, dass es an der Zeit ist für meine erste eigene Schaukel. Da mein schreinerisches Geschick sich in Grenzen hält, bestelle ich drei bei einem Spielzeughändler – es ist gar nicht so einfach, Schaukeln zu finden, die auch einen Erwachsenen von mehr als sechzig Kilogramm Gewicht aushalten. Aber es sollen eben auch nicht nur Kinder in den Genuss der sekundenkurzen Schwerelosigkeit kommen.

## Ziehen in der Magengrube

Die erste Station auf der Suche nach einem geeigneten Ort, um die Schaukeln aufzuhängen, ist der nahe gelegene Mauerpark. Doch die wenigen Bäume hier sind nicht groß genug, um einigermaßen waagrechte und vor allen Dingen tragkräftige Äste zu bieten. Allerdings sind oben auf einem steilen Berg, der sich im Winter hervorragend zum Schlittenfahren eignet, bereits einige Schaukeln fest an einem Gestell installiert.

Erst schubse ich Jessica an, dann umgekehrt. So können wir uns persönlich von der positiven Wirkung des Schaukelns überzeugen. Es macht wirklich innerhalb von wenigen Sekunden gute Laune: die Erinnerung, wie es geht, Schwung zu holen und langsam höher und höher zu schwingen. Der Moment, in dem man am höchsten Punkt kurz in der Luft steht, ein leichtes Ziehen im Magen spürt, und dann geht es wieder nach unten. Der Fahrtwind – oder muss man Schaukelwind sagen? –, der einem durchs Haar fährt. Ein großartiges Gefühl – vor allem oben auf dem Berg mit einem weiten Ausblick über die Stadt.

Erst im nächsten Park haben wir in Sachen Bäume mehr Glück: Eine Birke hat einen nahezu perfekt waagrechten Ast, er scheint auch ausreichend stabil. Unter dem Baum nebenan liegt ein etwa dreißigjähriger Mann, der sein Buch senkt und uns ein wenig genervt ansieht. Scheinbar stören wie ihn in seiner Ruhe mit unserem Gerede, wie man so eine Schaukel am besten aufhängt. Wir dämpfen unsere Stimmen ein wenig, lassen uns aber ansonsten nicht von unserem Plan abhalten.

Wenig später geht es uns ähnlich wie den Schaukelaufhängern in Bolivien: Wir haben die letzten Knoten noch nicht gemacht, da steht schon eine Gruppe Kinder um uns herum.

»Was machen Sie daaa?«, krähen die Älteren, während sich die Kleinen schüchtern im Hintergrund halten. Dann klettert Bilal, ein besonders mutiger Junge, an dem Seil hinauf, obwohl das Schaukelbrett daran noch gar nicht befestigt ist.

Als die Schaukel schließlich fertig installiert ist, gibt es ein kurzes Gerangel, wer zuerst drauf darf: »Ich bin der Älteste!« – »Mädchen zuerst!« – »Ich hab geholfen!«, lauten die Argumente.

Am Ende kommt jeder dran. Shirin, eines der älteren Mädchen, hebt seine beiden kleinen Schwestern nebeneinander auf die Schaukel und schiebt sie vorsichtig an, bis die beiden vor Glück juchzen.

»Was machen Sie mit den anderen Schaukeln?«, fragt Shirin, während ihre kleinen Schwestern sich bemühen, nicht von dem Brett zu plumpsen, das sie sich teilen müssen. Wir erzählen ihr, dass wir sie in anderen Parks aufhängen wollen, zum Beispiel im Humboldthain, der nur ein paar Straßen weiter liegt. »Da wohnen wir ganz in der Nähe«, sagt Shirin mit Stolz in der Stimme. Und fügt vorsichtig und möglichst erwachsen hinzu: »Vielleicht können Sie sie in der Nähe des Schwimmbads aufhängen? Da halten wir uns nämlich meistens auf.«

Wir versprechen, unser Bestes zu tun, sofern wir dort einen passenden Baum finden.

»Wir finden die Schaukel dann schon!«, rufen die Kinder zum Abschied, bevor sie zum Abendessen davonrennen.

Wir machen uns auf den Weg zum nächsten Park, um die

restlichen Schaukeln aufzuhängen, bevor es dunkel wird. Als wir uns nach etwa hundert Metern noch mal zu unserem Erstlingswerk umdrehen, sehen wir, dass sich gerade der Mann, der vorher noch unter dem Nachbarbaum lag und las, daraufgesetzt hat und gerade vorsichtig beginnt zu schaukeln.

Auch bei den beiden anderen Schaukeln widerfährt uns Ähnliches. Einmal ist es ein junger Vater, der erst fachmännisch unsere Aufhängetechnik lobt und dann seinen Sohn auf die Schaukel setzt. Das andere Mal ist es wieder eine Gruppe von Kindern – diesmal schon etwas größer als bei der ersten Schaukel –, die sich schnell gegenseitig darin überbieten, wer am mutigsten von der hoch schwingenden Schaukel springen kann. Ich verdränge den Gedanken an Haftungsfragen und wer eigentlich bezahlen muss, wenn jemand sich beim Schaukeln verletzt. Ich möchte nicht in einer Welt leben, in der man irgendwann keine Schaukeln mehr aufhängen kann, weil man Angst haben muss, verklagt zu werden. Jeff, Drew und ihre Freunde lassen sich schließlich auch nicht davon abhalten, sondern beweisen mit zwei Seilen und einem Brett, wie wenig man braucht, um ein kleines bisschen Freude zu stiften. Bei Kindern und Erwachsenen, heute und in der Zukunft, bei Fremden – und auch bei sich selbst. Denn wir waren natürlich nicht ganz uneigennützig: Wir haben die Schaukeln nahe an unserer Lieblingsjoggingroute aufgehängt. So können wir uns jedes Mal, wenn wir an einer »unserer« Schaukeln vorbeilaufen, darüber freuen, dass jemand sie gerade benutzt. Und falls sie frei ist, können wir selbst eine kurze Pause vom Laufen einlegen und höher und höher dem Himmel entgegenschwingen.

# Sagen Sie etwas Nettes!

Es ist faszinierend, durch welche Umwege man manchmal auf Ideen kommt: Hätte ich Josh Harris nicht getroffen, wäre ich nicht auf der Kickstarter-Webseite gelandet, als dort das Schaukelprojekt um Unterstützung bat. Und ohne die Begeisterung darüber wäre ich wiederum nie auf die Idee gekommen, selbst Schaukeln aufzuhängen.

Im Internet kursiert viel Unsinn, aber auch viele kreative Ideen, mit denen Menschen das Leben ein klein wenig ungewöhnlicher, magischer oder womöglich sogar glücklicher machen.

Eine Gruppe, die es immer wieder schafft, dem Alltag etwas Besonderes abzugewinnen, ist »Improv Everywhere«. Das Kollektiv aus New York schafft es, mit aufwändigen, aber stets lustigen Guerilla-Aktionen die Tristesse und die Gleichförmigkeit der Großstadt aufzubrechen. Ihre bekannteste »Mission«, wie sie ihre Aufführungen nennen, ist vermutlich der »No Pants Subway Ride« – ein Tag, an dem die Gruppe versucht, möglichst viele Menschen dazu zu bewegen, ohne Hose die New Yorker U-Bahn zu benutzen. Eine andere Mission ist ein kurzes Singspiel über die Vorzüge der Mittagspause, das die Gruppe in einem überfüllten Einkaufszentrum aufführt. Unangekündigt und mitten unter den Dutzenden Angestellten, die dort tatsächlich gerade ihr Mittagessen einnahmen, gab »Improv Everywhere« ein sorgsam einstudiertes und perfekt vorgeführtes Musicalstück zum Besten. Es ist großartig zu sehen, wie die nichtsahnenden Mittagesser reagierten: erst verwundert, dann amüsiert und am Ende oft geradezu beseelt von dem Gesang und der Mühe, die sich wildfremde Menschen gemacht hatten.[45]

---

[45] Auf www.improveverywhere.com sind Videos dieser und vieler anderer Missionen zu sehen, ebenso wie Fotos der Vorbereitungen oder Ankündigungen einiger geplanter Missionen – wobei die meisten vorher geheim bleiben müssen, um die Überraschung nicht zu verderben.

# Zum Glück gezwungen

Manchmal begibt sich die Gruppe jedoch auch auf moralisch umstrittenes Terrain. So lautete eine ihrer Missionen vor einiger Zeit, einer erfolglosen Newcomerband, die einen Gastauftritt in New York hatte, den besten Abend ihres Musikerlebens zu bescheren. Mehrere Dutzend »Agenten« hatten Lieder der völlig unbekannten Band »Ghosts of Pacha« aus Vermont auswendig gelernt und gingen als normale Gäste getarnt zum ansonsten von nur drei Personen besuchten Konzert. Mit dem Erklingen der ersten Note feierte das unechte Publikum eine riesige Party, sang jede Zeile mit und bejubelte jedes Lied frenetisch. Die Band – völlig überrascht vom Publikumsandrang und -enthusiasmus – hatte vermutlich wirklich den besten Abend ihres Lebens.

Doch die digitalen Wege zwischen New York und Vermont sind kurz. Als die jungen Männer drei Tage später wieder zu Hause waren und nach Kritiken von ihrem sagenhaften Auftritt in der großen Stadt suchten, fanden sie auf der Webseite von »Improv Everywhere« einen ernüchternden Text: alles nur Schwindel. Ein gut gemeinter Schwindel zwar, aber was half das schon. »Man hatte uns verarscht. Es war das Schlimmste, was mir je in meinem Leben passiert ist«, sagte der Gitarrist der Band später in einem Radiointerview. »Ich wurde als Kind oft gedemütigt und auf dem Schulhof ausgelacht. Ich dachte, ich hätte das als Erwachsener hinter mir – und plötzlich passiert es wieder.«

Tatsächlich wirft eine solche Aktion eine Reihe von Fragen auf: Darf man jemandem etwas vormachen, um dieser Person einen glücklichen Moment, einen glücklichen Abend, vielleicht sogar ein glückliches Leben zu bescheren? Darf man jemanden zu seinem Glück zwingen? Erinnern wir uns an die Theorie zur »loss aversion«, nach der Menschen Verluste doppelt so intensiv empfinden wie Gewinne: Ist die Enttäuschung, wenn die betreffende Person hinter den Schwindel kommt, also unter Umständen größer als die vorherige Freude?

Oder ist das Gegenteil richtig – und die Band selbst schuld oder gar vermessen, wenn sie sich darüber ärgert, dass unzählige Leute sich die Mühe gemacht haben, ihr einen unvergleichlichen Abend zu bereiten? Einen Abend, an dem die Musiker sich wie Stars fühlen durften und den sie sonst wohl nie erlebt hätten? Oder wie es einer der »Agenten« formulierte: »Natürlich ist es traurig, wenn man aus einem schönen Traum aufwacht. Aber niemand will deswegen nur noch Albträume haben, oder?«

»Ghosts of Pacha« haben sich nach einer Phase der Unsicherheit, des Ärgers und vermutlich auch der Scham dafür entschieden, die skurrile Episode in New York als positives Erlebnis zu verbuchen. »Es war schlimm, aber gleichzeitig war es ein Geschenk«, sagt der Gitarrist der Band ein halbes Jahr später, »eine Art Psychotherapie, die mir half, über das Trauma meiner Kindheit hinwegzukommen. Jetzt weiß ich: Egal wie viele Leute sich über mich lustig machen – das kann mir nichts mehr anhaben.«

Ich erinnere mich noch gut an diese Geschichte und schaue seitdem immer mal wieder auf die Internetseite von »Improv Everywhere«. Heute finde ich dort die Videodokumentation einer »Mission«, bei der niemand getäuscht wird und die gleichzeitig einen viel größeren Kreis von Menschen glücklich macht als nur eine Dreimann-Band aus Vermont: Auf einem kleinen, aber stark belebten Platz in Manhattan stellen zwei Männer in Overalls ein massives Stehpult auf, an dem ein Megafon befestigt ist. »Say something nice«, steht gut sichtbar auf einem Schild. »Sagen Sie etwas Nettes!«

Wie simpel und wie wundervoll! Nachdem alles so befestigt ist, dass niemand Megafon oder Stehpult mitnehmen kann, gehen die beiden Männer ohne weitere Erklärung weg.

# Ran an die Süßholzraspel!

Was nun passiert, lässt einem selbst dann das Herz aufgehen, wenn man nicht live dabei ist, sondern nur einen Videozusammenschnitt davon sieht. Die Passanten schauen erst ungläubig einander, dann das Megafon an. Irgendwann trauen sich die ersten und sprechen vorsichtig in das Mundstück, erschrecken dabei über die Lautstärke ihrer eigenen Stimme. »Was für ein wundervoller Tag!«, sagt eine Passantin, »Gott segne euch alle!«, eine andere. Fast alle müssen dabei lachen, manche bleiben stehen und hören, was andere Fußgänger sagen, die vorbeikommen. Kinder lassen sich hochheben, um ihre Botschaft in das Megafon zu sprechen, manche Passanten singen, die meisten wünschen den Umstehenden einfach einen schönen, großartigen, einzigartigen Tag. Niemand der unzähligen Menschen, die an diesem Tag an der Installation vorbeikommen, sagt etwas Böses oder Gehässiges. Nur ein Mann nimmt die Aufforderung »Sagen Sie etwas Nettes« auf dem Schild besonders wörtlich. Er bleibt kurz vor dem Megafon stehen und grinst. Dann sagt er laut und deutlich: »Etwas Nettes.«

Um ein Stehpult zu bauen und es diebstahlsicher mit einem Megafon auszustatten, fehlt mir leider die Zeit – aber ich bin trotzdem begeistert von der Idee und dem simplen Beweis, dass selbst kleine Dinge das Leben verändern und bereichern können. Ich nehme mir vor, die nächsten Tage so viele Komplimente wie möglich zu verteilen. Das klingt zunächst einmal nach nichts Besonderem, entpuppt sich aber als höllisch schwierig, wenn man es wirklich mal dauerhaft und bei jeder Gelegenheit versucht.

Am einfachsten ist es noch beim eigenen Partner. Sofern man nicht nur alle Schaltjahre ein Kompliment rausrückt, wird einem keine Berechnung unterstellt, wenn man das Outfit oder die Frisur lobt. Bei Fremden auf der Straße sieht es schon ganz anders aus.

Als ich auf dem Weg zum Supermarkt einer Frau ohne jeden Hintergedanken ein freundliches »Toller Mantel!« zurufe, sieht mich ihr Begleiter an, als wollte er mich gleich mit Lötkolben und Beißzange bearbeiten. Selbst die Empfängerin des Kompliments scheint sich nicht richtig darüber zu freuen. Merke: Komplimente an Frauen nur, wenn ich selbst in Begleitung bin, um jede Zweideutigkeit auszuschließen.

Ich versuche es stattdessen bei Männern. Das entpuppt sich ebenfalls als schwierig, wenn auch aus anderen Gründen: Damit Komplimente funktionieren, müssen sie wenigstens im Kern ernst gemeint sein. Bei Fremden beschränkt sich das natürlich meist auf Äußerlichkeiten. Ich sehe mich im Supermarkt um. »Toll, die langen Haare zur Halbglatze!« Soll ich wirklich…? Oder: »Diese riesigen knallroten Kopfhörer lassen deinen Kopf gleich viel kleiner wirken!«

Gar nicht so leicht, aufrichtige Komplimente zu verteilen. Nicht mal der Hundebesitzer freut sich, als ich auf seinen fröhlich wedelnden Jack Russell deute und sage: »Der ist aber niedlich!« Er schaut mich eher an, als wollte ich seinen Hund entführen, und zieht die aufrollbare Leine mit einem demonstrativen Schnurren ein.

Auf dem Nachhauseweg stehe ich schließlich mit einem Mann an der Ampel, der so wirkt, als könne er ein Kompliment aushalten, ohne sich sofort angemacht oder bedroht zu fühlen. »Das sind wirklich tolle Schuhe!«, sage ich zu ihm, lächelnd, ruhig, freundlich. Für einen Moment sieht er mich fragend an, so als warte er darauf, ob noch was kommt. Ob ich ihn mit gezogener Waffe auffordere, sie mir auszuhändigen – oder wenigstens, ob ich ihm als Nächstes ein Gratis-Abo einer Zeitung anzudrehen versuche. Doch als nichts dergleichen passiert und ich ihn nur weiter freundlich ansehe, muss er plötzlich lachen. »Danke, ich find sie auch gut«, sagt er. Die Ampel wird grün, wir gehen beide rüber. Ich zufrieden. Er kopfschüttelnd – aber auf eine amüsierte Art.

Komplimente auf offener Straße, beschließe ich zu Hause, sind mir ein zu brisantes Geschäft. Oder brauche ich einfach nur mehr Übung?

Fürs Erste beschließe ich, mich auf schriftliche Komplimente zu verlagern, und schreibe an verschiedene Kollegen. Dem einen gratuliere ich zum erfolgreichen Relaunch der Internetseite, die er betreut, einem anderen zu seinem tatsächlich sehr lesenswerten Buch, dem dritten zu einem guten und ehrlichen Artikel zum Thema Kinderkriegen.

## Windeln und Weisheit

Seit über zehn Monaten bin ich nun schon in Sachen Glücksexperimente unterwegs. Eine der häufigsten Reaktionen von Leuten, denen ich davon berichte, lautet: »Dann müsst ihr aber auch noch ein Kind kriegen. Die machen glücklich! Wird aber zeitlich knapp, höhö.«

Es geht gar nicht darum, ob dieser augenzwinkernde Ratschlag wirklich so lustig ist, wie der Ratgeber denkt. Viel spannender ist: Er stimmt gar nicht. Kinder machen nicht glücklich. Dies ist kein Satz, mit dem man sich Beliebtheitspunkte verdient, ich weiß. Er sorgt eher dafür, dass sich bei der nächsten Party alle möglichst weit weg stellen. »Das ist der Typ, der Kinder hasst. Er hat diese scheußlichen Dinge geschrieben. Die niedlichen Kleinen würden nicht glücklich machen und so!« So ein Satz sorgt dafür, dass Gespräche verstummen, wenn man den Raum betritt. Dass einen böse Blicke treffen und man, wenn man nach Hause fahren will, keine Luft mehr in den Reifen hat.

Trotzdem: Der Satz mag unbequem sein, aber er stimmt. Kinder machen nicht glücklich. Doch wenn man Menschen fragt, die Kinder haben – egal ob Männer oder Frauen, Arm oder Reich, in Berlin-Mitte oder Oberammergau –, wenn man Eltern jedweder Couleur also fragt, was zu ihrem Lebensglück am meisten beiträgt, werden 99,9 Prozent von ihnen ein Foto ihrer Kinder aus der Brieftasche ziehen. Oder einem ihr iPhone hinhalten: ein Eis schleckendes, sommersprossiges Kindergesicht als Hintergrundbild. »Meine größtes Glück ist mein Kind«, sagen sie allesamt wie aus einem Mund. Und wer brächte es schon übers Herz, ihnen nicht zu glauben?

Die Wissenschaft ist da weniger zimperlich. Es gibt Forscher, die sich jahrzehntelang Zeit nehmen, um nachzuforschen, was Menschen im Lauf ihres Lebens froh macht. Sie beobachten ihre Testpersonen über einen längeren Zeitraum und protokollieren deren Lebensglück unbestechlich und nach konstanten Kriterien. Und plötzlich zeigt sich ein ganz anderes Bild: Mehrere Untersuchungen, die seit den Siebzigerjahren unternommen wurden, zeigen, dass die Lebenszufriedenheit von Paaren abnimmt, sobald das erste Kind da ist. Bis zum Kindergarten fällt die Zufriedenheitskurve steil ab, dann fängt sie sich noch einmal kurz, nur um in der Teenager-Phase der Kinder in noch tiefere Tiefen abzusinken. Erst ab dem Zeitpunkt, da das erste Kind das Haus verlässt, steigt die Glückskurve allmählich wieder an. Das Niveau aus der kinderlosen Zeit wird jedoch erst wieder erreicht, wenn alle, aber auch wirklich alle Kinder aus dem Haus sind – vorausgesetzt, dass dann beide Partner noch am Leben sind.

Das gleiche Bild zeigt sich, wenn man, statt aus der Vogelperspektive auf das ganze Leben zu schauen, einen einzelnen Tag betrachtet. Der Nobelpreisträger Daniel Kahneman[46] stat-

---

[46] Kahneman gewann, obwohl er eigentlich Psychologe ist, 2002 zusammen mit Vernon L. Smith den Wirtschaftsnobelpreis für seine »Prospect Theory« (deutsch: Neue Erwartungstheorie). Er ist es auch, der die spannenden Studien mit Kaffeebechern, Darmspiegelungen und in Eiswasser gehaltenen Händen durchgeführt hat, von denen bereits an anderer Stelle die Rede war.

tete eine Zeit lang Menschen mit einem kleinen Funkempfänger aus. Wenn das Gerät zu einem jeweils zufälligen Zeitpunkt piepte, sollte der Träger eingeben, wie glücklich er sich in diesem Moment gerade fühlte. Später wurde ausgewertet, womit die Person zum entsprechenden Zeitpunkt gerade beschäftigt war – und somit zugeordnet, welche Tätigkeit mit welchem Glücksniveau einherging.

Wenig überraschend ist, dass Sex sehr gut abschnitt (auch wenn man davon ausgehen kann, dass der Sex vermutlich *noch* glücklicher gemacht hätte, wenn die Versuchsperson dabei nicht auf einem kleinen piepsenden Kästchen hätte herumdrücken müssen). Auch Einkaufen, Sport und Fernsehen schnitten ganz gut ab. Auf den hinteren Plätzen lagen Arbeiten, Zur-Arbeit-Pendeln, Hausarbeit – und Zeit mit den Kindern zu verbringen. Die mit den Kindern verbrachte Zeit landete auf der Liste der Glücklichmacher sogar nur auf dem vorletzten Platz. Nur Hausarbeit wie beispielsweise Putzen oder Bügeln macht den Menschen im Durchschnitt noch weniger glücklich.

## Erinnerung an die Erwartung

Doch wie kann es sein, dass wir uns so sehr selbst täuschen? Dass wir der festen Überzeugung sind, dass Kinder uns glücklich machen, wenn a) die Jahre, die wir mit ihnen verbringen, die am wenigsten glücklichen unseres Lebens sind und b) die Stunden, die wir mit ihnen verbringen, die am wenigsten glücklichen unseres Tages?

Mindestens vier Gründe kommen zusammen. Der erste ist soziale Erwünschtheit. Alle Eltern wollen gute Eltern sein, die glücklich über ihre Kinder sind – niemand möchte zugeben, dass seine Kinder ihm manchmal den letzten Nerv rauben. Das ist eines der letzten Tabus unserer Gesellschaft, in der sonst nahezu alles erlaubt ist. Ein Freund gestand mir einmal, in seiner Rolle als Vater nicht wirklich froh zu sein. Ich glaube, wenn er mir gestanden hätte, dass er betrunken jemanden angefahren hätte, wären sein Zögern, sein Bitten um absolute Vertraulichkeit und seine Scham nicht größer gewesen.

Der zweite Grund ist, dass wir etwas, wofür wir uns entschieden haben, automatisch besser finden als zu dem Zeitpunkt, bevor wir es hatten. Erinnern wir uns an die Studie, in der eine Hälfte der Teilnehmer einen Kaffeebecher bekam und sie der anderen Gruppe verkaufen sollte. Sobald die Tassenbesitzer die Tasse in Händen hielten, wurde sie als wertvoll erachtet, sodass die Tassenbesitzer im Schnitt das Doppelte dessen verlangten, was die andere Gruppe dafür zu zahlen bereit war.

Der dritte Grund hat damit zu tun, dass unsere Erinnerung, wenn es um Gefühle geht, unzuverlässig ist. Wir erinnern uns oft weniger deutlich daran, wie wir uns gefühlt haben, als vielmehr, wie wir vorher *erwartet* haben, uns zu fühlen.[47] Der Psychologe Daniel Gilbert erklärt das im Fall von Kindern sehr anschaulich: »Eltern in spe wissen zwar, dass schmutzige Windeln

---

[47] Die Tatsache, dass wir immer wieder darauf hereinfallen, dass ein neues Auto oder neue Schuhe uns glücklich machen würden, ist ebenso ein Beweis für diese Theorie wie eine Studie zur umkämpften US-Präsidentschaftswahl im Jahr 2000: Forscher hatten damals, als tagelang Stimmen in Florida ausgezählt wurden, Anhänger von Al Gore und George Bush gefragt, wie sie sich fühlen würden, wenn ihr Kandidat am Ende gewänne. Natürlich sagten die Befragten einen großen Glücksschub für den Fall des Sieges voraus. Im Fall der Niederlage erwarteten sie, extrem enttäuscht zu sein. Als einen Monat später das Ergebnis feststand, wurde noch mal gefragt. Die siegreichen Bush-Fans waren nun deutlich weniger glücklich, als sie gedacht hatten, und die Gore-Anhänger viel weniger erschüttert. Der Knackpunkt: Als man sie etwa ein Vierteljahr später ein drittes Mal fragte, wie sie das Wahlergebnis beeinflusst hätte, erinnerten sich die Befragten nicht länger an ihre tatsächlichen Gefühle, die ja eher moderat ausgefallen waren, sondern sie beschrieben die dramatischen Gefühlsschwankungen, die sie erwartet hatten, solange das Ergebnis noch offen war.

und Hausaufgaben auf sie zukommen. Sie wissen, dass Kieferorthopäden von ihren Ersparnissen nach Aruba fliegen werden – aber im Großen und Ganzen stellen sie es sich ganz angenehm vor, Eltern zu sein. Weshalb sich die meisten von uns auch für das Elternsein entscheiden. Wenn Eltern sich dann später daran erinnern, wie es mit den Kindern war, erinnern sie sich in Wirklichkeit an das Gefühl, das sie hatten, als sie sich darauf freuten, irgendwann Kinder zu haben. Nur wenige von uns sind dagegen immun. Ich selbst habe einen neunundzwanzigjährigen Sohn und bin überzeugt, dass er die größte Quelle des Glücks in meinem Leben ist und war – abgesehen vielleicht von meiner zweijährigen Enkelin. Die ist ebenso wundervoll, hat aber bisher nicht von mir verlangt, dass ich in der Öffentlichkeit Abstand von ihr halte und so tue, als würden wir uns nicht kennen.«

Wissenschaftliche Erkenntnisse ändern aber nichts daran, dass Eltern von ihrem Glück überzeugt sind: »Warte nur mal ab, bis du selbst Kinder hast«, sagen Eltern mit einem Lächeln. »Dann wirst du es merken.« Dem kann man natürlich nur schwerlich etwas entgegensetzen. Denn natürlich kann man als Kinderloser nicht behaupten, man wüsste, ob und wie glücklich Kinder machten. Aber genau deswegen wurden Tausende Male Menschen befragt, die aus Erfahrung sprachen – mit den oben angeführten Ergebnissen. Doch (und damit sind wir beim vierten Grund für die Hartnäckigkeit des »Kinder machen glücklich«-Mythos) die Menschen, die ein glückliches Leben ohne Kinder führen, haben ein ganz einfaches biologisches Problem: Sie sterben aus. Ganz automatisch. Während Eltern ihre Werte (und darunter eben auch die Ansicht: »Kinder sind das Beste, was einem im Leben passieren kann«) an ihre Kinder weitergeben, versenden sich die Werte von Kinderlosen in der Regel spätestens mit ihrem Tod.

Oft wird angeführt, dass genau dieses Weitergeben der eigenen Werte, das Hinterlassen von Spuren, das Zeugen einer

Person, die einen selbst überdauert, Beweis dafür wäre, dass Kinderkriegen sich doch lohne. Das sei auch gar nicht bestritten. Es geht an dieser Stelle nicht darum, zur Kinderlosigkeit aufzufordern – sondern lediglich zu erklären, woher der Mythos kommt, dass Kinder glücklich machten. Unsere Gesellschaft kann nur überleben, weil wir an diesen Mythos glauben. Die Anhänger des Gurus Sri Chinmoy beispielsweise, denen es (wie dem Rekordjäger Ashrita Furman) untersagt ist, Kinder zu zeugen, werden auf Dauer kaum überleben. Ihr Aussterben – durch Konvertiten, die Kinder in die Gemeinschaft mitbringen dürfen, nur ein wenig hinausgezögert – ist in ihrer Überzeugung bereits angelegt.

## Hopserlauf zum Supermarkt

Mal weg von der Theorie: Ich finde Kinder super. Ich freue mich über jedes neue Kind in unserem Bekanntenkreis und habe zwei Patenkinder, die mir große Freude bereiten. Auch in dem Berliner Bezirk, in dem ich wohne – Prenzlauer Berg –, gibt es momentan jede Menge Kinder und die dazugehörenden Kinderwagen. Viel ist schon über diese Kinderwagen und die Mütter, die sie schieben, geschrieben worden. Fast immer wird sich darüber aufgeregt, zumindest darüber gelästert. Die Kinderwagen seien überteuert, und die Mütter würden die ganze Zeit nur Latte Macchiato trinken und im Weg rumstehen.

Ich für meinen Teil bin sehr glücklich, in einem Land leben zu dürfen, in dem jeder so viel für einen Kinderwagen ausgeben darf, wie er meint, entbehren zu können. Und in dem jede Mutter über ihre Kaffeevorliebe selbst entscheiden kann. Und wenn die Leute ehrlich sind, werden sie zugeben, dass die Kleiderständer der Klamottenläden und die Tische der Straßencafés mindestens genauso oft im Weg herumstehen wie der zum Feindbild erkorene Kinderwagen.

Egal ob Cafétisch, Kinderwagen oder schlendernder Tourist – mir sind sie heute alle im Weg. Doch ich versuche, mich nicht darüber zu ärgern. Denn heute folgt der zweite Teil meines Hopserlauf-Experiments, das ich in Heidelberg begonnen habe. Dort fiel es mir schon schwer genug, beim Joggen am Neckar in Gehopse überzuwechseln – aber es war ja in der Fremde, niemand kannte mich. Daheim, vor meiner eigenen Haustür, ist das Ganze ungleich schwerer. Doch heute schlägt die Stunde der Wahrheit.

Ich schnappe mir den Einkaufsbeutel mit einigen leeren Plastikflaschen darin und trete auf die Straße. Die Herbstsonne scheint, ich nehme meinen Mut zusammen – überrascht, wie viel davon für so etwas Albernes nötig ist – und trete meinen Hopserlauf in Richtung Supermarkt an. Als wäre mein Anblick nicht schon bizarr genug, machen meine Schuhe beim Hopsen auf dem alten Pflaster auch noch einen Höllenlärm.

Nach wenigen Metern hat sich auch der letzte Kopf in der gesamten Straße nach mir umgedreht. Eine mutmaßlich italienische Familie, die in einem Café sitzt, ruft mir nach. Ich verstehe leider nicht, was. Aber es klingt, als hätten sie bei meinem Anblick gute Laune. Der Verkäufer einer Obdachlosenzeitung hat gerade erst zwei Wörter seiner Bitte herausgebracht, da bin ich auch schon vorbeigehüpft. Statt normaler Gehgeschwindigkeit erreicht man mit der Hopserei ein deutlich schnelleres Joggingtempo.

Vier Teenager, die versuchen, sich gemeinsam in einen Fotoautomaten zu quetschen, zeigen mit dem Finger auf mich und prusten los, als ich an ihnen vorbei bin. Sie lachen nicht mit mir, da bin ich mir ausnahmsweise sicher – sie lachen über mich. Aber komischerweise ist es mir selbst hier irgendwann egal. Das Grinsen, das durch das vermeintlich alberne Hüpfen auf meinem Gesicht erscheint, ist stärker als meine angeborene und im Lauf meines Lebens nach und nach gewachsene Angst, mich zu blamieren.

Außer Atem und nassgeschwitzt komme ich im Supermarkt an, stecke die Pflandflaschen in den Automaten und mache mich, immer noch mit einem Grinsen im Gesicht, ans Einkaufen.

Den Rückweg muss ich leider im normalen Fußmarsch zurücklegen – für das Hopsen ist die Einkaufstasche jetzt zu schwer. Trotzdem merke ich mir den Hopserlauf als Trick für Notfälle – denn schlechte Laune bekämpft er wirkungsvoll, ganz egal ob am Neckarufer oder zwischen Haustür und Supermarktkasse.

## Luftballons im Kopf

Mitte des Monats geht auch meine Zeit mit den Psychopharmaka zu Ende. Die Effekte, die ich in den vergangenen sechs Wochen gespürt habe, waren nicht schlimm oder übermäßig unangenehm, aber doch deutlich. Das Prickeln, das permanente Gähnen, ohne im Geringsten müde zu sein – aber auch eine größere Offenheit, vielleicht sogar Furchtlosigkeit, weniger Grübeln und Analysieren banaler Kleinigkeiten. Gerade diese letzten, die psychischen Auswirkungen könnten natürlich auch einem reinen Placeboeffekt zugeschrieben werden. Die körperlichen Effekte dagegen waren so real, dass ich nicht glauben mag, dass all das, was sich in meinem Kopf zeitweise änderte, komplett Einbildung war. Aber das will man bei Placeboeffekten als Betroffener wohl nie glauben.

Nun ist jedenfalls die Zeit gekommen, das Medikament wieder abzusetzen. Im Grunde passiert nun das Gleiche wie vor sechs Wochen – nur rückwärts: Durch das Wegfallen der Wiederaufnahmehemmer fangen meine Neuronen an, wieder mehr Serotonin und Noradrenalin zu absorbieren. Das kann relativ schnell vor sich gehen, während die Serotoninproduktion des Körpers etwas länger braucht, um sich wieder umzustellen. Dadurch kommt es nach dem Absetzen von SSNRIs bzw. SSRIs unter Umständen für eine gewisse Zeit zu einer Unterversorgung mit Serotonin. Ich rechne also damit, in der nächsten Zeit niedergeschlagen zu sein, stelle mir eine Art »Traurigkeitskater« vor – mit emotionaler Trübsal statt Kopfschmerzen.

Doch nichts dergleichen passiert. Das Einzige, was sich plötzlich wieder verstärkt, ist das Kribbeln, das mich in den ersten Tagen auf Venlafaxin so verwirrt hat. Dieses seltsame Körpergefühl war nach einer Anfangsphase zurückgegangen, wenn auch nie ganz verschwunden. Jetzt kommt es plötzlich verstärkt zurück. Das ist jedoch, wie schon am Anfang meiner Selbstmedikation, nicht wirklich schlimm.

Deutlich unangenehmer ist ein Gefühl, dass ich zum ersten Mal verspüre, als ich am Abend meines ersten Entzugstages im Bett liege. Ich bin gerade dabei einzuschlafen, da lässt mich plötzlich etwas hochschrecken, das direkt aus meinem Gehirn zu kommen scheint. Es klingt bizarr und ist schwierig zu beschreiben; es fühlt sich an, als würde ein Luftballon mit lautem Knall platzen – nur dass ich das Geräusch nicht mit meinen Ohren höre, sondern nur in meinem Kopf wahrnehme. Ähnlich wie ein lautes Geräusch noch in einem nachhallt, klingt auch der imaginäre Luftballon nach.

Gerade dämmere ich wieder weg, da passiert es erneut. An Schlaf ist so nicht zu denken. Angst macht sich in mir breit, dass dieses Knallen nie wieder weggehen könnte. Dass ich doch besser die Finger von den Kapseln gelassen hätte. Ich merke, wie ich Angst bekomme, zu sehr in meinem Gehirn herumgepfuscht und irgendetwas irreparabel beschädigt zu haben.

Die Meditation, an der ich mich nach wie vor jeden Morgen versuche, kommt mir jetzt sehr gelegen. Ich bemühe mich, einfach an nichts zu denken. Es knallt noch ein paar Mal, aber ich versuche es, so gut es eben geht, zu ignorieren. Genau wie die Frage, wie lange es dauern wird, bis es mich verrückt macht. Ich kann nicht einschätzen, wie lange ich so daliege und gegen die Panik anmeditiere, aber irgendwann schlafe ich ein.

## Blitze im Gehirn

Am nächsten Tag lese ich im Internet nach, was es mit dem knallenden Luftballon in meinem Kopf auf sich gehabt haben könnte. Im Internet tobt die Schlacht der Pharmakonzern-PR, die auf ihren Seiten von einem sorgenfreien Leben dank Medikamenten schwärmen, gegen die erbitterten Gegner, die auf Seiten mit Titeln wie »Die Wahrheit über Antidepressiva« die Pillen und das verantwortungslose Handeln der Hersteller sowie die verschreibenden Ärzte kritisieren. Auch das Phänomen des Psychopharmaka-Entzugs wird thematisiert.

Ich stoße auf eine Untersuchung des Massachusetts General Hospital, die zu dem Ergebnis kommt, dass zwischen zwanzig und achtzig Prozent aller Patienten, die aufhören, Antidepressiva zu nehmen, dabei mit unangenehmen Nebenwirkungen zu tun haben. Der Prozentsatz schwankt stark, je nach Art des Medikaments. Komischerweise scheinen die »moderneren« SSNRIs – die bei der Einnahme in der Regel verträglicher sind – beim Absetzen häufiger und unangenehmere Nebenwirkungen hervorzurufen als die älteren Präparate wie beispielsweise Prozac.

Bei dem Präparat, das ich genommen habe, sind die Entzugserscheinungen, die am häufigsten genannt werden, Schlaflosigkeit, Erschöpfung, Schwindel, Albträume, Magenkrämpfe, Muskelzucken – aber auch etwas, das die meist englischsprachigen Seiten als »brain zaps«, also Gehirnblitze, bezeichnen.

Ich stoße auf dramatische Geschichten von Menschen, die Antidepressiva nach einer Weile wieder absetzen wollten – sei es, weil sie sich durch die Therapie besser fühlten, sei es, weil sie gewisse Nebenwirkungen wie Übelkeit oder sexuelle Unlust nicht länger hinnehmen mochten. Einige von ihnen schildern schlimme Zustände, die sich eher nach einem Heroinentzug anhören als nach einem zugelassenen modernen Medikament. Ein Mann schreibt von Gehirnblitzen, die ihn nachts schreiend aufwachen lassen, das Kissen nass geschwitzt, der Körper zitternd. Tagsüber sei er oft desorientiert und so leicht reizbar, dass er, als er bei einer Haushaltsreparatur einen kleinen Fehler macht, plötzlich mit der Faust auf seinen eigenen Kopf einprügelt. Ein wissenschaftlicher Aufsatz zählt die Symptome etwas sachlicher, aber keinesfalls beruhigend auf: »Reizbarkeit, Angstzustände, Panikattacken, Aggressivität, Niedergeschlagenheit, Überaktivität, Konzentrations- und Gedächtnisschwächen, Verwirrung« – um nur einige zu nennen.

Meine Angst von gestern Abend kehrt zurück. Ich hatte mich vor dem Experiment vor allem auf Nebenwirkungen bei der Einnahme des Medikaments eingestellt. Diese blieben aus, und ich dachte mir: Alles halb so wild. Nun lese ich, dass die Nebenwirkungen beim Absetzen unter Umständen viel schlimmer ausfallen können.

Den Rest des Tages horche ich in mich hinein, ob der Krach in meinem Gehirn wiederkommt, doch zum Glück passiert nichts dergleichen. Ich drehe eine extralange Joggingrunde, da ich inzwischen weiß, dass Sport (ebenso wie Licht, richtige Ernährung und diverse andere Faktoren, die schon unsere Mütter regelmäßig empfohlen haben) den Serotoninspiegel anheben kann – und den machen die meisten ja für das Entzugsdilemma verantwortlich. Abends im Bett, wieder kurz vor dem Einschlafen, schrecke ich noch zweimal hoch, weil in meinem Kopf die »brain zaps« knallen. Dann ist Ruhe.

Auch das Kribbeln verschwindet in den nächsten drei Tagen

nach und nach. Ich bin erleichtert, so glimpflich davongekommen zu sein, und merke, dass mein Respekt und meine Skepsis gegenüber Antidepressiva noch einmal gewachsen sind.

## Zehn kleine Glücksmomente

- Wenn die Kantine einmal im Monat das eine Gericht macht, das sie richtig gut kann – »Juhu, Schnitzeltag!«

- In einem Film einen Anschlussfehler bemerken – zum Beispiel eine Zigarette, die plötzlich länger wird, oder ein wanderndes Pflaster im Gesicht des Helden

- Etwas quer durch den Raum in den Papierkorb werfen – und treffen

- Ein aufrichtiges Kompliment mit Bedacht aussprechen und zusehen, wie die gelobte Person drei Zentimeter größer wird

- Sich an seinen Lieblingsbanknachbarn aus der Schulzeit erinnern

- Die erste Fahrt auf dem Motorroller nach dem Winter

- Eine ausgedehnte Supermarkterkundung in einem fremden Land – vor allem durch die Keks- und Limoregale

- Keine zu beantwortenden E-Mails in der Inbox

- Nach langem Aufschieben endlich alle gewaschenen Socken wieder paarweise zusammengeknödelt haben

- Der Tag in ferner Zukunft, an dem alle Mobiltelefone einheitliche Anschlüsse für das Ladekabel besitzen

# Oktober

Was ich in meinem Jahr auf der Suche
nach Zufriedenheit gelernt habe

Wie stark man selbst beeinflussen kann,
wie glücklich man ist

Warum die Suche nach Glück nicht
im Geringsten egoistisch ist

*Glück ist wie ein wundervoller Sonnenuntergang.*
*Er ist für alle zu sehen, aber die meisten*
*schauen in eine andere Richtung.*

Mark Twain

Aua. Von den eigenen Kopfschmerzen aufzuwachen, ist definitiv der unschönste Wecker. Ich erhebe mich vorsichtig, denn jede ruckartige Bewegung schickt eine neue Schmerzwelle zwischen meine Augen. Mein Blick stellt sich nur langsam scharf. Auf dem Weg zum Bett finde ich meine in einer Schlangenlinie abgeworfenen Kleidungsstücke. Unterhemd, Hemd, Lederhose, Lodenjanker, Haferlschuhe. Langsam kehrt die Erinnerung an den gestrigen Oktoberfestbesuch zurück. An Tänze auf Bierbänken mit den Kollegen. An Schnupftabak und Grillhähnchen. Und an Bier. Viel Bier. An Autoscooterfahrten und die kurzzeitige Illusion, die frische Luft außerhalb des Bierzelts würde einen ausnüchtern.

Lustig war es. So lustig, dass wir auch nach dem offiziellen Schankschluss noch nicht nach Hause wollten – wie jeder erfahrene Wiesngänger weiß: ein meist fataler Fehler.

Das Letzte, woran ich mich erinnern kann, ist, dass ich in den frühen Morgenstunden vor einer Bar namens »Pimpernel« auf dem Gehweg stand, einen Gin Tonic in der Hand und vor mir einen Kollegen, der sich plötzlich in drei identisch aussehende Kollegen teilte und dessen Sätzen ich nicht mehr folgen konnte. Das Glück, das ich vorher noch verspürt hatte, war plötzlich dem Wissen gewichen, dass ich in spätestens zwanzig Minuten ohnmächtig würde. Meine Muttersprache hatte ich bereits zwei Gin Tonic zuvor am Tresen abgegeben. Ich drehte mich irgendwann einfach wortlos um und wankte in Richtung Hotel. Wo mich wenige Stunden später die verdienten Kopfschmerzen unsanft wecken sollten.

Macht ein Rausch also glücklich? Auf der Bierbank oder kurz nach dem Autoscooterbesuch hätte ich gestern noch meine Hand dafür in den Hähnchengrill gelegt. Heute würde ich mit aller in meinem geschundenen Körper verbliebenen Kraft das Gegenteil behaupten.

Natürlich gibt es sehr unterschiedliche Arten von Räuschen. Seit mein Freund Fabian und ich nicht mehr in derselben Stadt wohnen, pflegen wir zum Beispiel eine Mischung aus Herrenclub und Jahresabschlussgespräch. Zwischen Weihnachten und Neujahr treffen wir uns in einer Hotelbar mit Pianist und ziehen Bilanz. Die Regeln hat Fabian aufgestellt, und sie sind brillant: »Für jede Buchveröffentlichung, jedes gesunde Neugeborene, jedes gebaute Haus und jeden rechtmäßigen Titelerwerb im vergangenen Jahr muss der Betreffende eine Flasche Champagner ausgeben«, schrieb er vergnügt vor einiger Zeit in die Statuten. Ich war sofort einverstanden. Außerdem gilt die Regel: »Für verstorbene Familienmitglieder, zerbrochene Beziehungen, dahingeschiedene Haustiere oder Steuerkatastrophen ist jeweils ein Stamperl Schnaps fällig.«

Zum Glück floss in den vergangenen Jahren immer mehr Champagner als Schnaps. Vielleicht lag es daran, dass der daraus entstandene Rausch stets ein angenehmer und weitestgehend katerloser war. Wahrscheinlich liegt es aber auch an einem anderen Faktor: Jeder Rausch ist so angenehm wie die Umgebung und Gesellschaft, in der er stattfindet. Wer sich schon mal mutterseelenalleine mithilfe der Minibar eines Ibis-Hotels in einer deutschen Mittelstadt betrunken hat, kann das sicherlich bestätigen. (Ein Opfer, das ich selbstverständlich nur zu Recherchezwecken für dieses Buch gebracht habe und niemandem zur Nachahmung empfehlen kann. Denn es gibt definitiv nichts Tristeres, als am nächsten Morgen aufzuwachen und das Ültjes-Logo spiegelverkehrt auf der Wange zu haben, weil man auf der Packung mit Erdnüsschen eingeschlafen ist.)

Ein Rausch mit guten Freunden, die man lange nicht gesehen hat, hat hingegen etwas Wundervolles. Die ersten Gläser lockern die Zunge sowie den Geist und helfen, die Tretmühle des Alltags zurückzulassen, die einen geistig noch fest umklammert hält. Die nächsten Gläser fördern eine gewisse emotionale Offenheit, die manchmal in Pathos umschlägt. Das kann vor allem Männern guttun, die denken, die Frage nach ihrem Befinden wäre mit einem »Muss ja!« erschöpfend beantwortet.

Irgendwann schließlich kommt der Punkt, an dem man weitertrinken muss. Weil sonst eine bleierne Müdigkeit von einem Besitz ergreifen würde und der schöne Abend viel zu früh vorbei wäre. Das ist jedoch auch meist der Zeitpunkt, an dem man zwischendurch mal eine Flasche Mineralwasser in einem Zug leeren sollte, um den nächsten Morgen etwas angenehmer zu gestalten als beispielsweise den nach meinem letzten Oktoberfestbesuch.

Wenn man dann auch noch schafft, den richtigen Zeitpunkt für den finalen Absacker zu erwischen, das Auto stehen lässt und auch ansonsten keine größeren Dummheiten macht (kleine Albernheiten wie Klingelstreiche beim alten Mathelehrer sind erlaubt), kann so ein Vollrausch mit Freunden durchaus großes Glück spenden. Wenn auch meist tatsächlich nur »für eine Nacht«, wie ein chinesisches Sprichwort verheißt.

Ich freue mich jedenfalls schon auf mein Treffen mit Fabian im Dezember. Auch wenn ich wegen der leidigen Steuerprüfung diesmal auch Schnaps ins Rennen schicken muss.

## Der Rosenkavalier

Mein Jahr mit den Glücksexperimenten geht seinem Ende entgegen. Ich besuche weiterhin jede Woche meine beiden Supersenioren. Sie sind mir ans Herz gewachsen, auf unterschiedliche Weise: Frau Knapp mit ihrem gutmütigen Geschimpfe und Herr Regner mit seiner nachdenklichen, stets höflichen Art.

Als ich Letzteren an einem kühlen Dienstagnachmittag besuche, bittet er mich, ein paar Krücken, die ihm die Orthopädin gegeben hat, auf seine Größe einzustellen. »Meine Haltung ist so schlecht jeworden«, sagt er. »Mit denen kann ick uffrechter gehen als mit dem Rollator.« Wir probieren verschiedene Längen aus und finden schließlich die für ihn bequemste Einstellung.

Nach der Trauer über den Tod seiner langjährigen Freundin wandelt Herr Regner inzwischen wieder auf Freiersfüßen – und man merkt ihm an, wie gut es ihm tut. »Ick kann einfach nich alleene sein«, seufzt er, als wir wieder einmal im inzwischen von Herbstlaub bedeckten Garten unsere Runde drehen. »Die Einsamkeit frisst mir sonst uff.«

Ich versichere ihm, dass es gar keinen Grund gibt, alleine zu bleiben, und dass seine verstorbene Partnerin sicherlich nicht gewollt hätte, dass er einsam in seinem Zimmer sitzt.

Später lerne ich die neue Frau an seiner Seite kennen. Sie wohnt im selben Stockwerk wie er und ist ein kleines bisschen jünger. Gerade so viel, dass sie noch genug sehen kann, um beim wöchentlichen Bingoturnier mitzumachen.

»Und? Haste jewonnen?«, fragt er sie mit liebevollem Blick, als sie nach dem Spiel zum Kaffeetrinken in die Küche kommt.

Sie lächelt ihn an. »Nee, aber ich hab doch dich!« Dann setzt sie sich auf ihren Platz, der am anderen Ende des Raums ist. Hier hat jeder seinen Stammplatz, das wird wegen so einer Liebschaft nicht geändert.

»Pech im Spiel, Glück in der Liebe!«, ruft Herr Regner ihr quer durch die Küche zu, über die Köpfe der anderen hinweg, die sich vorsichtig ihre Kuchengabeln in den Mund zittern. »Wann haben Sie eigentlich Ihrer Frau zum letzten Mal Blumen mitjebracht?«, wendet sich Herr Regner dann wieder mir zu.

Erwischt! Unmittelbar nach unserer Hochzeit sorgte ich

dafür, dass immer ein frischer Strauß bei uns auf dem Tisch stand – schon allein um dem Klischee entgegenzuwirken, in der Ehe würden sich beide Seiten immer weniger Mühe geben und irgendwann nur noch dick und schweigend zusammen auf dem Sofa sitzen. Als ich kurzzeitig meinen Ehering verloren glaubte, war ich sogar kurz davor, einen ganzen Blumenladen leer zu kaufen. Doch nun schon seit einer ganzen Weile: nichts mehr.

»Ich komme einfach nicht dazu«, entschuldige ich mich schwach.

»Jede Frau liebt Blumen!«, sagt Herr Regner in bestem Helmut-Schmidt-Duktus des *Elder Statesman* und hebt mahnend den Zeigefinger. »Es muss gar kein ganzer Strauß sein. Manchmal genügt eine einzige rote Rose!«

Am Abend bringe ich nicht nur Jessica endlich mal wieder einen Strauß Blumen mit, ich schreibe auch Herrn Regner und seinen Hinweis in mein Dankbarkeitsbuch, das seit dem Glückskongress in Heidelberg auf meinem Nachttisch liegt und sich tatsächlich als hervorragendes Rezept für einen zufriedeneren Blick auf mein Leben herausgestellt hat. Von den verschiedenen Dingen, die ich ausprobiert habe, ist es vielleicht nicht das spektakulärste und auch nicht das allerbeste. Aber ein solches Dankbarkeitstagebuch zu führen[48], hat definitiv ein gutes Verhältnis von Aufwand und Ergebnis – es dürfte also alle Effizienzfanatiker schon einmal automatisch glücklich machen. Mir hat es jedenfalls zusammen mit vielen anderen Dingen, die ich ausprobiert habe, dabei geholfen, im vergangenen Jahr tatsächlich ein glücklicherer Mensch zu werden. Vielleicht noch nicht sternhagelglücklich, aber auf dem besten Weg dazu.

---

[48] Manche Menschen, die religiöser eingestellt sind als ich, werden zu Recht einwenden: »Witzbold, dein Dankbarkeitstagebuch kennen wir seit ein paar tausend Jahren! Wir nennen es Abendgebet.«

Das verdeutlichen auch die zahlreichen wissenschaftlichen Fragebögen zum Thema Glück, die ich am Anfang meines Experiments ausgefüllt habe und die ich mir nun gegen Ende meines Selbstversuchs erneut vornehme. Auf dem Fragebogen zur Lebenszufriedenheit des Glücksforschers Ed Diener von der University of Illinois zum Beispiel kam ich vor dem Experiment auf 28 von 35 möglichen Punkten, was mich ungefähr im oberen Viertel aller Teilnehmer platzierte. Als ich den Test nun erneut ausfülle, erreiche ich 32 von 35 Punkten und lande in den obersten fünf Prozent.

Ein anderer standardisierter Test nennt sich »Authentic Happiness Inventory« und wurde von Martin Seligman entwickelt, dem ich bei dem Glückskongress in Heidelberg zugehört habe. Hier lautete mein Anfangswert 3,29 auf einer Skala von 1 bis 5. Im Lauf meines Jahres auf der Suche nach dem Glück hat sich mein Ergebnis hier auf 4,13 verbessert.

Auch beim »Fordyce-Fragebogen« oder bei Tests, die sich mit Optimismus oder Depressionsneigung beschäftigen, sind meine Ergebnisse stets ein wenig besser als ein Jahr zuvor. Natürlich sind auch solche seitenlangen Fragebögen nie hundertprozentig genau und immer nur Hilfsmittel, wenn es darum geht, unser Lebensglück zu messen. Aber wie im Eingangskapitel geschildert: Es sind momentan die besten und präzisesten Messgeräte, die uns zur Verfügung stehen.

## Unsere Glücksblindheit

Ich bin im vergangenen Jahr also tatsächlich objektiv und merklich glücklicher geworden. Aber soll Glück überhaupt immer und überall unser oberstes Ziel sein?

Na klar, sagen die einen und verweisen auf jene beliebte Langzeitstudie, in denen die Lebenserwartung von Nonnen im amerikanischen Milwaukee untersucht wurde.[49] Dort stellte sich heraus, dass die Nonnen, die ein glückliches Leben führten, deutlich länger lebten als die unzufriedenen. Während vom fröhlichsten Viertel der Ordensfrauen neunzig Prozent das fünfundachtzigste Lebensjahr erreichten, waren es im unzufriedensten Viertel nur vierunddreißig Prozent. Das Alter von vierundneunzig Jahren erreichten vierundfünfzig Prozent des glücklichsten Viertels, aber nur elf des unglücklichsten.

Ich will die wissenschaftliche Validität dieser Studie gar nicht infrage stellen – eher ihren Sinn oder die Schlussfolgerung, die manche Menschen daraus ziehen. Wenn jemand mit dem Rauchen aufhört, um länger zu leben, ist das eine Sache. Aber welch ein Irrsinn, es als »Vorteil« eines glücklichen Lebens zu begreifen, dass man ein paar Jahre älter wird. Anders formuliert: Welchen Sinn hätte dieses längere Leben *ohne* das Glück, das es ausfüllt? Ein unglückliches Leben, das länger dauert, wäre bei genauer Betrachtung sogar eher ein schlechter Deal. Zu versuchen, ein glückliches Leben zu führen, ist also nicht deshalb sinnvoll, weil es unser Leben unter Umständen verlängert (vorausgesetzt, wir laufen herum wie Pinguine, saufen nicht und benehmen uns auch sonst einigermaßen nonnenhaft) – sondern weil es unserem Leben überhaupt erst einen Sinn gibt.

Natürlich darf die Suche nach dem Glück nicht zum Selbstzweck und nicht zur Obsession werden. Ich vermute, dass der amerikanische Autor Eric Hoffer darauf anspielt, wenn er schreibt: »Die Suche nach dem Glück ist eine der Hauptursachen des Unglücks.« Auch hier würde ich sanften Widerspruch einlegen wollen: Die Hauptursache des Unglücks ist nicht die Suche nach dem Glück an sich, sondern die Tatsache, dass wir

---

[49] Nonnen haben den Vorteil, dass ihre Lebensumstände im Kloster sehr ähnlich sind und damit eine gute Vergleichsbasis schaffen. Von ihrer einheitlichen Ernährung und dem gleichen Arbeitsumfeld bis zu ihrem Verzicht auf Alkohol oder Zigaretten gibt es kaum Unterschiede, wie sie sonst solche Erhebungen oft verfälschen.

Menschen so schlecht darin sind zu erkennen, was uns wirklich glücklich macht. Deshalb vernachlässigen wir unseren Partner oder unsere Familie, um im Büro mehr Geld zu verdienen. Deshalb nehmen wir, nachdem wir von einem Flugzeugabsturz gelesen haben, das Auto und vertausendfachen so das Risiko, auf der Reise ums Leben zu kommen.[50] Deshalb kaufen wir uns einen zusätzlichen Mantel, statt das Geld für ein geselliges Abendessen mit Freunden auszugeben, die wir schon viel zu lange nicht gesehen haben.

Nicht das Streben nach Glück ist das Problem, sondern dass wir immer noch viel zu wenig über das Glück wissen. Oder dass wir es ignorieren, wenn es uns vor die Füße fällt. »Zum Glück gehört Bewusstsein, unreflektiertes Glück ist keines. Erst wenn es einmal behindert war, wird das Atmen zum Genuss«, schreibt Max Horkheimer in »Zur Kritik der instrumentellen Vernunft«.

## Der Glücksthermostat

Doch kann man an seinem Glückslevel nun tatsächlich etwas ändern? Welchen Sinn hat es, Strategien für ein zufriedeneres Leben zu entwickeln, wenn es ein festgelegtes Niveau zu geben scheint, auf das man sowohl nach einem Lottogewinn als auch nach einer Querschnittslähmung zurückzukehren tendiert?

Viele Glücksforscher sprechen in diesem Zusammenhang auch von einem »Thermostat«, der auf eine bestimmte Tempe-

---

[50] Nach den Terroranschlägen auf das World Trade Center im Jahr 2001 fuhren zahlreiche Amerikaner (und natürlich auch Menschen aus anderen Ländern) »sicherheitshalber« lieber mit dem Auto, anstatt das Flugzeug zu nehmen. Wie Gerd Gigerenzer vom Berliner Max-Planck-Institut errechnete, stieg allein in den USA durch diese falsche Risikoeinschätzung die Zahl der Verkehrstoten um insgesamt fünfzehnhundert an.

ratur eingestellt ist, zu der wir über kurz oder lang immer wieder zurückkehren. Auf welche Grundtemperatur dieser Glücksthermostat eingestellt ist, hängt von verschiedenen Dingen ab. Als Erstes dürfen gewissermaßen unsere Gene daran herumschrauben: Bei manchen Menschen ist er, wie schon im Einleitungskapitel beschrieben, von Natur aus eher niedrig eingestellt, bei anderen haben ihn zum Beispiel ihr extrovertiertes Wesen oder eine andere Veranlagung ein wenig höher gedreht.

Als Zweites dürfen die äußeren Umstände den Drehregler unseres Glücksthermostats bedienen: Wie wir leben, wie wir aufwachsen und so weiter. Natürlich gibt es auch Menschen, die unter widrigen Umständen sehr glücklich sind. Aber im Durchschnitt gibt es doch äußere Faktoren, die nahezu alle Menschen ein Stück weit unglücklicher machen: permanenter Lärm beispielsweise (an den man sich entgegen anderslautender Gerüchte niemals ganz gewöhnt) und langes Pendeln zum Arbeitsplatz. Oder – im Großen – Machtlosigkeit: das Wissen oder manchmal sogar schon allein das Gefühl, nicht über das eigene Leben bestimmen zu können.

Am Ende dürfen wir endlich selber an den Regler ran und das Normalniveau unseres Glücksthermostats einstellen. Es gibt kritische Stimmen, die sagen, dass es keinerlei Effekt hat, wenn wir an diesem Regler drehen. Ich glaube das nicht. Wir können ihn vielleicht nicht mit einem Handgriff von »Eiszeit« auf »Sahara« stellen, aber er funktioniert dennoch deutlich besser als die abgeklemmten Tür-schließen-Knöpfe in vielen Aufzügen. Zum einen, weil wir zumindest manche der äußeren Faktoren – die in Schritt zwei an unserem Regler drehen – beeinflussen können. Wir können uns einen Job suchen, der etwas weniger Geld einbringt (kaum Glücksverlust), aber dafür nicht erfordert, dass wir jeden Tag drei Stunden im Berufsverkehr stecken (großer Glücksgewinn). Wir können aber tatsächlich auch – und damit habe ich mich im vergangenen Jahr hauptsächlich herumgeschlagen – uns selbst verändern, um die

Grundtemperatur des Thermostats in etwas glücklichere Bereiche zu bringen. Wir können uns Dinge angewöhnen oder abgewöhnen. Wir können jeden Tag Dinge anders machen oder unsere Umgebung bewusst anders wahrnehmen. Wir entscheiden jeden Tag aufs Neue selbst, wie wir leben.

Ich habe ein Jahr lang alles Mögliche ausprobiert, um dem Glück näher zu kommen. Große Dinge und kleine Dinge, ernsthaftere und unsinnigere, einfachere und kompliziertere. Welche davon funktionieren am Ende?

Es ist eine Floskel, aber sie ist wahr: Das muss jeder für sich selbst herausfinden. Aus meiner Erfahrung kann ich jedoch zum Beispiel berichten, dass die Ehe und ein Garten sehr gute Wege zum Glück sind. Auch ein kleines Buch der Dankbarkeit, in das man jeden Abend hineinschreibt, was einen glücklich gemacht hat, funktioniert ausgezeichnet. Morgendliche Meditation oder Lachyoga hingegen haben bei mir kaum angeschlagen – was nicht bedeutet, dass sie das bei niemandem tun.

Ich habe bei meinem Selbstversuch zahlreiche Dinge ausprobiert, die es nicht in dieses Buch geschafft haben – nicht einmal in die Listen von Glücksmomenten zwischen den Kapiteln. Trotzdem habe ich auch durch sie viel gelernt. Tanzstunden machen glücklich. Weniger Fleisch zu essen, macht glücklich. Sich ein Lied ausdenken, während man es singt, macht glücklich. Einen Halbmarathon zu laufen, macht glücklich. Den Adventskranz selbst zu basteln, macht glücklich.

Zu meinem Psychopharmaka-Experiment ein Fazit zu finden, fällt mir schwer. Ohne wirkliche Indikation sollte niemand diese Medikamente nehmen – für Menschen mit einer echten Depression können sie im Zusammenspiel mit einer Psychotherapie jedoch ein sehr guter Weg sein, um die Krankheit zu überwinden.[51]

---

[51] Sicherheitshalber noch mal: Ich empfehle keinerlei Medikament, ich empfehle Gespräche mit guten Ärzten und Therapeuten.

Vollkommen uneingeschränkt kann ich jedoch eine ehrenamtliche Tätigkeit empfehlen, um die eigene Lebenszufriedenheit zu steigern. Wer sich ein Engagement aussucht, bei dem er sich wohlfühlt – ob das nun Gewässerschutz, alte Menschen oder Migrantenkinder sind –, verbessert durch seinen Einsatz nicht nur das Leben anderer, sondern auch ganz massiv und nachhaltig sein eigenes. Und wenn es mal richtig hart kommt und gar nichts mehr zu helfen scheint: Ein Hopserlauf zum Supermarkt kann ebenfalls Wunder wirken.

## Eine egozentrische Suche?

Trotzdem: Wenn ich beispielsweise über Herrn Regners Lebensgeschichte nachdenke – über die Weltkriege, die er erlebt hat, die Gefangenschaft, seine Einsamkeit im Alter –, erscheint mir meine Suche nach dem Glück plötzlich klein und trivial. Nicht nur für ihn, für den allergrößten Teil der Welt in beinahe der gesamten Menschheitsgeschichte war Glück nichts, wonach man suchte. Was man analysierte oder wonach man strebte. Das Leben war ein zugewiesenes Schicksal, mit dem man sich abzufinden und in dessen vorgegebenen Rahmen man sich zu bewegen hatte. Solange der Mensch damit beschäftigt war, jeden Tag aufs Neue nach Nahrung zu suchen oder feindlichen Streitäxten oder Gewehrkugeln auszuweichen, war für Gedanken über das Glück wenig Zeit.

Nun kann man sich dafür schämen, in einer Zeit und in einem Land ohne Krieg und massive Not zu leben – oder man kann sich darüber freuen. Ich tendiere zu Letzterem – versuche aber, es nicht als Selbstverständlichkeit zu sehen, sondern dankbar dafür zu sein. Was nicht bedeutet, dass man es jeden Abend in sein Dankbarkeitsbüchlein auf dem Nachttisch schreiben muss. Aber an manchen Tagen, wenn in anderen Teilen der Welt wieder Bomben fallen oder ein Massengrab entdeckt wird, vielleicht eben doch. Es bekommt schnell etwas Egozentrisches und Zynisches, wenn man sich in der afrikanischen Safari-Lodge beim Sundowner an das Glücksgefühl erinnert, mit dem man zuvor das majestätische Löwenrudel beobachtet hat, wenn nur ein paar Kilometer weiter in einer Coltanmine Kinder schuften müssen. Um dort ein seltenes Erz abzubauen, das nötig ist, um das Smartphone zu bauen, mit dem wir unsere glücklichen Urlaubserinnerungen nach Hause mailen oder auf Facebook posten. In manchen Momenten sind Glück und Zufriedenheit einfach nicht erstrebenswert – und es kann richtiger und angemessener sein, auch einmal unglücklich zu sein.

Man kann die Welt nicht ändern, aber man kann sich selbst ändern – so heißt es nahezu einstimmig von Mahatma Gandhi bis zu den Platten von U2. Vielleicht hat mich das Jahr zwischen Schaukeln und Hopserlauf hoffnungslos naiv gemacht, aber ich glaube, man kann beides: Man kann seinen eigenen Blick auf die Welt verändern, indem man sich auf die positiven Dinge konzentriert und diese zu verstärken versucht. Das heißt nicht, dass man die schlechten Seiten des Lebens ausblenden und vor dem Leid der Welt die Augen verschließen muss – im Gegenteil.

Aber wer erkennt, dass einer der einfachsten und zuverlässigsten Wege, sich selbst glücklicher zu machen, darin besteht, anderen zu helfen, verändert die Welt um sich herum automatisch – sei es durch Spenden, ein Ehrenamt oder einfach nur durch ein offenes Ohr für einen Freund. Oder einen Fremden.

Am Ende meines Jahres auf Glückssuche bekomme ich eine E-Mail mit Digitalfotos. Jeff und Drew haben sie gemacht, als sie in Bolivien waren, um dort Schaukeln aufzuhängen. Jeder Unterstützer, der Material für mindestens eine Schaukel finanziert hatte, konnte sie mit einem kleinen Gruß an die bolivianischen Kinder versehen lassen.

»Hier sind die Bilder deiner Schaukel«, schreiben mir Jeff und Drew. »Wir haben sie in Coroico aufgehängt, einem kleinen Ort in einem Waldgebiet zwischen den Anden und dem Amazonas.«

Ich schreibe zurück, dass ihre Idee mich selbst dazu gebracht hat, Schaukeln aufzuhängen – und sie antworten, wie sehr sie die Unterstützung von wildfremden Menschen aus der ganzen Welt überrascht und überwältigt hat.

Natürlich löst eine solche Schaukel nicht die Probleme der Welt. Sie löst auch nicht die Probleme der bolivianischen Bevölkerung – sie löst nicht einmal die des kleinen Jungen, der auf einem der Fotos gerade Schwung holt. Aber sie macht das Leben für einen winzigen Moment ein kleines bisschen schöner und reicher. Für das Kind auf der Schaukel, für Jeff und Drew, die sie aufgehängt haben – und für mich, der aus der Ferne dabei zusehen darf.

## Zehn kleine Glücksmomente

- Merken, dass der Liebeskummer, von dem man dachte, er endet nie, doch irgendwann vorbei ist

- Fahrtwind

- Auch als Erwachsener ab und zu noch das Lieblingsessen aus der Kindheit gekocht bekommen

- Einem Freund in Not, der sich Geld leihen will, einfach welches schenken können

- Alte Menschen, die immer noch bis über beide Ohren verliebt ineinander sind

- Herausfinden, dass jemand, den man immer für furchtbar hielt, in Wirklichkeit ganz toll ist

- Beim frühabendlichen Joggen einen Fuchs beobachten, der durch den Stadtpark streift

- Unerwartetes Lob von jemandem, dessen Meinung man sehr schätzt

- Am Anfang der Woche überraschend erfahren, dass der Freitag ein Feiertag ist

- Den letzten Satz geschrieben haben

# Danksagung

Ich möchte mich von Herzen bei allen Lesern von »Ich bin dann mal offline« bedanken, die mich durch ihre Briefe und Mails, ihr Lob, ihre Neugier und ihre Offenheit über eigene Online-Gewohnheiten dazu gebracht haben, ein weiteres Buch in der Form eines Selbstversuchs zu verfassen.

Ich danke Nicola Bartels, Leena Flegler, Inge Kunzelmann, Sebastian Rothfuss, Berit Böhm, Hendrik Balck und dem gesamten Blanvalet-Team für eine wunderbare Zusammenarbeit. Björn Sonnenberg-Schrank und Jörg Thadeusz gilt mein Dank für eine fabelhafte Hörbuchversion.

Eva Semitzidou und Michael Gaeb sind von guten Literaturagenten zu guten Freunden geworden.

Thomas Glöckler leistete grafische Hilfe in der Not. Mathias Irle half mit guten Ideen, wichtigen Ratschlägen und den richtigen Fragen.

Josh Harris, Ashrita Furman, Marco Schürmann, Bernd Willers, Andreas Erhard, Rolf Haubl, Larry Mongo und den Gärtnern von Detroit danke ich für die Zeit, die sie mir geschenkt haben.

Andreas, Steffi, Daniel, Joachim, Silvie, Ulf, Falko, Till, Tuca, Matthias, Nana, Max, Oda, Sven, Melanie, Dirk, Wulf, Jens, Alex, Esther, Daniel, Christoph, Markus, Silke und Flori sowie Silke und Felix danke ich für ihre Freundschaft.

Meinen Chefs Michael Ebert und Timm Klotzek sowie meinen anderen Auftraggebern danke ich, dass ich einen Beruf ausüben darf, der mich immer wieder aufs Neue überrascht und glücklich macht.

Meinem Vater und Katharina danke ich für Liebe, Unterstützung und Freiheit.

Eigentlich hätte mein Buch über das Glück auch ganz kurz ausfallen können. Dann stünde nur ein Name darin: Jessica. Danke für zwei Mal Jasagen und alles drumherum.

# Literaturverzeichnis

Anisman, Hymie, Marilee Zaharia, Michael Meaney & Zul Merali (1998): Do Early-Life Events Permanently Alter Behavioural and Hormonal Responses to Stressors? In: International Journal of Developmental Neuroscience, 16, S. 149–164.

Aronson, Elliot, Timothy Wilson & Robin M. Akert (2008): Sozialpsychologie, 6. überarbeitete Auflage. Pearson Studium, München.

Baird, James D. (2010): Glücksgene. Wie Sie das verborgene Potenzial Ihrer Zellen aktivieren. Integral Verlag, München.

Babauta, Leo (2009): The Power of Less. The Fine Art of Limiting Yourself to the Essential. Hyperion, New York City.

Berndt, John Christoph & Christine Koller (2010): 50 einfache Wege zum Glück. Westend Verlag, Frankfurt.

Brickman, Philip, Dan Coates & Ronnie Janoff-Bulman (1978): Lottery Winners and Accident Victims: Is Happiness Relative? In: Journal of Personality and Social Psychology, 36, S. 917–927.

Christakis, Nicholas & James Fowler (2010): Connected. Die Macht sozialer Netzwerke und warum Glück ansteckend ist. S. Fischer, Frankfurt.

Csikszentmihalyi, Mihaly (1990): Flow. Das Geheimnis des Glücks. Klett-Cotta Verlag, Stuttgart.

Dalai Lama & H. Cutler (1998): The Art of Happiness. A Handbook for Living. Penguin Books, New York City.

De Botton, Alain (2004): Status Anxiety. Penguin Books, London.

Diener, Ed & Eunkook Suh (2000): Culture and Subjective Well-Being. MIT Press, Cambridge, MA.

Doidge, Norman (2008): Neustart im Kopf. Wie sich unser Gehirn selbst repariert. Campus Verlag, Frankfurt.

Dunbar, Robin (2010): How Many Friends Does One Person Need? Dunbar's Number and Other Evolutionary Quirks. Faber & Faber, London.

Ehrenreich, Barbara (2010): Smile or Die: How Positive Thinking Fooled America and the World. Granta Books, London.

Frank, Robert H. (1985): Luxury Fever: Money and Happiness In an Era of Excess. Free Press, New York City.

Gigerenzer, Gerd (2006): Out of the Frying Pan Into the Fire: Behavioral Reactions to Terrorist Attacks. In: Risk Analysis, Vol. 26, No. 2, S. 347–351.

Gilbert, Daniel (2008): Ins Glück stolpern. Suche dein Glück nicht, dann findet es dich von selbst. Goldmann Verlag, München.

Haubl, Rolf (2009): Neidisch sind immer nur die anderen. Über die Unfähigkeit, zufrieden zu sein. Verlag C.H. Beck, München.

Haidt, Jonathan (2006): The Happiness Hypothesis. Putting Ancient Wisdom and Philosophy to the Test of Modern Science. Arrow Books, London.

Healy, David (2004): Let Them Eat Prozac. The Unhealthy Relationship Between the Pharmaceutical Industry and Depression. New York University Press, New York City.

Hodgkinson, Tom (2007): Anleitung zum Müßiggang. Heyne Verlag, München.

Hoggard, Liz (2005): How To Be Happy. BBC Books, London.

Irle, Mathias (2009): Älterwerden für Anfänger. Rowohlt Verlag, Hamburg.

Kahneman, Daniel, Jack Knetsch & Richard Thaler (1991): The Endowment Effect, Loss Aversion, and Status Quo Bias: Anomalies. In: Journal of Economic Perspectives, Vol. 5, Nr. 1, S. 193–206.

Kahneman, Daniel, Ed Diener & Nobert Schwarz (1999): Well-Being: The Foundations of Hedonic Psychology. Russell Sage Foundation, New York City.

Khatchadourian, Raffi (2010): The Laughing Guru. In: The New Yorker, 30. August 2010, S. 56.

Klein, Stefan (2002): Die Glücksformel. Wie die guten Gefühle entstehen. Rowohlt Verlag, Hamburg.

Kramer, Peter D. (1993): Listening to Prozac. Viking, New York City.

Kurzweil, Ray & Terry Grossman (2009): Transcend – Nine Steps to Living Well Forever. Rodale Books, New York City.

Layard, Richard (2005): Happiness. Lessons From a New Science. Penguin Books, London.

Lambert, Kelly (2008): Lifting Depression: A Neuroscientist's Hands-On Approach to Activating Your Brain's Healing Power. Basic Books, New York City.

Lykken, David T. (1999): Happiness. What Studies on Twins Show Us About Nature, Nurture and the Happiness Set-Point. Golden Books, New York City.

Makridakis, Spyros, R. Hogarth & Anil Gaba (2010): Tanz mit dem Glück. Wie wir den Zufall für uns nutzen können. Haffmanns & Tolkemitt Verlag, Berlin.

Nettle, Daniel (2005): Happiness. The Science Behind Your Smile. Oxford University Press, Oxford.

Putnam, Robert (2000): Bowling Alone: The Collapse and Revival of American Community. Simon and Schuster, New York City.

Reynolds, Richard (2010): Guerilla Gardening. Ein botanisches Manifest. Orange Press, Freiburg.

Ricard, Matthieu (2006): Happiness. A Guide to Developing Life's Most Important Skills. Atlantic Books, London.

Schultz, Nora (2008): »If you're happy and you know it …« In: New Scientist, Bd. 2671, S. 12

Schwartz, Barry (2004): The Paradox of Choice – Why More Is Less. HarperCollins, New York City.

Seligman, Martin E. P. (2002): Der Glücks-Faktor. Warum Optimisten länger leben. Bastei-Lübbe Verlag, Köln.

Shimoff, Marci (2009): Happy For No Reason. 7 Steps to Be Happy From the Inside Out. Free Press, New York City.

Stevens, Edwards (1995): Meditieren in allen Lebenslagen. Meditationstechniken für Körper, Geist und Seele. Rowohlt Verlag, Hamburg.

Weiner, Eric (2008): Die Landkarte des Glücks. Piper Verlag, München.

Wiseman, Richard (2003): So machen Sie Ihr Glück. Wie Sie mit einfachen Strategien zum Glückspilz werden. Goldmann Verlag, München.

## Hinweis

An manchen Stellen habe ich Ereignisse der besseren Lesbarkeit zuliebe in eine andere Reihenfolge gebracht. Manche Personen, die im Text vorkommen, tragen einen geänderten Namen, um ihre Privatsphäre zu wahren. Einige Zitate aus der englischsprachigen Fachliteratur habe ich selbst ins Deutsche übersetzt, sie weichen deshalb unter Umständen von den Übersetzungen der deutschen Ausgaben ab.

Mit den folgenden Ausnahmen sind die Zitate, die den Kapiteln voranstehen, gemeinfrei und/oder selbst übersetzt:

»Fun ist ein Stahlbad...« aus: Max Horkheimer und Theodor W. Adorno: Dialektik der Aufklärung. Kulturindustrie. Aufklärung als Massenb etrug. In: Gesammelte Schriften. Band 5: Dialektik der Aufklärung und Schriften 1940–1950. Hrsg. von Gunzelin Schmid Noerr. © S. Fischer Verlag GmbH, Frankfurt am Main 1987, S. 166.

»Ein Leben des Glücks...« aus: George Bernard Shaw: Mensch und Übermensch. Deutsch von Siegfried Trebitsch. © Artemis Verlag, Zürich 1946

»›Tja‹, sagte Pu, ›was ich am liebsten tue...‹« aus: A. A. Milne: Pu der Bär. Deutsch von Harry Rowohlt. © Atrium Verlag, Zürich

Für die Genehmigung zum Abdruck sei den Verlagen Dank.

# Wann ist ein Mann ein Mann? Der neue Selbstversuch des SPIEGEL-Bestsellerautors!

Originalausgabe
ISBN: 978-3-7645-0416-8

www.blanvalet.de